Martin Zoller

Das Handbuch der Intuition und übersinnlichen Wahrnehmung

Martin Zoller

Das Handbuch der Intuition

und übersinnlichen Wahrnehmung

Giger Verlag

Infos über den Verlag und weitere Bücher www.gigerverlag

2. Auflage 2020

Tel. 0041554426848
www.gigerverlag.ch
Redaktion: Josef K. Pöllath M.A.
Korrektorat: Susanne Langer-Joffroy M.A.
Umschlaggestaltung: Hauptmann & Kompanie, Zürich
Layout und Satz: Roland Poferl Print-Design, Köln
Printed in EU
ISBN 978-3-905958-02-7

Inhalt

Vorwort

Wir leben in sehr intensiven und spannenden Zeiten. Die Welt, wie wir sie kannten, verändert sich gerade. Noch haben wir die Corona-Krise definitiv nicht hinter uns, und man muss kein Hellseher sein, um zu erkennen, dass die Zukunft nicht mehr so sein wird, wie wir die Vergangenheit bis in den Winter 2019 kannten.

Veränderungen bringen Chancen mit sich. Um diese zu erkennen, ist es wichtig, sich für Neues zu öffnen. Dies können berufliche Veränderungen, gesellschaftliche Umstrukturierungen, aber auch neue Bewusstseinsebenen sein. In Umbruchzeiten sind neue Werkzeuge gefragt. Die Kraft der Intuition ist ein solches Werkzeug. Sie kann uns aufzeigen, wer wir sind, woher wir kommen und welches der Weg ist, den wir gehen müssen.

Intuition begleitet mich bewusst seit drei Jahrzehnten. Dank der Kraft meiner Intuition hatte ich ein erfülltes und schönes Leben. Ich durfte weltweit unzählige Menschen mit meinen Kenntnissen und meinen Erfahrungen inspirieren. Ohne zu übertreiben darf ich behaupten, dass ich mit der Kraft der Intuition auch mehreren Menschen das Leben retten konnte. Dies zu wissen und zu sehen, wie ich meinen Mitmenschen helfen darf, ist für mich immer wieder Anregung, mit meiner Berufung weiterzumachen.

Die Fähigkeit der Prophetie oder Medialität als Ausdruck der intuitiven Kraft sind keine örtlich begrenzten

Phänomene und auch keine nur von Randgruppen ausgeführte Techniken. Im Gegenteil, die Intuition als Werkzeug, Hilfsmittel, Waffe und kreatives Potenzial ist so alt wie die Menschheit selbst. Die Kraft der Intuition oder der Magie wurde und wird auch heute weltweit effizient und erfolgreich eingesetzt. Menschen aus allen Kulturen, verschiedensten Rassen, gesellschaftlichen Kreisen und religiösen Glaubensrichtungen treffen sich in spontanen Gruppen oder als Teil einer festen Gemeinschaft oder Lobby, um mit der Kraft der Intuition bestimmte Ziele zu verfolgen.

Intuition ist ein wertvolles Hilfsmittel auf unserem Lebensweg. Oft ohne sie zu spüren oder von ihr zu wissen, schlummert sie verborgen in den Tiefen der menschlichen Seele. Unentdeckt wartet sie darauf, im Leben eingesetzt zu werden. Manchmal dauert es nur Sekunden, und man spürt diese geballte Kraft menschlichen Urwissens. In den meisten Fällen muss man das bewusste Spüren der Intuition lernen. Der Schüler benötigt viel Zeit und Fleiß, um das Wissen der Intuition zu spüren und einzusetzen.

Ich habe über viele Jahre unterschiedliche Schulen der Mystik besucht und mich immer wieder für neues Wissen geöffnet. Jede Schule war ein einzelnes Mosaiksteinchen des ganzen Bildes. Lehrmeister und Bücher haben mein Leben begleitet und sind für gewisse Zeitabschnitte an meiner Seite gewesen.

Es ähnelt einer Zugfahrt: Blicken wir durch das Fenster, so sehen wir Bäume, Häuser und Wälder vorbeiziehen. Wir genießen den Moment, können ihn aber nicht festhalten. Mit der Universität des Lebens verhält es sich nicht anders. Lehrmeister, Bücher, Schulen oder Gespräche tauchen in unserem Leben auf, um – einem eigenen Zyklus unterliegend – wieder zu verschwinden.

Das Spezielle und Interessante an dieser Zugfahrt ist, dass wir immer wieder offen sein müssen für neue Eindrücke oder intuitive Einblicke. Die Bilder, die wir durch das Fenster sehen können, kann man mit dem Leben vergleichen. Es sind die täglichen Erfahrungen. Wir wissen, dass einzelne Stationen vor uns liegen. Das wären die intuitiv wahrzunehmenden Situationen, die auftreten. An jeder Station aber haben wir die Möglichkeit, uns neu zu entscheiden. Bleiben wir sitzen? Steigen wir aus und machen einen Zwischenstopp? Oder steigen wir aus und fahren mit dem Bus weiter oder fliegen wir sogar?

In meiner Arbeit bin ich tagtäglich mit solchen Fragen konfrontiert. Ich bin überzeugt, dass wir die Möglichkeit eines freien Willens haben. Ich versuche das auch meinen Kunden und in den Seminaren zu vermitteln. So einfach es manchmal scheint, so schwierig ist es aber, an die fast uneingeschränkte Freiheit zu glauben. Das Leben ist um einiges einfacher, wenn man nicht an sich selbst glauben muss. Im Job übernimmt der Boss die Verantwortung und im Privatleben oft die Religion. Löst man sich aus der Religion, so unterwirft man sich dafür eventuell einem exotischen Guru einer fremden Kultur.

Natürlich ist es nicht gerade einfach, auf die Intuition und die eigenen Gefühle zu vertrauen, auch gibt es familiäre und gesellschaftliche Verpflichtungen. Aber den Weg der individuellen Stimme zu gehen hat nichts mit Egoismus zu tun. Im Gegenteil, ich bin überzeugt, dass die Stimme aus der Seele ein Leben in Gemeinschaft und Verantwortung unterstützt. Die Seele kennt das Geheimnis des Lebens: die

Fortpflanzung. Sie sucht eine Gemeinschaft, um sich geschützt zu fühlen, und einen Partner, um sich fortzupflanzen. Das Leben, das dem Ruf der Seele folgt, unterscheidet sich äußerlich nicht von anderen, die einer fremdgesteuerten Lebensweise unterliegen. Der Unterschied liegt darin, dass der Mensch im ersten Fall frei und ganzheitlich handelt.

Viele Menschen glauben, dass man nur in sogenannten Heiler- oder Therapeutenberufen den Weg der Seele mithilfe der Intuition gehen kann. Aber diese Vorstellung ist falsch. Für das Funktionieren einer Gesellschaft braucht es sämtliche Berufe. Daher werden Seelen mit einem Mathematiktalent, einem Sprachtalent, mit Talenten der Heilung, der Medialität, des Schreibens, des Kochens, des Malens oder des Jagens geboren, um ihre Aufgabe auf der Erde zu erfüllen. Ebenso gibt es Auren mit unterschiedlichsten Potenzialen. Es gibt im Mysterium der Seelen nichts, was es nicht gibt. Ich habe schon etliche Konstellationen an Aurafarben gesehen, und Tag für Tag sehe ich immer wieder neue dieser dem Regenbogen ähnlichen Farbmuster. Nicht die Natur wertet zwischen besser oder schlechter, sondern der Mensch. Keiner sollte sich besser oder schlechter fühlen in seiner Berufung. Schließlich bringt uns ein schön gestalteter Garten ebenso viel Freude wie eine sanfte Massage an einem schönen Ort oder ein gut verfüllter Zahn.

Mit der Intuition zu arbeiten macht Freude! Es macht Spaß! Man spürt, dass die ausgeführte Arbeit dem eigenen Geist und den Mitmenschen gefällt. Dem Leser meines Buches möchte ich vorschlagen, Seite für Seite mit offenem Geist zu lesen. Man muss mir nicht in allem zustimmen, und meine richtigen und vor allem wichtigen Erfahrungen und Aussagen müssen auch nicht unbedingt in das Lebensbild jeder Frau oder jedes Mannes passen. Aber wenn Sie mit offenem Geist lesen, bleibt bei Ihnen vielleicht doch einiges hängen. Ich hinterfrage mich fast jeden Tag, um zu spüren, ob ich noch auf dem richtigen Weg bin. Meistens bin ich das, manchmal aber auch nicht. Dann versuche ich, aus meinen Fehlern zu lernen. Ich erforsche die Ursachen, die mich auf den falschen Weg gebracht haben, und lerne dazu. Es ist absolut menschlich, Fehler zu machen. Wichtig ist nur, dass wir daraus lernen und diese nicht wiederholen.

Vielleicht kann mein Buch am ehesten mit einem Dokumentarfilm verglichen werden. Man sieht Bilder, hört Texte und erfährt etwas Neues. Das eine oder andere Bild löst eine besondere Emotion aus. Etwas Gesagtes oder Erklärtes schreibt man sich auf, vielleicht den Namen eines Ortes oder eines Tieres, um in Zukunft mehr darüber zu erfahren. Ist der Film zu Ende, steht man auf und macht weiter in seinem Leben. Aber manche Bilder oder Aussagen, die hängen bleiben, sind von Bedeutung für einen. Man lernt durch sie. Während andere Aussagen, die man nicht teilt, oder Informationen, die man nicht versteht, einen anregen können, sie zu hinterfragen und zu recherchieren. Glauben Sie mir, in einem Dokumentarfilm wie in meinem Buch handelt es sich um real erlebte Erfahrungen. Die Aussagen sind also nicht einfach erfunden. Teilen Sie eine Aussage nicht, so überlegen Sie sich, warum. Vielleicht waren Sie noch nicht an dem beschriebenen Ort oder haben die erwähnte Erfahrung noch nicht gemacht.

Vielleicht möchte der Praktizierende mithilfe der Medialität und der Kraft der Hellsichtigkeit Menschen heilen. Oder Privatpersonen und Geschäftsleute lassen sich medial den Weg analysieren und aufzeigen. Medial begabte Menschen machen Pilgerreisen, um an Kraftorten neue Inspirationen zu erhalten. Politiker gehen in Tempel zu altertümlichen Schamanen, Hellsehern und Heilern oder in moderne Praxen medialer Berater in kosmopolitischen Weltstädten, um sich für ihre Wahlschlachten zu stärken, sich schützen und führen zu lassen. Hausfrauen, Studenten und berufstätige Menschen besuchen Heiler, um sich die Aura stärken zu lassen und Hilfe in alltäglichen Situationen zu bekommen.

Das Buch möchte in einer Zeit der Umbrüche und globalen Veränderungen, die leider bis dahin nur zu noch mehr Gespaltenheit und Gewalt führten, zeigen, wie der Mensch weltweit in der Tiefe seiner Seele identisch ist. Trotz Religionen, vielen verschiedenen Sprachen und Ansichten gibt es eine Einheitssprache: Die Sprache der Seele und Intuition! Ich wünsche Ihnen mit meinem Buch eine spannende Zeit. Wenn ich Sie dazu anregen kann, ein Stück in die Tiefen Ihrer Intuition einzutauchen, freut mich das sehr.

Ich möchte im Folgenden verschiedene Themen abdecken, möchte zeigen, woher Medialität kommt und wie sie gelebt werden kann. Es liegt mir am Herzen, dem aufgeschlossenen Leser zu zeigen, wie er seine eigene Seelensprache besser interpretieren kann.

Anhand von Reiseberichten werde ich die von mir besuchten Kraftorte und ihren Einfluss beschreiben. Ich finde es sehr wichtig, dass man sich immer wieder Ruhepausen gönnt, in denen man seine Kräfte auftanken kann. Erlebnisberichte aus meiner täglichen Arbeit zeigen, wie Medialität effektiv im Alltag eingesetzt werden kann – egal, ob zu Hause, im Büro oder unter freiem Himmel. Ich möchte all jene, die etwas in sich spüren, aber Angst haben, darauf zu hören, anregen, sich auf diesen Weg einzulassen. Für die, die bereits auf dem Weg sind, kann es als Inspiration dienen, um weitere Möglichkeiten zu erforschen. Dem Kritiker und Skeptiker, der sich trotz seiner Ablehnung gegenüber dem Thema durchgerungen hat, das Buch in die Hände zu nehmen, kann es Einblicke in eine bis dahin verschlossene, aber dennoch reale Welt geben. Ich verstehe das Buch als Brückenbauer:

- zwischen der menschlich-physischen Welt und der feinstofflichen Wirklichkeit
- zwischen verschiedenen Kontinenten und deren Wertvorstellungen
- zwischen unterschiedlichen Glaubensrichtungen.

Ich möchte auf keinen Fall überheblich klingen, aber ich denke, dass ich durch meine Arbeit und die unzähligen Reisen zu den verschiedensten Kulturen sehr viel lernen konnte. Ich würde mich sehr freuen, zumindest etwas von meiner Erfahrung weitergeben zu können.

Ich wünsche Ihnen viele spannende Momente und würde mich freuen, wenn ich Sie dazu anregen kann, selbst auf Reisen zu gehen. Egal ob von der physischen Dimension in eine andere Dimension oder von einem Land in das andere.

Einführung

Es verändert sich viel, wir erleben auf politischer, wirtschaftlicher und auch auf spiritueller Wahrnehmungsebene viele Neuerungen. Das hängt mit der Tatsache zusammen, dass wir in einer sehr schnelllebigen Zeit leben. Dank dem Internet können Menschen wie ich jederzeit weltweit Kunden beraten und Online-Kurse abhalten. So entstehen globale Kontakte mit Menschen, die an meiner Arbeit interessiert sind und mich einladen, um mit ihnen oder Gruppen zu arbeiten. So kann es passieren, dass ich mich auf Flughäfen in Lagos, Zürich, Kabul, Beirut, Bogotà, Berlin oder New York wiederfinde, um meiner Arbeit nachzugehen.

Zu Beginn meiner medialen Arbeit war ich in vielen Bereichen noch unerfahren. Ich hatte das Gefühl, dass meine mediale Qualität von der Gnade eines Lichtwesens oder einer göttlichen Kraft abhinge. Andächtig, ja fast ängstlich ging ich mit meiner Arbeit und meinem Verhalten um. Auf keinen Fall wollte ich meine Geistführer provozieren oder meine Begabung wieder verlieren.

Damals war ich in Indien und lebte in Ashrams oder spirituellen Gemeinschaften. Die meisten Menschen, die sich an diesen Orten aufhielten, lebten, zumindest nach außen, ein heiliges und *moralisch* sehr reines Leben. Mit den Jahren erfuhr ich, dass erstens die sogenannten Moralisten und Ethiker in den meisten Fällen falsch und korrupt lebten und zweitens meine Begabung, völlig unabhängig von meiner Lebenseinstellung, durch Übung und gesammelte Erfahrung immer stärker wurde.

Ich war sehr erleichtert, dass ich weder wie ein indischer Yogi leben musste noch mich wie ein mitteleuropäischer alternativer Guru zu benehmen hatte. Seit meiner Geburt habe ich dem fliegenden Holländer respektive Schweizer ähnlich den Erdball unzählige Male umkreist und in vielen Ländern auf mehreren Kontinenten gelebt. Ich war und bin es gewohnt, mit mir unbekannten Sprachen, Gerichten und Rassen zusammenzukommen und so die Vielfältigkeit der Menschheit kennen- und schätzen zu lernen. Natürlich war und ist es auch für mich nicht nur einfach, mich immer wieder in neuen Kulturen, mit fremden Religionen und unbekannten Kochgewohnheiten zurechtzufinden. Sehr oft stieß ich an meine Grenzen, musste Vorurteile ablegen und mich wie ein Chamäleon dem neuen Hintergrund anpassen.

Durch meine Arbeit wurden die Reisen noch spannender! Als medialer Profiler analysiere ich all jene Aspekte, die mit der Seele und den feinstofflichen Einflüssen auf eine Situation zusammenhängen.

Mit meinem intuitiven Auge lese ich Menschen verschiedenster Rassen, Kulturen, Religionen und Berufe, um Einblick in ihre Seele und ihr Leben zu bekommen. Die obersten Schichten der Aura sind stark geprägt von kulturellen und religiösen Einflüssen. Je tiefer ich in dieses Energiefeld tauche, umso mehr verlieren sich persönliche Aspekte der Person. Irgendwann sehe ich einfach nur noch Licht. Dieses Licht sieht um den ganzen Globus herum gleich aus. Selbst eine Person, die zu Tode gefoltert wurde, hat irgendwann, sobald sie die verschiedenen Ebenen des Schmerzes und Grauens hinter sich gelassen hat, dieses Licht in sich.

Um mich von meinen Arbeiten und Reisen zu erholen, ziehe ich mich immer wieder zurück. Ich benötige viel Zeit, um nach intensiven Projekten wieder meine Ruhe zu finden. My home is my temple. Nach diesem Motto ist mein Zuhause eine Ruhestätte, die mir und meiner Frau ein Refugium bietet. Aus diesem Grund besuchen wir auch Kraftorte, die es über den ganzen Globus verteilt gibt, um uns auftanken zu lassen. Interessanterweise sind solche Kraftorte nicht selten noch heute mystische Stätten, die von Pilgern verschiedenster Religionen aufgesucht werden. Je nachdem, in welcher Kultur und Religion sich diese Kraftorte befinden, stehen dort heute Kirchen, Moscheen, Tempel oder Synagogen. Würde ein Archäologe graben, würde er häufig unter diesen Bauten alte, weit in die Vergangenheit reichende Ruinen vergangener Tempel verlorener Kulturen finden. In den meisten Fällen waren es bereits energiegeladene Orte, noch bevor der erste Mensch dort einen Tempel baute. Sensitive Hohepriester fühlten solche Orte und ließen darauf Tempel bauen.

Auf meinen vielen Reisen stoße ich immer wieder auf solche Kraftorte. Einzeln oder in Gruppen meditieren wir an diesen Orten, um uns aufzutanken und inspirieren zu lassen.

Ich nenne solche Kraftorte Wellness für die Seele. Ohne Zweifel ist es noch angenehmer, wenn sich dort gleichzeitig ein Spa mit Sauna, Massagen und gutem Hotelbett befindet. Schließlich will auch der Körper nicht zu kurz kommen!

Ich bin dankbar und hocherfreut, dass ich die Möglichkeit habe, eine Arbeit zu haben, die mir Spaß macht. Gleichzeitig kann ich meiner liebsten Beschäftigung nachgehen, dem Reisen. Mein Gepäck ist sehr leicht, benötige ich doch keinen Instrumentenkoffer, keine komplizierten Maschinen oder teuren Kleider für meine Arbeit.

Ausführen kann ich meine Tätigkeit überall, unabhängig, ob unter Kriegslärm in Beirut, der unerträglichen Hitze Westafrikas, in einem Fünfsternehotel in Zürich oder in einer einfachen Hütte in einem der Vororte von Lima.

Last but not least die Menschen! Egal, ob mein Kunde eine Hausfrau, ein Präsident oder jemand ist, der dies gerne werden möchte, ob es ein korrupter Geschäftsmann, ein Arzt, Polizist, Künstler oder Koch ist: sie alle haben ein Ziel, nämlich etwas zu erreichen! Ohne Ausnahme sind meine Projekte, wie ich meine Arbeit nenne, kreativer Natur. Ich habe es mir angewöhnt, meine Klienten nicht nach ihren Handlungen zu bewerten.

Mit meinen Beratungen gebe ich Anregungen und Hinweise zu möglichen Situationen, die aufkommen können. Ich lasse es aber ganz in den Händen meines Kunden, zu entscheiden, was er macht und wie er die gewonnene Information einsetzt.

Nur so ist es überhaupt möglich, dass meine Kunden ohne Ausnahme aus allen religiösen, kulturellen und politischen Richtungen kommen können. Ich kann ohne Widerspruch und ohne Verrat am selben Tag einen jüdischen und einen moslemischen Fanatiker beraten oder einen politisch rechtsradikalen Minister und einen sozialistischen Major der Armee. Übrigens kommen sie interessanterweise auch alle auf mich zu. Mein erstes und wichtigstes Prinzip meiner medial-spirituellen Arbeit ist meine Loyalität zu meinem Kunden. Auch an zweiter und dritter Stelle steht meine Loyalität zu meinem Kunden und erst danach dessen persönliche Ausrichtung und Einstellung.

Ein Fazit meiner zwanzigjährigen Erfahrung als medialer, hellsichtiger, heilerischer oder intuitiver Berater, Künstler und Profiler ist: Eine gesunde und gute Intuition hängt in keiner Weise von einer Lebenseinstellung oder Philosophie ab. Der Suchende oder Findende wird sehr bald lernen, dass Medialität ein Kraftpotenzial ist wie die Kunst oder eine Sprachbegabung. Es spielt keine Rolle, welche Kunst man ausübt oder für welchen Zweck die erlernte Kunst eingesetzt wird. Die Wertung darüber bleibt jedem selbst überlassen.

1

Intuition: Methoden und Techniken

Meine intuitiven Fähigkeiten

Bereits in meiner Kindheit spürte ich meine intuitiven Fähigkeiten. Ich erinnere mich, dass ich oft mit meinem Fahrrad und später mit dem Moped am oberen Teil unseres Hügels stand und die gerade Straße nach unten schaute. Ich hatte damals das Gefühl, Gefahren zu spüren. Um dies zu testen, bin ich an den verschiedenen Seitenstraßen vorbei, die in die Hauptstraße führten, und unten an der Kreuzung über die Stoppstraße gerast, ohne zu bremsen! Auf den Straßen herrschte viel Durchgangsverkehr, und ich hätte ohne Weiteres in ein Auto fahren können. Rückblickend muss ich gestehen, dass meine Tests sehr leichtsinnig waren. Damals war das für mich eine Möglichkeit, meinen Gefahrenradar zu testen. Ob Glück oder Intuition – passiert ist mir Gott sei Dank nie etwas!

Dank der Arbeit meines Vaters waren wir früher viel unterwegs. Ich hatte das Glück, die Welt schon sehr früh kennenzulernen. Daher war für mich immer klar, dass ich viel reisen würde. So dachte ich später auch bei der Wahl möglicher Berufsrichtungen immer an Berufe, die mir das Reisen erlauben würden.

Wie das Leben so spielt, kam alles ganz anders. Anstelle einer ordentlichen beruflichen Laufbahn habe ich mich schon vor dreißig Jahren entschieden, die Schweiz zu verlassen. Als ich zwanzig Jahre alt war, zog es mich in die Welt. Schon nach wenigen Monaten holte mich meine innere Führung ein. Ich hatte starke Visionen, sah Geistwesen und wieder Auren um die Menschen. Endlich froh, etwas gefunden zu haben, was mir richtig erschien, Spaß machte und – ganz wichtig – mir erlaubte, weiterhin zu reisen, vertiefte ich mich in die Materie der Medialität.

Die ersten Jahre meiner medialen Arbeit waren vor allem meiner Ausbildung gewidmet. Lehrmeister aus dieser und anderen Dimensionen halfen mir, die Kunst der Medialität zu vertiefen. Ich erfuhr, wie man Energien bewegen kann, wie man in Menschen eintaucht oder Astralreisen macht. Schon sehr bald fand ich mich vor großen Gruppen in guten Hotels oder Kongresshallen Vorträge geben. Ich sprach zu Journalisten, gab Interviews und war stolz darauf, etwas Gutes zu tun.

Mein Leben änderte sich schlagartig, als ich ein Flugzeug fand. Meine bis zu diesem Zeitpunkt mehr lokal ausgerichtete Arbeit wurde plötzlich international. Ich erhielt nun auch Anfragen für Beratungen von sehr einflussreichen Personen. Obwohl ich immer viel mit der Presse gearbeitet hatte, erlebte ich bald, wie einflussreich und wichtig die Presse sein kann. Ich wollte ja nicht nur medial beraten und Vorträge sowie Seminare abhalten, sondern auch die Möglichkeit haben, so viele Menschen wie möglich mit der Kunst der Intuition vertraut zu machen.

Vor der Kamera stehend, lernte ich einen weiteren Vorteil meiner Person kennen: Mir wurde immer wieder gesagt, dass ich froh sein könne, nicht unattraktiv zu sein. Die Kamera mag mich, so wurde mir gesagt. Von solchen Aussagen angetrieben, öffnete ich mich dem Medium Fernsehen und der Presse allgemein. Ich reiste um den Globus, gab Interviews und hielt Seminare und Vorträge. Ich besuchte Konfliktherde, reiste zur UNO in New

York oder hofierte in großen Villen oder Palästen einflussreicher Politiker.

Irgendwann wurde ich, wie so oft in meinem Leben, an den nächsten wichtigen Abschnitt meines Lebens geführt. In Bolivien fragte mich ein sehr guter Freund, ob ich mir vorstellen könne, Fernsehen zu machen. Nicht nur, wie bis dahin, um Interviews zu geben, sondern mit einer eigenen Sendung. Ich war begeistert! Herausforderungen sind für mich immer willkommene Möglichkeiten, etwas hinzuzulernen! Ich sagte zu, hatte kurz danach ein Gespräch mit dem Produzenten und wenige Tage später bereits meine eigene Sendung! Momentos Misticos auf UNITEL war geboren (➛ Seite 251). Ab da war ich jede Woche live im Fernsehen.

Ich fand vor laufenden Kameras Skelette, las für das Publikum die Tarotkarten, lehrte Meditationen oder analysierte politische Entwicklungen im Land. Wir produzierten in Bolivien, strahlten aber in mehrere Länder das Programm aus. Egal ob ich in Marbella/Spanien flanierte oder in Miami am internationalen Flughafen eincheckte, bald kannten mich die Leute. Die Rückmeldungen waren fast ausnahmslos positiv. Ich war glücklich, Menschen helfen und gleichzeitig ein gutes Leben führen zu können.

Nicht überraschend kam irgendwann der Moment, an dem ich Bolivien den Rücken kehren musste. Zum einen war die Situation vor Ort für mich sehr unsicher geworden, zum anderen hatte ich in den USA ein Angebot, um den Einstieg ins dortige Fernsehen zu versuchen. In Miami und New York bekam ich mehrere Auftritte im Fernsehen. Mit dem richtigen Einstieg ins Fernsehen hingegen funktionierte es nicht.

Dafür hatte ich in New York eine schöne Wohnung im Upper East Side. Ich reiste immer noch viel, spürte aber, dass mir etwas fehlte. Nach vierzehn Jahren in Südamerika mit seinen vielen politischen und wirtschaftlichen Veränderungen war es mir in New York einfach zu langweilig und die Stadt zu groß. Ich bekam Angstzustände, als ich mir vorstellte, dass ich in einer Stadt leben würde, die in fünf Jahren noch genauso aussehen würde wie jetzt, und das in einem Land, das politisch langweilig und stabil war.

Nach knapp einem Jahr war ich wieder weg. Das Abenteuer rief mich. Ich nahm mir eine Auszeit. Durch neue meditative Bilder wollte ich mir einen neuen Weg zeigen lassen. Als ich in einer Meditation spürte, dass der Nahe Osten angesagt war, war ich nicht unglücklich. Kultur, Musik und Mentalität dieses mir bis dahin unbekannten Erdteils hatten mich schon immer angezogen.

Wieder einmal wechselte ich den Kontinent und fand mich kurze Zeit später in einer völlig neuen Welt wieder. Damals war es im Nahen Osten mehr oder weniger ruhig. Vom Arabischen Frühling war noch nichts zu spüren. Es gab jedoch schon damals Menschen, die mich gut kannten und halb im Spaß, halb sarkastisch meinten, dass es bestimmt nur eine Frage der Zeit sei, bis im Nahen Osten etwas passieren würde. Schließlich, so meinten sie, würde es immer dort, wo ich war, politisch sehr unruhig werden.

Es dauerte nur wenige Wochen, und der Nahe Osten war meine Heimat. Ich bekam eine Aufenthaltsbewilligung für Beirut und reiste für Vorträge oder Seminare nach Syrien, Dubai oder in den Iran. Dank dem Internet konnte ich aber auch jederzeit weltweit arbeiten. Ich konnte meine Kunden in Südamerika, Europa oder in den USA weiterhin beraten. Auch fuhr ich an unterschiedlichste Orte, um Seminare abzuhalten.

Irgendwann schrieb mir eine Frau gleichen Alters, die auch sehr medial begabt ist, eine E-Mail. Sie wollte mehr über meine Arbeit erfahren. Wir tauschten uns aus, lernten voneinander und sprachen später viel über Skype. Nach drei Monaten Chatten und Schreiben wollten wir uns treffen. Sieben Monate später waren wir verlobt und nach weiteren sieben verheiratet! Durch die Heirat änderte sich mein Leben, und es änderte sich auch wieder nicht. Vieles wurde neu, ich hatte plötzlich eine Begleiterin, die mich obendrein sehr stark bei meiner Arbeit unterstützte.

Dann entschlossen meine Frau und ich uns, unser Leben auf Europa und Südamerika auszurichten. Dem Nahen Osten haben wir zunächst teilweise den Rücken gekehrt. Aber der Arabische Frühling brachte, wie schon 2001 die Anschläge in New York, eine interessante Dynamik in mein Leben. Journalisten, Politiker, Wirtschaftsleute und Privatpersonen, die von den Veränderungen dort betroffen waren, wollten wissen, was zu erwarten sei.

Die Aufstände im Nahen Osten hatten mich dazu angeregt, meinen Fokus doch nicht wie geplant ganz von dieser Region zu lösen. Ich war bereits vor den Unruhen dort, sah sie voraus und war von da an sehr stark mit ihnen beschäftigt. Dieses Buch ist auch eine Retrospektive meiner letzten dreißig Jahre und gleichzeitig ein Blick in die Zukunft.

Meine letzten dreißig Jahre medialer Arbeit geschahen auf dem ganzen Erdball. Schreiben war schon sehr früh wichtig für mich, und ich bin sehr froh, die Möglichkeit zu haben, mich übers Schreiben ausdrücken zu können.

Auf den vielen Reisen lernte ich verschiedene Sprachen. Dafür kam mir mein Deutsch etwas abhanden. Die sprachlichen Hindernisse waren es wohl, die mich dabei einschränkten, die Worte frei fließen zu lassen. Dank meinem lieben Freund Markus Vögtli und meiner Verlegerin Sabine Giger, die mich immer wieder bestärkte, habe ich Freude am Schreiben gefunden. Ich kann auf viele interessante Projekte zurückblicken. Und glücklicherweise habe ich weltweit sehr viele interessante Projekte in naher und weiterer Zukunft, auf die ich mich freue.

Dieses Buch ist eine Hommage an alle Menschen, die mich in den letzten dreißig Jahren begleitet haben. Ich widme es vor allem dem mir unbekannten Leser, der sich die Zeit nimmt, diese Zeilen zu lesen. Es gibt viele sehr gute Bücher, und ich bin sehr dankbar, dass Sie dieses Buch gewählt haben und Ihre Zeit in das Buch investieren. Mit meinen Eindrücken und Erfahrungen hoffe ich, Anregungen geben zu können. Anregungen, um den eigenen Weg der Intuition zu gehen und um die Kunst der Medialität auszuprobieren.

Ich möchte Ihnen helfen, die existierenden Vorurteile gegenüber der Kraft und Macht der Intuition zu hinterfragen. Wer würde heute die Möglichkeit der kreativen Kunst infrage stellen? Warum fällt es oft so schwer, dem Kopf zu vertrauen, aber dem inneren Gefühl nicht? Wie kommt es, dass die meisten Menschen bedingungslos irgendwelchen Befehlen folgen, der inneren Stimme aber das Vertrauen verweigern?

Ich würde mich sehr freuen, auch in den kommenden Jahren die Möglichkeit zu haben, zu schreiben, Länder zu bereisen und weiterhin viele interessante Menschen kennenzulernen!

Ebenfalls würde ich mich sehr freuen, wenn ich auch in den nächsten Jahren Menschen inspirieren könnte, der eigenen Intuition zu vertrauen, Lieder zu komponieren, wissenschaftliche Formeln und politische Strategien zu entwickeln oder neue Länder zu bereisen.

Das Corona-Virus: der perfekte Sturm

Manchmal trifft es einen hart. Selbst wir Seher sind nicht gegen Überraschungen gewappnet. Obwohl, so ganz überraschend kamen die Grippe-Invasion und ihre Folgen für mich doch nicht. Im Sommer 2018 nahm ich in Würzburg am internationalen *Welt-im-Wandel*-Kongress teil. Der Journalist Robert Fleischer interviewte mich zu meinen Prophezeiungen für Europa. Seit 2016 sorgte ich mit meinen Visionen in Europa für Aufsehen, sagte ich doch damals die Anschläge voraus.

Eines der Hauptthemen des Interviews in Würzburg waren meine finanziellen Vorhersagen für Europa. Ich sah damals einen Finanzcrash am Horizont, welcher den von 2008/09 bei Weitem übertreffen würde. Diesen sah ich die nächsten vier Jahre passieren, also zwischen 2018 und 2022. Überhaupt zeigten meine Visionen für Europa seit 2015 düstere Bilder. Obwohl sich Visionen meistens sehr klar am Horizont zeigen, ist die zeitliche Eingrenzung nicht immer einfach. Zum einen ist der lineare Zeitverlauf nicht festgelegt, zum anderen kann durch Einflüsse unterschiedlichster Natur auf die Zeit Einfluss genommen werden. Somit war es für mich klar, dass ein großer Sturm vor uns liegen würde, der genaue Zeitpunkt und die genauen Umstände hingegen waren mir nicht ganz klar. Ich ging davon aus, dass es uns so richtig hart im Herbst 2020 treffen würde.

Europa zu beobachten und medial zu analysieren war bereits seit 2015 höchst interessant. Ich liebe Geopolitik und sehe es als meine Berufung an, mit meinen Vorhersagen etwas Licht in die Horizonte menschlicher Geschichte zu bringen. Licht nicht unbedingt im philosophischen Sinne positiver Beeinflussung. Es geht mir eher darum aufzuzeigen, worauf wir zusteuern und wie wir uns darauf vorbereiten können.

In den meisten Fällen geht es bei Prophezeiungen nicht darum, das Vorhergesehene zu verändern, sei es auch noch so schwierig, negativ und düster. Wir glauben oft, über Gott zu stehen, um das, was uns nicht gefällt, beeinflussen zu können. Bei einigem ist uns dies schon gelungen, bei anderem noch nicht. Die geschichtliche Entwicklung zu verändern war meines Erachtens noch nie wirklich möglich und wird es auch nicht sein. Wir können Einfluss auf gewisse Situationen nehmen, ganz abändern werden wir sie jedoch nicht können.

Zum einen, weil einiges im göttlichen Plan so gewollt ist, zum anderen, weil die Hauptakteure dieser Entwicklungen nicht wirklich wollen, dass etwas verändert wird. Auch dann nicht, wenn sie es vor der Presse so kundtun.

Ich arbeite seit 20 Jahren vor und hinter den Kulissen einiger größerer politischer Entwicklungen und weiß genau, wovon ich spreche. Ich veröffentliche meine Vorhersagen nicht mit der Absicht, die Entwicklung zu verändern. Vielmehr möchte ich dem interessierten Beobachter Einblick in aktuelle Abläufe geben.

Es ist für mich nie eine Frage, ob ich Prophezeiungen veröffentlichen möchte. Ich sehe dies als Teil meiner Berufung. Die Kunst besteht vielmehr darin abzuwägen, was veröffentlicht werden kann und wie. Die Gründe, wie eine Vorhersage veröffentlicht wird, sind genauso vielseitig wie meine Kunden, für die ich arbeite. Zudem gibt es Vorhersagen, die ich publiziere, andere sind für bestimmte Kunden. Dies ist vergleichbar mit den anwesenden Personen in einem Theater. Es gibt Statisten, den Regisseur oder den Direktor. Die Leser der Vorhersagen sind die Besucher des Theaters, die sich das Stück ansehen, Kunden die Statisten auf der Bühne, der Regisseur oder der Direktor. Seherisch mit Prophezeiungen zu arbeiten, ist eine sehr intuitive Arbeit. Nicht nur, weil Visionen medial-intuitiv empfangen werden, auch weil gespürt werden muss, welche Informationen wann und wie an wen weitergegeben werden dürfen.

Was seit Ausbruch des Corona-Virus passiert ist, ist aus medialer Sicht nur eines der vielen Kapitel, die uns zur Gegenwart brachten.

Das erste Kapitel in der zeitnahen Entwicklung Europas, das ich medial analysierte, waren die unkontrollierten Immigrationsströme 2015/2016. Sie hinterließen bei vielen Europäern tiefe Narben in ihrem Sicherheitsgefühl. Darauf folgten die Terroranschläge 2016/2017. Sie waren auf der einen Seite die Konsequenz für die vielen Einwanderer, auf der anderen Seite das Resultat einer katastrophalen Außenpolitik Europas und der USA mit den vielen Kriegen im Mittleren Osten und in Nordafrika.

Ab Sommer 2016 bis Anfang 2020 durchlebten wir die Brexit-Tragödie. Wie so oft analysierte ich auch diese Entwicklung von Beginn an, und für mich war es von Anfang an klar, dass das Vereinigte Königreich Europa verlassen würde. Meine Bilder zeigten dies ohne Zweifel. Ich habe dies in verschiedensten Artikeln und Interviews immer wieder prophezeit. Zweifel, dass das Vereinigte Königreich die Europäische Gemeinschaft verlassen würde, hatte ich nicht, und noch heute würde es mich überhaupt nicht überraschen, wenn es zu einem harten Brexit kommen sollte.

Das erste Kapitel der aktuellen *Europäischen Saga* sind die Immigranten, das zweite Kapitel die Anschläge, das dritte Kapitel der Brexit, und als wäre das noch nicht genug, erleben wir seit Februar das aktuellste Kapitel, das Corona-Virus. Den Corona-Orkan noch nicht hinter uns, zeigt sich am Horizont bereits das nächste Kapitel schwieriger Europäischer Zukunft: der Finanzcrash.

Seit 2017 war mir Europa als konfliktreicher Brennpunkt schon so bewusst, dass ich meine Zukunft darauf ausrichtete. Meine Vorträge und Texte handelten zum großen Teil von der Zukunft Europas und wie man sich darauf vorbereiten könne. Ab Ende 2018 spürte ich die kommenden Gefahren so stark, dass ich mich entschloss, ab Ende 2019 vorerst keine Kurse und Vorträge mehr anzubieten. Im Herbst 2019 führte ich eine seit 2018 angekündigte Abschlusstournee durch. Ich veröffentlichte, dass ich 2020 und 2021 nicht für Kurse und Vorträge in Europa sein werde. Erstens fand ich aufgrund dessen, was ich für Europa kommen sah, keinen großen Sinn darin, und zweitens wollte ich mich besser auf das vorbereiten können, was ausschlaggebend sein würde: das Arbeiten mit Vorhersagen, nicht nur langfristig, sondern auch kurzfristig. Ich richtete meine Projekte so aus, dass ich ab Frühling 2020 in Europa keine Vorträge und Seminare mehr planen musste. Den Sturm sah ich kommen. Erwartet hatte ich ihn für Herbst 2020. Somit trafen mich das Corona-Virus und die daraus entstandenen Folgen zeitlich, nicht aber die Tatsache, dass wir (noch) kräftig(er) durcheinandergewirbelt würden.

Anfang März 2020 waren meine Freundin und ich noch mit meinem Bruder und seiner Familie in der Schweiz beim Snowboardfahren. Mitte März fuhren wir nach Osttirol in den Heimatort meiner Freundin, um dort den Schnee zu genießen. Genau einen Tag konnten wir noch snowboarden, bevor die Pisten wegen der Quarantäne geschlossen wurden.

Die Wellen des perfekten Sturms schlugen mit voller Wucht über Europa ein. Es dauerte nur wenige Tage, und das Ausmaß der Krise zeigte sich auf breiter Front. Nichts war mehr, wie es bis zu diesem Zeitpunkt zu sein schien. Die Illusion von der Sicherheit Europas brach zusammen wie ein Kartenhaus. Wie aufgescheuchte Ameisen staubten die Menschen auseinander, zogen sich in ihre Schlupflöcher zurück und verbarrikadierten sich hinter allen möglichen Mauern.

Die einen unterwarfen sich ehrfürchtig der staatlichen Allmacht, andere bauten Widerstand auf und wieder andere suchten in Heilsversprechen Schutz. Es war teilweise höchst beängstigend zu sehen, wie irrational viele Menschen mit der Situation umgingen. Diejenigen, die wie blind der Staatsmacht folgten, benahmen sich wie in einer Diktatur. Sie folgten den Vorgaben, ohne diese auch nur im Geringsten zu analysieren oder zu hinterfragen. Der Widerstand benahm sich ebenso blind, nur um gegen das zu sein, was von oben vorgegeben wurde. In der spirituellen Szene wurde von Quantensprüngen gesprochen oder davon, dass dieser Zeitpunkt definitiv die kollektive Erleuchtung mit sich bringen würde. Für jemanden, der sich seit 20 Jahren mit Katastrophen und politischen Unruhen oder Veränderungen auseinandersetzt, war es einfach eine weitere Umwälzung. Nicht mehr und nichts weniger.

Gleich zu Beginn des Corona-Sturms veröffentlichte ich auf meinem YouTube-Kanal ein Video mit dem Titel »Das Corona-Virus und der Sturm«. Darin zog ich zur aktuellen Zeit die Parallele zu einer persönlichen Erfahrung, die ich 2012 während einer Atlantiküberquerung erlebt hatte. Damals segelten wir zu fünft auf einem Katamaran von Spanien in die Karibik. In vier Wochen und mit nur einem kurzen Zwischenstopp auf den Kap Verden segelten wir über den, wie es uns schien, unendlichen Atlantik. Die Überquerung war für jeden von uns ein einschneidendes Erlebnis. Wir durften alles erleben: von absoluter Windstille bis zu kraftvollen Stürmen, die uns des Nachts aus den Kojen rissen und uns zwangen, um unser Überleben zu kämpfen. Wir *gegen* die Natur, oder besser gesagt: *mit* der Natur.

Im Video erklärte ich, in Zeiten eines Sturmes gehe es darum, voll und ganz präsent zu sein. Wer Angst hat und sich in der Koje verkriechen will, hat keine Chance, den Sturm zu überleben, oder noch schlimmer: Er erfüllt seine Aufgabe im Team nicht.

Ein klarer Kopf, eine gute Intuition und ein gesunder Teamgeist sind ausschlaggebend, dass das Schiff mit seiner Crew sicher durch den Sturm kommt. Sich darüber Gedanken zu machen, woher der Sturm kommt und warum, ist, während das Meer wütet, nur Zeitverschwendung, die lebensbedrohlich sein kann.

Auf hoher See war jeder von uns gefordert. Es musste klar sein, wer der Boss ist und wer welche Befehle ausführt.

Vertrauen in die anderen ist ebenso wichtig wie Vertrauen in sich selbst. Um dem Kapitän voll vertrauen zu können ist es wichtig, nicht an seinen Absichten zu zweifeln. Nach dem Sturm saßen wir zusammen und besprachen die Situation. Fehler konnten erkannt und Schäden behoben werden.

Eine Situation wie die Corona-Krise ist dem sehr ähnlich. Wir befanden uns in einem Sturm, und es war wichtig, Vertrauen in sich und sein Team zu haben – in diesem Fall in die Familie, gute Freunde oder Bekannte.

Während wir auf dem Schiff hundert Prozent Vertrauen in den Kapitän hatten, musste ich erkennen, dass während des Corona-Sturms die Führung nicht immer sehr vertrauenswürdig war und sich der Crew gegenüber nicht immer wirklich loyal verhielt. Zu stark waren die Widersprüche, es kam zu korrupten Handlungen, das Interesse für die Bevölkerung war oftmals nicht vorhanden und orientierte sich mehr an den Vorgaben lobbyistischer Machtgruppen.

Während wir auf unserem Katamaran gestärkt aus den Stürmen hervorgingen, ist bei uns eine noch größere Spaltung als vor der Corona-Krise in der Gesellschaft erkennbar. Dies ist eigentlich traurig. Hätte doch genau diese Situation dazu dienen können, die Menschen einander näher zu bringen. Das Gegenteil war der Fall. Das Denunziantentum nahm zu, die Gesellschaft teilte sich – salopp gesagt – in Verschwörungstheoretiker und jene, die blind der Obrigkeit folgten, auf. Es versteht sich von selbst, dass mein E-Mail-Eingang seit Beginn der Krise sich füllte wie noch nie zuvor. Ich bekam unzählige E-Mails mit Anfragen zur Entwicklung der Situation in Europa und der Welt.

Die finanziellen Folgen waren schon bald eine Hauptangst vieler Menschen. Dass das Virus nicht so schlimm war wie zu Beginn von vielen befürchtet, zeigte sich schon sehr bald. Somit wich die Angst vor einer Ansteckung schon sehr bald der Angst vor Armut oder der Angst, die Arbeitsstelle zu verlieren.

Ende März konzentrierte ich mich darauf, ob der wirtschaftliche Einbruch im ersten und zweiten Quartal 2020 jener Crash sei, den ich kommen sah. Es zeigte sich mir in meinen Visionen schon sehr schnell, dass dies nur der Anfang ist. Ich sah, dass der Herbst 2020 wirtschaftlich sehr schwierig werden wird und dass die direkten Folgen des Corona-Virus noch weit ins kommende Jahr reichen werden. Der große Finanzcrash, über den wir mit Robert Fleischer 2018 sprachen, ist im Sommer 2020 erst in seinem Anfangsstadium. Ich bin mir im Moment nicht sicher, ob die Corona-Krise im Frühling 2020 in Zukunft nicht als Bagatelle erscheinen wird, gegenüber dem, was noch auf uns wartet.

Chancen

Die Quarantäne bot eine wunderbare Möglichkeit, die eigene Intuition zu schulen. Zum einen, weil sie uns viel Zeit zum Meditieren gab, auf der anderen Seite, weil die Intuition dazu genutzt werden konnte, aus den vielen unterschiedlichen Informationsquellen zu spüren, wo ungefähr die Wahrheit liegen könnte. Die Intuition ist die Stimme des höheren Selbst. Sie hat einen größeren Weitblick als unsere normale rationelle Perspektive. Es wäre übertrieben zu behaupten, dass wir in Meditationen und mithilfe der Intuition alles besser wüssten als das, was wir offiziell erfahren. Erst eine Zeitung zu lesen und dann intuitiv zu spüren, was ungefähr richtig sein könnte und was nicht, ist eine gute Möglichkeit, mit der Intuition zu arbeiten.

Ein anderer Weg ist es, sich auf das Essenzielle zu konzentrieren und die Intuition dazu zu nutzen, um zu spüren, was wirklich wichtig ist und was wir vernachlässigen können. In den ersten Wochen der Corona-Krise erhielt ich unzählige E-Mails und Nachrichten über Whatsapp. Die Inhalte schlugen in sämtliche Richtungen aus, und natürlich waren alle Absender davon überzeugt, dass sie recht hätten. Irgendwann spürte ich, dass der Fluss an Informationen zu intensiv wurde. Es ging so weit, dass ich Mühe hatte einzuschlafen.

Ich entschloss mich, nur noch jene Nachrichten zu öffnen, von denen ich intuitiv spürte, dass sie für mich ausschlaggebend waren. Was übrig blieb, war immer noch sehr viel, aber immerhin nicht mehr so intensiv, dass ich des Nachts Mühe hatte, zur Ruhe zu kommen.

Ich veröffentlichte zu Beginn des Corona-Virus-Sturms eine Analyse seiner Entwicklung. Ich sah, dass das Virus sich als nicht so schlimm wie von vielen befürchtet herausstellen würde. Meine Analyse bezog sich explizit auf das Virus und nicht auf die von der Politik daraus gemachte Panik mit ihren Folgen. Ich sah nach dieser Corona-Virus-Welle eine zweite, weitaus größere oder verheerende Welle kommen. Ich ging damals davon aus, dass diese zweite Welle ebenfalls ein Mikroorganismus sein würde. Heute bin ich mir nicht sicher, ob das Virus tatsächlich ein solcher sein wird oder ob es ein Virus sein würde, das die Wirtschaft zerfrisst.

Intuition ist, unabhängig davon, ob für Einzelpersonen oder für das Kollektiv, ein wunderbares und kraftvolles Instrument, um Perspektiven der Zukunft zu erhalten. Wie das Radar auf einem Schiff, das Untiefen, fremde Schiffe oder sogar Wetterfronten aufzeigen kann, führt die Intuition durch die Meere von Raum und Zeit. Nicht nur, um die gesellschaftliche Richtung zu erahnen, kann die Intuition ein hilfreiches Instrument sein.

Gerade im Dschungel spiritueller Theorien kann sie sehr gute Hinweise dazu geben, was Boden haben kann und was nicht. An diesem Punkt sei erwähnt, dass die Intuition frei von spirituellen Lebenseinstellungen oder Glaubensmustern ist. Es spielt absolut keine Rolle, ob man Vegetarier ist oder nicht, ob man Alkohol trinkt oder nicht, ob man politisch links oder rechts ist.

Intuition ist unser sechster Sinn, und wie jeder andere Sinn ist auch sie frei von Glaubenssätzen. Noch glauben viele, dass man »Friede-Freude-Eierkuchen« und alles ist Licht und Liebe leben muss, um Intuition zu entwickeln. Dies ist falsch. Hellseher oder Medien sind Menschen wie jeder andere auch, obwohl sie oft gern etwas anders vorgeben möchten.

Der Intuition oder dem Universum ist es egal, wie oder was man glaubt. Wichtig ist, dass man der eigenen höheren Stimme folgt. Dass diese nicht an christliche Wertvorstellungen gebunden sind, fällt gerade in Mitteleuropa vielen schwer zu verstehen.

Ein Schamane im Amazonas, der Kannibale ist und mehrere Frauen besitzt, kann ein genauso guter Heiler oder Seher sein wie einer, der in der Schweiz lebt, vegan ist und nur an das Gute im Universum glaubt. Intuition kann somit bestens als »Radar« eingesetzt werden, um die unterschiedlichsten Theorien zu Situationen wie zum Beispiel zum Coronas-Virus zu analysieren.

Es war haarsträubend zu sehen, was gewisse spirituelle Leute online veröffentlichten. Das ging so weit, dass Trump der Weltenretter sei, der mit Außerirdischen zusammenarbeiten würde. Andere behaupteten, dass Corona der Beginn des goldenen Zeitalters sei. Philosophisch hört sich so etwas schön an und gibt Grund zur Hoffnung. Nur ist es so, dass Heilsversprechen nicht mit der Realität übereinstimmen. Seit Jahrhunderten wird mit Heilsversprechen geködert, wird Hoffnung geweckt. Was die seelische Entwicklung angeht, sind diese leider absolut kontraproduktiv. Anstatt den Menschen zu sagen, was nicht gut läuft und wie sich das Leben besser und produktiver gestalten ließe, lässt man sie im Irrglauben, dass eine äußere Kraft die Probleme lösen würde. Das wäre so, als ob man Matrosen auf einem Schiff während eines Sturmes sagen würde, dass sie sich entspannen sollten, bald würde ein UFO kommen, das sie aus ihrer misslichen Lage befreit …

Nun frage ich, welcher Matrose und welches Boot haben bessere Chancen, den Sturm erfolgreich zu überstehen? Jene, die sich in die Hände spucken und auf Bord gehen, sich den tosenden Wellen entgegenstellen, um das Schiff sicher durch den Sturm zu bringen, oder jene, die entweder in der Kajüte meditieren oder vielleicht noch auf Deck gehen und dort meditieren, bis ein UFO kommt?

Die Kraft der Intuition ist ein wunderbarer Kompass, um durch das Leben zu kommen. Es gibt eine kraftvolle Meditation, um den Kompass Intuition zu stärken.

Meditation

Die Kraft deiner Intuition – Der Kompass des Lebens

- Setz oder leg dich entspannt hin und schließ deine Augen.
- Atme tief und regelmäßig durch die Nase ein und den Mund aus.

- Beim Einatmen stellst du dir vor, wie ein gelbes Licht in deinen Körper strömt und sich langsam im ganzen Körper ausdehnt. Dieses Licht reinigt deine Aura und aktiviert deine Chakren.
- Beim Ausatmen stellst du dir vor, wie du überflüssige Gedanken, die nichts mit der Meditation zu tun haben, ausatmest. Gleichzeitig befreist du dich von Emotionen und Altlasten, die nicht mehr zu dir passen.
- Sobald du spürst, dass du ganz entspannt bist, konzentrierst du dich auf dein Drittes Auge. · Stell dir vor, wie sich dein Drittes Auge (sechstes Chakra) öffnet und du mit ihm schauen kannst, etwa so, als wenn du am Morgen deine Augen öffnest und dich in deinem Schlafzimmer umschaust.
- Blick mit deinem Dritten Auge ein wenig um dich. Was siehst du? Was nimmst du wahr?
- Nun stellst du dir eine Frage, deine Zukunft betreffend, die dich gerade beschäftigt.
- Konzentriere dich intensiv auf die Frage und bitte dein höheres Selbst, dir intuitiv Bilder als Antwort zu senden.

- Mit deinem intuitiven Auge blickst du nach vorn, Richtung Horizont. Vor dir dürften sich nun Bilder oder Eindrücke manifestieren, die dir Hinweise oder klare Anleitungen geben, wie die Frage zu lösen oder mit der Situation umzugehen ist.
- Voilà, du hast deine Antwort! Dein innerer Kompass zeigt dir anhand von Bildern, Gefühlen oder intuitivem Wissen die Richtung, die du gehen sollst!

Der Corona-Sturm brachte viele an ihre Grenzen. Die Auseinandersetzungen waren nicht einfach, und das Selbstvertrauen wurde stark gefordert. In meinem Freundes-, Bekannten- und Kundenkreis konnte ich während der Corona-Krise grob zwei Menschentypen ausmachen:

- Die Bücker
- Die Kämpfer

Die Bücker

Dieser Typ verbeugte sich, ohne Fragen zu jeglicher Anweisung oder Nachricht den perfekten Sturm betreffend zu stellen. Er folgte ohne jegliche Analyse den Vorgaben. Kein gesunder Menschenverstand versuchte zu erkennen, ob sämtliche Vorschriften und Vorgaben gerechtfertigt sind. Auf einem Schiff wären dies jene, die demütig sämtliche Befehle des Kapitäns befolgen, auch wenn diese überhaupt keinen Sinn ergeben. Diktatoren lieben solche Menschen. Sie werden zu Kapos in Konzentrationslagern, führen Befehle aus, ohne zu hinterfragen, und rennen, falls befohlen, ohne mit der Wimper zu zucken als Kanonenfutter über ein Minenfeld, um den

Weg für die kommenden Kampfeinheiten zu ebnen. Bücker waren schon vor der Corona-Krise Bücker. Durch die Krise fielen sie durch ihre dilettantische Blindheit auf.

Die Kämpfer

Der Kämpfer analysiert, denkt und fühlt. Ein guter Kämpfer ist sehr intuitiv und erkennt blitzschnell die Umstände einer Situation. Er kann erkennen, was sinnvoll ist und was nicht. Der Kämpfer kann Befehle ausführen und sich der Staatsmacht unterwerfen. Erkennt er aber, dass gewisse Umstände der Situation keinen Sinn ergeben, so sucht er nach Lösungen.

Der Kämpfer würde nie über ein aktives Minenfeld rennen. Dafür schickt er zuerst die Bücker als Kanonenfutter über das Feld. Der Kämpfer war schon vor der Corona-Krise ein Kämpfer. Während der Krise erkannte er seine Chance und suchte sein Einsatzfeld.

Kämpfer zu sein bedeutet nicht, sich gegen die offiziellen oder staatlichen Anweisungen zu stellen. Intuitiv und blitzschnell analysiert der Kämpfer die Situation. Mithilfe eines gesunden Menschenverstands und einer gesunden Portion Intuition lässt sich fast immer abschätzen, wie eine Situation anzugehen ist. Nicht Angst (wie meistens beim Bücker) ist Grund des Handelns, sondern innere Überzeugung und Vertrauen in sich und eine höhere Kraft!

Meditation des Bückers und Kämpfers

- Nimm dir einen Moment Zeit, um zu spüren, ob du ein Bücker oder Kämpfer bist.

- Wie hast du dich während der Corona-Krise verhalten?
- Hast du bedingungslos gehorcht oder hast du dir Gedanken gemacht?
- Hast du den offiziellen Zahlen blindlings vertraut oder hast du sie hinterfragt, um zu sehen, ob sie überhaupt möglich sind?
- Hast du dich mit Freunden auch in anderen Ländern unterhalten, um zu sehen, wie diese mit der Situation umgehen?
- Warst du offen für andere Meinungen oder hast du nur deine eigene zugelassen, weil du Angst hattest festzustellen, dass du doch nicht richtig liegst?

Die Corona-Krise spaltete die Gesellschaft noch mehr. Nur kurze Zeit führte sie dazu, dass Zusammenhalt entstand. Schon nach wenigen Wochen war zu erkennen, dass die Meinungen auseinanderdrifteten. Jene, die hofften, dass das Corona-Virus im kollektiven Bewusstsein langfristig etwas Positives auslösen werde, mussten erkennen, dass dem nicht so war.

Während der Krise ist vor der Krise. Die nächsten Kapitel der Saga Europa stehen bereits vor der Tür, warten darauf, die Bühne betreten zu dürfen.

Intuition als Schlüssel zu deiner Seele öffnet Türen. Diese führen in Raum und Zeit verschobene Realitäten. Nicht nur in solche wie das Reich der Verstorbenen oder zu Schutzengeln, sondern auch in unsere eigene Zukunft. Gerade jetzt, kurz vor Ende dieser ersten Corona-Welle, ist es wichtig, nicht wieder in alte Muster zu verfallen und zu glauben, dass alles wieder so werden würde, wie es war. Wir müssen uns einer neuen Wirklichkeit anpassen. Vielen mag dies Angst machen, andere erkennen darin ihre Chance. Um auf das Beispiel von oben zurückzukommen: Der Bücker hat Angst vor einer neuen Wirklichkeit, der Kämpfer freut sich auf die Herausforderungen.

Zu meinen medialen Vorhersagen für Europa gehörten nicht nur die Anschläge von 2016/2017, der Brexit oder der aktuelle Crash. Meine Vorhersagen reichen weit in unsere Zukunft hinein. Ich erleuchte die Zukunft Europas bis ungefähr 2040/2050.

Wichtig zu erwähnen, dass für mich keines der Ereignisse in sich geschlossen ist. Aus medialer Vogelperspektive lassen sich Zusammenhänge erkennen. Ein Ereignis führt zum nächsten. Fast wie bei einem Dominospiel fällt ein Stein auf den nächsten und lässt diesen fallen, bis alle Steine am Boden liegen und das Spiel zu Ende ist. Erfreut sieht der Intuitive Bilder des Spieles auf dem Tisch und freut sich über das zu Ende geführte Spiel.

Drehen wir das Rad der Geschichte doch einmal ein wenig zurück. Wir erinnern uns:

2015 die große Immigrationskrise. Sie führte, unterstützt durch die Unruhen, die durch den arabischen Frühling entstanden und die militärischen Invasionen des Westens, zu den Terroranschlägen von 2016/2017, und noch heute kommt es zu vereinzelten Gewalttaten, die damit zusammenhängen.

Europa erkannte seine Schwächen und zeigte ein zerrissenes Bild. Das Vereinigte Königreich entschied sich gegen Europa und wählte im Sommer 2016 den Brexit. Wer kann es den Briten übelnehmen? Seit Längerem vergleiche ich den Brexit für die Briten mit dem Verlassen eines sinkenden Schiffes. Die Briten sind weg, das Corona-Virus fällt über die Erde wie eine Horde wilder Krieger. Einmal mehr wird Europa in die Knie gezwungen.

Europa steht im Ring der Geopolitik, sozusagen als vorgeschobener Boxer für die Weltmächte und erhält einen Kieferschlag nach dem anderen. Immigranten: Linker Kiefer getroffen. Terror: Schlag auf den rechten Kiefer. Europa fällt in die Knie. Brexit: Schlag in die Niere. Corona-Virus: Kiefer links und rechts. Blut spritzt aus dem Mund.

Soweit so gut. Bald geht es in die nächsten Runden! Finanz-Crash. Bäng! Nächste Immigrationswelle, die ich kommen sehe, angekündigt 2016 im selben Interview wie den kommenden Crash. Puff! Aus medialer Sicht zerbröckelt Europa. Wir werden auf die Knie gezwungen, zum Spielball moderner und hochstrebender Weltmächte!

Seit Jahren vergleiche ich Europa mit der Titanic. Wir befinden uns bereits in Schieflage, das Wasser dringt in die verschiedenen Räume ein. Was bis heute passierte, sind im übertragenen Sinn einzelne Akte eines großen Theaters, ähnlich einer griechischen Tragödie. Mit der Corona-Krise schließen wir einen Akt ab, die nächsten Krisen lassen sich bereits erkennen.

Langfristig wartet auf Europa noch sehr viel. Es würde zu weit gehen, hier auf die längerfristige Zukunft unseres Kontinents einzugehen. Wer mehr über meine Visionen für Europa erfahren möchte, dem kann ich meine Webseite empfehlen. Unter www.martinzoller.com und Predictions/Visionen finden sich mehrere Artikel mit meinen Prophezeiungen. Genauso auf meinem Youtube-Kanal sind mehrere Videos mit Interviews zu meinen Vorhersagen für Europa und die Welt.

Auch wenn ich mit dem Corona-Virus-Sturm keine kollektive spirituelle Veränderung erkennen kann, so bietet dieser doch die Möglichkeit, persönlich davon gelernt zu haben.

Die plötzliche Isolation bot viele Möglichkeiten zum Meditieren und dazu, das Leben zu hinterfragen, sprich zu analysieren. Es geht nicht mehr so weiter wie es war, und somit ist dies ein guter Moment, Veränderungen oder Anpassungen anzugehen.

Die Quarantäne zeigte uns, wie wichtig es ist, liebe und vertrauenswürdige Personen um sich zu haben. Die Bedeutung guter Freundschaften und der Familie wurde vielen ganz neu bewusst. Dies gibt uns Grund zur Hoffnung. Hoffnung, dass wir erkennen, wie wichtig es ist, einen vertrauenswürdigen Stamm um sich zu haben. Im Amazonas und in anderen archaischen Regionen durfte ich immer wieder erleben, wie wichtig es ist, gesund und gut in ein kraftvolles Kollektiv eingebettet zu sein. Gerade im doch oft egoistischen, nur auf sich selbst ausgerichteten Mitteleuropa ist dies eine wichtige Erkenntnis. Es gibt eben doch mehr als das persönliche Wohlbefinden.

Last but not least die kulturelle Wurzel. Angefangen beim bewussten Konsum heimischer Güter und Produkte bis hin zur erneuerten Verbindung mit der gesellschaftlichen und kulturellen Herkunft. Wir sind ein Resultat unserer Ahnen, der natürlichen Umgebung und, ob wir es wollen oder nicht, unserer Religion. Fast wie kein anderer hat der Mitteleuropäer die Tendenz, seine eigene Herkunft zu diabolisieren: die schlechte heimische Religion, andere Kulturen sind besser als die eigene, exotische Nahrung ist gesünder als Großmutters Küche etc. Die Quarantäne hat uns auf uns selbst zurückgeworfen. Wie fast bei keiner anderen Kultur ist das für uns überlebenswichtig.

Homeoffice und fast kein kulturelles Programm zwangen viele Menschen, so viel Zeit wie noch nie in den eigenen Mauern zu verbringen. Das höhere Selbst wurde weniger durch äußere Einflüsse abgelenkt. Zeit zum Meditieren half, sein inneres Wesen besser verstehen zu können. Vielleicht hat sich dabei ja die Möglichkeit ergeben, neue Inspirationen über Beruf/Berufung zu erfahren.

Bücher oder Videos durften gesehen oder gelesen werden, um den geistigen Horizont zu erweitern. Einem Einsiedler gleich hatten wir Zeit und Muße, geistige Nahrung zu uns zu nehmen, um den Horizont zu erweitern, sowohl intuitiv als auch intellektuell. Es ist wichtig, dass gewonnene Vorsätze nicht wieder versanden und sich im Nichts verlieren. Wie bereits ausgeführt: Während der Krise ist vor der Krise. Der Intuitive Schöpfer spürt bis in die tiefsten Zellen, dass der Sturm noch nicht vorbei ist. Der perfekte Sturm wird leiser, legt sich aber noch nicht wirklich.

Viel und oft wird über die inspirierenden Momente der Corona-Krise gesprochen oder geschrieben. Es gibt jedoch auch düstere Gesichter der Corona-Zeit: Massenarbeitslosigkeit, Hungertote, durch das Corona nicht durchgeführte Operationen in Krankenhäusern, wodurch Patienten gestorben sind, eine gewisse Aushebelung der Demokratie und ein Durchdrücken gewisser Gesetze, die an Georg Orwells Werk «1984« erinnern, zeigen keine schöne Seite des Virus.

Unterschiedliche Aspekte der negativen Seiten werden unsere Zukunft prägen wie schon lange nichts mehr. Die Folgen der Corona-Krise werden das Virus in den Hintergrund drängen. In vermutlich nicht allzu ferner Zukunft werden wir erkennen, dass das Virus nicht halb so schrecklich war wie zu Beginn von 2020 befürchtet. Gerade deswegen ist es so wichtig, dass wir an der Fundamentierung einer gesunden und kraftvollen Intuition arbeiten. Eine starke Intuition ist nicht nur wichtig, um spirituell einheitlich zu leben oder um der Berufung zu folgen. Sie kann Leben retten.

In mehreren Situationen waren es klare intuitive Eingebungen, die mir einen Weg zeigten, der sich nachträglich als überlebenswichtig erwies. Ob dies in den entlegensten Anden war, während des Kriegs im Irak oder in Afghanistan oder während der Unruhen im Libanon oder in Nigeria: Meine Intuition hat mich immer wieder aus schwierigsten Umständen gerettet. Obwohl die Zeichen unübersehbar sind: Vielen ist es immer noch nicht bewusst, dass wir uns in Europa ebenfalls auf einer Art Kriegsschauplatz befinden. Kriege können auf viele verschiedene Arten geführt werden, und was Europa erlebt, ist ohne Zweifel eine dieser Ausdrucksformen von Krieg.

Ich möchte nicht den Eindruck einer hoffnungslosen Zukunft erwecken. Sie wird anders sein als unsere Vergangenheit. Unsere Zukunft wird intensiv, turbulent und kraftvoll. Der Intuitive Krieger jedoch braucht keine Angst vor der Zukunft zu haben. Mit wachsamem Auge beobachtet er die Entwicklungen, erkennt den Zeitgeist und handelt intuitiv und mit Erfahrung, um für sich und seine Lieben das Rad der Geschichte zu seinem Vorteil zu drehen!

Der perfekte Sturm wird so zu einer Lebenserfahrung, die den Weg zu ganz neuen, ganzheitlichen Wahrnehmungen und Dimensionen eröffnen kann.

Aura: Fotografie der Seele

Die Aussage: »Er hat eine starke Aura«, wird auch von Menschen benutzt, die eigentlich gar nicht unbedingt an die Existenz eines Aurakörpers glauben. Seit Mitte der 1990er-Jahre hat sich das Wissen um die Existenz der Aura sehr stark verändert. Nur noch sehr wenige Menschen wehren sich vehement gegen die Existenz einer menschlichen Aura. Über die Aura zu sprechen, wurde in den letzten Jahren fast salonfähig, und man muss keine Angst mehr haben, als verrückt abgetan zu werden. Die Inquisition gegen philosophisch andersdenkende Menschen musste ihre Schwerter niederlegen. Sogar auf alten Kirchengemälden finden wir eine Aura. Viele gehen davon aus, dass der Heiligenschein ein Ausdruck einer starken Aura sei. Im alltäglichen Sprachgebrauch wird »Er hat eine starke Aura« heute oft mit »Er ist sehr charismatisch« gleichgesetzt.

In der jüdischen Kabbala kennt man die Aura als magnetisches Energiefeld um den Menschen. Als Moses die Tafeln mit den zehn Geboten bekam, soll seine Aura golden geworden sein. Im Hinduismus und Buddhismus kennt man die Aura als Seelenbild des Menschen. Ich sehe die Aura als eine Fotografie der Seele. Nicht nur Menschen haben eine Aura, sondern auch Mineralien, Pflanzen oder Tiere.

Meine ersten Erfahrungen mit der Aura machte ich als Kind. Damals sah ich milchige Farben um menschliche Körper. In meiner kindlichen Naivität hatte diese Erscheinung keine große Bedeutung. Diese Wahrnehmung verschwand irgendwann und tauchte erst viel später wieder auf.

Als sich mein Drittes Auge wieder öffnete, hatte ich zuerst die Qual der Wahl. Ich las Tarotkarten, arbeitete mit meinen Händen, um bei Menschen Schmerzen zu lösen, warf Knöchelchen, Muscheln als Orakel, lernte, aus der Hand zu lesen, und dachte sogar daran, mir ein Huhn zu schlachten, um zu sehen, ob ich, wie bei den alten Römern, aus den Organen lesen könnte. Nach längerem Überlegen erschien mir Letzteres jedoch als eine zu große Schweinerei, und ich ließ es bleiben.

Ich beschloss, mich auf die Aura zu konzentrieren. Vermutlich nicht zuletzt deshalb, weil mir zwei Hellsichtige in Indien sagten, sie würden sehen, dass ich stark aurasichtig sei.

In der Aura Farben zu sehen war natürlich schön und gut. Wie nun aber, so fragte ich mich, konnte ich wissen, welche Farbe was bedeutet? In meinem Rucksack steckten zwei Bücher mit Interpretationen der Aura. Ich merkte sehr schnell, dass ich für mich selbst spüren musste, was die einzelnen Farben bedeuteten. Ich kaufte mir ein DIN-A4-Notizbuch, Farbstifte und einen Kugelschreiber. Im Norden Indiens, dem magischen Himalaja, gab ich mich dem Studium der Aura hin. Ich setzte mich in Restaurants und sah mir die Leute an, die vorbeispazierten, sah mir ihre Aura an und zeichnete sie. Ich konzentrierte mich auf die Unterschiede zwischen männlichen und weiblichen Auren. Ich lernte, welche Farben bei Kindern am stärksten waren. Als nächster Schritt konzentrierte ich mich auf die Farben der verschiedenen Berufsgruppen. Ich erfuhr, welche Farben bei Polizisten, Ladenbesitzern, Taxifahrern oder Müttern dominierten. Ich kaufte mir Zeitungen, um zu sehen, in welchen Farben Auren von Politikern oder Berufssportlern leuchteten.

Alles zeichnete und schrieb ich in meinen Block. Als ich mich etwas sicherer fühlte, fing ich an, Menschen zu lesen. Mein Block half mir bei der Interpretation dessen, was ich sah. Es dauerte nicht lange, und im Städtchen sprach es sich unter den Touristen herum, dass ich Auren las. Meine ersten Kunden tauchten auf. Nach mehreren Wochen und vielen Stunden des Auralesens legte ich meinen Block zur Seite und analysierte intuitiv. Nicht lange danach tauchten neben den Farben auch Symbole oder Bilder in der Aura auf. Zu Beginn war es nicht einfach, diese Bilder zu analysieren. Wie bei den Farben musste ich erst lernen, welche Bedeutungen das Gesehene hatte. Je mehr Beratungen ich gab, umso sicherer wurde ich mit der Analyse. Es machte mir richtig Spaß, Bilder und Farben entstehen zu lassen. Ich kam mir vor wie ein Maler, der im Raum mit Farben malte, die für die meisten Menschen unsichtbar waren. Im Folgenden die fünf wichtigsten Auraschichten.

Die Grundkollektivaura

Die ersten Erfahrungen mit einer Aura machen die meisten Menschen mit der sogenannten Grundkollektivaura (der Einfachheit halber nur noch GKA genannt). Diese hat keine Farbe, sondern lässt sich weißlich oder leicht bläulich wahrnehmen. Die GKA verbindet sämtliche Seelen miteinander. Wie ein leichter Schimmer flimmert sie um den ganzen Erdball und verbindet jeden Einzelnen von uns miteinander. Tiere oder Mineralien haben ebenso eine GKA wie wir Menschen. Die GKA kann man am einfachsten sehen, wenn man die Hand vor einen weißen Hintergrund hält und sich auf wenige Millimeter oberhalb der Fingerspitzen konzentriert.

Nicht nur Menschen, Mineralien, Tiere oder Pflanzen haben eine Aura, sondern auch Städte, Länder, Fußballclubs, Hochzeitsgesellschaften oder Unternehmen. Diese zusammengefassten Auren, bestehend aus einer Gruppe von Menschen, nennt man Kollektivaura.

Die einzelnen Auren verschmelzen ineinander und werden zu einem Meer aus Farben, Formen und Bildern. Konzentrieren sich die in dieser Kollektivaura involvierten Personen auf ein bestimmtes Projekt oder eine Idee, so bildet sich eine neue Aura, eben die Kollektivaura.

Ein hellsichtiger Mensch kann diese Aura sehen und natürlich Prognosen zum Projekt oder Ziel abgeben. Arbeite ich mit einem Kunden und berate ihn über seine Arbeit, so konzentriere ich mich immer auf diese Aura. Habe ich die Kollektivaura analysiert, so wende ich mich den einzelnen Personen zu, die mit der Arbeit in Verbindung stehen, studiere diese und bekomme dadurch ein klares Bild vom Projekt und von den Mitarbeitern. Das so angeeignete Wissen hilft mir, meine Analysen und Prognosen erstellen zu können.

Die vermutlich kleinste Form der Kollektivaura ist die Familie. Ein Mann und eine Frau finden sich, aus zwei individuellen Auren wird eine Paaraura. Aus dieser Fusion kann ein neues Lebewesen entstehen, ein Kind. Das Kind ist eine Verschmelzung des Mannes und der Frau und hat in seiner Aura Anteile der Eltern.

Die Lebensaura

Jeder Mensch, jedes Tier, sogar jedes Mineral, wird mit einer einzigartigen Qualität erschaffen. Daher können feinfühlige Menschen Unterschiede bei einzelnen Steinen fühlen. Auch kann ein feinfühliger Mensch, wenn er sich zum Beispiel auf die Lebensaura von Gold konzentriert, die Schwingung von Gold anders wahrnehmen als von anderen Gesteinen.

Bei uns Menschen zeigt die Lebensaura die individuellen Kraftpotenziale an. Sie verrät uns, ob jemand künstlerisch, intellektuell oder heilerisch veranlagt ist. Diese Aura zeigt die seelische DNA, also sämtliche Stärken und Schwächen, mit denen der Mensch geboren wurde. Im Laufe seines Lebens wird die Aura in den einen Aspekten gestärkt, in anderen geschwächt. Das ist wie beim Körper, der durch Unfälle verstümmelt, aber auch durch Operationen unterstützt werden kann. Dennoch bleibt sich die Grundaura das ganze Leben über ähnlich, Grundeigenschaften verändern sich nur höchst selten.

Die emotionale Aura

In ihr sehen wir den emotionalen Zustand einer Person. Diese Aura kann sich sehr schnell verändern, je nach emotionaler Situation. Ist die Person glücklich, so hat die

Aura warme Farben. Fällt die Person um oder erhält einen Anruf mit einer traurigen Nachricht, so kann sich die Aura sekundenschnell verändern. In ihr zeigen sich emotionale Traumen und Ängste.

Die mentale Aura

Sie spiegelt die Gedankenmentalität des Menschen wider. Sie zeigt, wie flexibel oder starr dieser Mensch im Kopf ist. Auch können wir in ihr sehen, ob jemand manipulierbar ist oder sich rational verhält. Mit dieser Aura arbeite ich bei Kunden, die Geschäftspartner oder Konkurrenten analysieren möchten. Bei Kriminalfällen hilft sie, ein Profil des Täters zu erstellen.

Die zeitlose Aura

In ihr spiegeln sich Erfahrungen vergangener Leben oder die mögliche Zukunft. Diese Aura ist nicht an Raum und Zeit gebunden. Sie ist der Schatten der Vergangenheit und die Zukunft des Individuums.

Es gibt noch andere Auraschichten. Zum Analysieren des Menschen sind die ersten vier aber die wichtigsten. Arbeiten wir mit Menschen, so konzentrieren sich die Abläufe des Lebens hauptsächlich in diesen fünf Aspekten.

Arbeite ich mit einer Person, so konzentriere ich mich, je nach Thema, auf die eine oder andere Auraschicht. Manchmal überlappen sie sich auch, vor allem bei Themen, die verschiedene Aspekte betreffen. Visuell könnte man sich diese Schichten ungefähr wie bei einer Zwiebel vorstellen.

Die einzelnen Auren zeigen sich zu Beginn als Farben. Im Prozess des Analysierens tauchen dann oft Bilder auf, das können Metaphern oder reale Bilder sein. Die Aura ist nur eine von vielen Türen zur Seele des Menschen. Ich habe aber die Erfahrung gemacht, dass Auren sehr effizient sind und ohne Umwege beschreiben können, worum es bei den einzelnen Fällen geht.

Remote Viewing

In den frühen 1970er-Jahren investierte die amerikanische Regierung viel Geld, um die Kraft der Intuition für militärische Zwecke einsetzen zu können. Durch diese Versuche entstand am *Stanford Institute International* unter der Leitung von Dr. Putthoff und Dr. Targ die als Remote Viewing (kurz RV genannt) bekannt gewordene Technik. Remote Viewing bedeutet so viel wie »fernes Sehen«. Ich setze klassisches, aber meistens mit meinen eigenen Techniken versehenes Remote Viewing seit Jahren erfolgreich ein.

Mit RV hat man die Möglichkeit, Orte, Gegenstände oder Personen in entfernten Zielen zu beschreiben. Während des Kalten Krieges versuchten mediale Spione, geheime Atombunker oder Büroräume feindlicher Diplomaten zu erkunden.

Der Auftraggeber, zum Beispiel der Leiter einer RV-Zentrale, verschließt in einem Umschlag die Fotografie oder Adresse des zu analysierenden Objektes und gibt ihm eine Nummer. Der Empfänger (Viewer) konzentriert sich nun auf die ihm gegebene Codenummer und beschreibt die ihm dazu einfallenden Bilder. Der Empfänger hat keine Ahnung, um welches Objekt es sich bei der Codenummer handelt. Er schreibt oder zeichnet sämtliche ihm vor seinem Dritten Auge auftauchenden Bilder auf. Sobald die Analyse für den Empfänger abgeschlossen ist, gibt er die Eindrücke an den Auftraggeber weiter, und dieser analysiert die Resultate.

Interessant wird es, sobald mehr als nur ein Empfänger das gleiche Objekt analysiert. In dem Fall kann der Auftraggeber die verschiedenen Resultate vergleichen und hat so die Möglichkeit, gewisse Fehler zu erkennen.

Während des ersten Golfkriegs im Irak ging man davon aus, dass die US-Armee RV eingesetzt hat, um feindliche Bunker analysieren zu lassen. Vermutlich setzte die gleiche Regierung RV auch ein, um während der Botschaftsbesetzung in Teheran die Aufenthaltsorte der Geiseln zu finden.

Seit dem Beginn des RV hat sich die Technik weiterentwickelt. Heute gibt es unzählige Richtungen von RV. Wie überall gibt es auch hier Schulen oder Ausbilder, die nur das ursprüngliche RV als richtiges RV bezeichnen. Wie in der Kunst verfahren sich Spezialisten oft in der Technik und vergessen dabei den kreativen und intuitiven Prozess, der hinter RV steht.

RV ist eigentlich nichts anderes als eine technische Anwendung intuitiver oder medialer Handlungen. Wir leben in einer kopfgesteuerten Gesellschaft und legen daher viel Wert auf die logische Erklärung unserer Handlungen. RV wurde, wie bereits angedeutet, ursprünglich für militärische Zwecke entwickelt. Soldaten sind bekanntlich kopfgesteuerte Menschen und legen großen Wert auf das logische Verstehen ihrer Technik.

Seit etwas mehr als zwanzig Jahren arbeite ich mit den Gründern der berühmten RV-Gruppe Aurora zusammen. Fast wöchentlich haben wir an den unterschiedlichsten Projekten zusammengearbeitet, um die Möglichkeiten von RV zu ergründen.

Zusammen mit Hans Fuchs gründeten wir 2010 die Visionary Force (kurz VF genannt). In der VF hatten wir versucht, mithilfe der RV Mineralien oder Edelmetalle aufzuspüren oder Dokumente zu beschreiben. Zum Aufspüren von Edelmetallen zum Beispiel versteckte Hans Fuchs in einer Schuhschachtel, die mit Laub oder Erde gefüllt war, einen Goldring mit einem Stein. Dann schickte er mir eine Fotografie der Schachtel. Die Aufnahme war aus der Vogelperspektive gemacht. Ich musste nun spüren, wo genau in der Schuhschachtel der Ring lag. Diese Technik nennen wir *einfach-blind*.

Eine weitere Möglichkeit war das sogenannte *doppelblind*. In diesem Fall versteckte eine dritte Person den Ring. Diese Person gab Hans Fuchs die Schuhschachtel. Er machte, ohne zu wissen, wo der Ring lag, ein Foto und sandte es mir. Keiner von uns beiden kannte den Ort des Ringes. So wurde verhindert, dass ich während der Suche das Gehirn von Herrn Fuchs anzapfte und den Ring nur fand, weil er wusste, wo der Ring war. Diese unbewussten Gedankenübertragungen wurden beim RV immer wieder beobachtet.

Möchte man eine unbewusste Gedankenübertragung unmöglich machen, so muss eine vierte Person den Gegenstand verstecken oder aussuchen. Die erste Person versteckt den Ring und macht eine Fotografie. Die zweite Person übergibt das Foto, ohne zu wissen, wo der Ring sich befindet, den RV-Analysten.

Die Doppel-blind-Technik wird im RV am meisten eingesetzt. Der Überbringer des Umschlags mit dem Code ist Übermittler, er kennt aber den Inhalt des Umschlags nicht. In Studien hat man festgestellt, dass eine mentale Übertragung tatsächlich bestehen kann und der Empfänger fälschlicherweise den Organisator des Projektes anzapft und nicht den Code.

Zurück zum Doppel-blind-Projekt mit Hans Fuchs. Wir konzentrierten uns beide auf die Fotografie, um den Ort des Ringes zu spüren. Nach Beenden der Analyse verglichen wir. Bei Einfach-blind- und Doppel-blind-Experimenten kamen wir auf eine Trefferquote von etwa achtzig Prozent.

Etwas anders verhielt es sich mit dem Analysieren von Dokumenten. Hans Fuchs entnahm aus einer Zeitung oder Zeitschrift Seiten mit einem Artikel zu einem Thema. Oder er wählte das Foto einer Persönlichkeit aus. Den Text oder das Foto legte er auf einen Tisch oder ein Bücherregal in seinem Büro. Dann schrieb er mir eine E-Mail und gab Bescheid, dass das Dokument bereitliege. Ich meditierte und machte meine mediale Analyse zum Dokument. Ich schrieb Eindrücke, Bilder, Gerüche, Farben oder Gegenstände auf, die ich vor mir sah. Den Report sandte ich ihm. Daraufhin schickte er mir den gescannten Artikel oder das Foto und wir verglichen. Diese Technik kann erfolgreich eingesetzt werden zum Analysieren von Verträgen oder dem Ergründen von Inhalten bestimmter Dokumente.

Gibt uns ein Kunde einen Auftrag, so bittet er uns zum Beispiel, die Akten im Büro eines bestimmten Anwaltes zu analysieren. Dafür benötigten wir den Namen des Anwalts und die Adresse der Kanzlei. Mithilfe von Google Earth machen wir uns ein Bild der physischen Umgebung der Kanzlei. Natürlich hat dieser Anwalt mehr als nur einen Fall, den er bei sich niedergeschrieben hat. Die Verbindung zum richtigen Dokument machen wir über unseren Kunden. Dieser liegt vielleicht im Streit mit dem Anwalt und möchte dessen Strategie etwas besser erkennen können. Die Komponenten »unser Kunde«, »Name des Anwalts« und »Adresse der

Kanzlei« reichen, um das richtige Dokument zu orten. Der interessierte Leser kann auf meiner Website weitere Informationen zu unseren VF-Projekten finden. Gerne sende ich bei Anfragen unsere RV-Präsentationen per E-Mail zu. RV-Analysen mache ich, unabhängig vom VF, sehr oft für meine Kunden. Nicht nur bei Dokumenten oder Fotos, sondern auch beim Profilen von Personen.

In manchen Kreisen wird RV als unethische Methode angesehen. Schließlich, so wird häufig argumentiert, benütze man die Kraft der Intuition zur wirtschaftlichen oder politischen Spionage. Die Kritiker haben mit dieser Aussage nicht unrecht. Aber, wie heißt es doch so schön: In der Liebe und im Krieg sind alle Mittel erlaubt!

Remote Viewing im Irak

Das Interview

Während meines Aufenthaltes im Irak (➤ Seite 301) wollte ich Laith Muhammad zu seinen Erfahrungen als medialer Berater für das Nationale Olympische Komitee interviewen. Leider hatten wir im Irak keine Zeit dafür. Wir mussten es später via E-Mail und Skype machen. Sprachlich war das eine Herausforderung. Die Übersetzungen und teilweise auch die Gespräche führten wir schriftlich mit Übersetzungsprogrammen.

Ausführlich erklärte er mir seine Technik, die er selbst entwickelt hatte. Ich konnte ihn beobachten, wie er bei einem Vortrag Sportstudenten analysierte. Er sieht das Energiefeld um die Menschen und kann so die Athleten beraten, ihre Schwachpunkte zu eliminieren. Zudem analysiert er vor oder während des Spielens die Kollektivenergie eines Teams. Das gibt ihm die Möglichkeit, zu sehen, welches Team gewinnen wird und warum es gewinnt.

MZ: Laith, du bist aus Bagdad im Irak. Wie lebt es sich als medialer Mensch in einem Land, das ständig im Krieg ist bzw. politisch unsicher ist?

LM: Die Iraker sind harte Bedingungen und schwierige Lebensumstände gewohnt. Die Menschen versuchen, einen Alltag zu leben. Ich kann jetzt offen über meine Erfahrungen sprechen, und in den Medien wird darüber berichtet. Wir sind freier, als unter dem Regime von Saddam Hussein.

MZ: Wie hast du gemerkt, dass du mehr siehst als andere, und wie hat dein Umfeld darauf reagiert?

LM: Seit meiner Kindheit sehe ich viele verschiedene Energien, nicht als Farben oder Bilder, sondern in verschiedenen Lichtformen. Damals kannte ich die Bedeutung nicht. Meine Umgebung reagierte etwas unsicher. Durch meine Arbeit mit Sportlern lernte ich, die Energien, die ich sehe, zu interpretieren und einzusetzen. Es war nie ganz einfach für mein Umfeld, zu verstehen, wie ich arbeite. Noch heute sind viele Menschen mit meiner Arbeit nicht sehr vertraut.

MZ: Glaubst du an Gott?

LM: Ja, ich glaube definitiv an Gott.

MZ: Du bist Moslem. Sunnit oder Schiit?

LM: Sunnit. In Wirklichkeit aber bin ich Mensch auf diesem Planeten, und wir sind alle Brüder.

MZ: Wie steht der Islam zu medialen Kräften?

LM: Der Islam ist nicht gegen mediale oder spirituelle

Kräfte. Wir arbeiten mit reinen Kräften und helfen dem Menschen. Wir geben Anregungen, tun Gutes für die Gemeinde. Das entspricht den Ideen des Islam.

MZ: Wie du weißt, dämonisiert heute der Westen den Islam. Was hältst du von diesem modernen Kreuzzug des Abendlandes?

LM: Viele Menschen im Westen verstehen den Islam nicht. Der Islam ist nicht für Gewalt und das Töten von Menschen. Jene, die im Namen des Islam töten, legen die Lehre nicht richtig aus. Unsere Lehre ist gut und gegen Gewalt. Andere Religionen sollten ebenso denken. Im Fall eines Angriffs aber haben alle Menschen das Recht, sich zu verteidigen.

MZ: Der Westen sieht den Islam als Gefahr. Seht ihr uns ebenfalls als Gefahr an?

LM: Der Islam ist keine Bedrohung für irgendjemanden. Andere Religionen sollten auch keine Bedrohung für uns sein. Der Islam, das Christentum oder das Judentum sind monotheistische Religionen, predigen Wahrheit und Liebe und beten für Frieden unter den Menschen.

MZ: Der Krieg im Irak oder in Afghanistan war nur möglich, weil westliche Regierungen ihr Volk belogen, um für wirtschaftliche Profite dein Land faktisch zu zerstören. Wie stehst du dem Westen gegenüber?

LM: Das Problem sind die Herrscher respektive Politiker dieser Länder, nicht die Völker. Die Menschen wollen in Frieden und Liebe leben. Ich respektiere die westlichen und alle anderen Völker.

MZ: Kannst du in deinem Umfeld offen über Hellsichtigkeit sprechen?

LM: In meinem Land haben die Menschen bis zum heutigen Tag nur sehr wenige Informationen über diese Themen. Ich freue mich sehr, immer wieder darüber zu sprechen, um den Menschen zu zeigen, wie die Kraft der Intuition hilfreich eingesetzt werden kann.

MZ: Kennst du in Bagdad noch andere Menschen, die medial veranlagt sind?

LM: Es gibt einige Bekannte von mir, die ebenfalls medial arbeiten. Auf jeden Fall bin ich der Einzige, der im Irak mit *Remote Viewing* arbeitet. Ein guter Freund aus dem Norden des Landes ist ein sehr guter Heiler. Er reist oft nach Deutschland, um seine Kunden zu besuchen.

MZ: Was ist dein Beruf?

LM: Ich arbeite seit 2005 als parapsychologischer Experte für das Nationale Olympische Komitee des Irak und die irakische Olympische Akademie.

MZ: Was kannst du uns über deine Technik erzählen?

LM: Seit meiner Kindheit habe ich die Fähigkeiten, Übersinnliches wahrzunehmen.

In meinen Diagnosen fokussiere ich mich auf Signalwellen, die vom Körper ausgesendet werden. In diesen sehe ich Energieformen und Bilder, die mir zeigen, wie es dem Menschen geht. Ich erkenne darin das Fokuspotenzial, Stärken, Ängste und psychologische Stärken und Schwächen. So mache ich eine psychologische Analyse der Sportler und helfe ihnen, ihre Leistungen zu verbessern. Meine Analysen sind vergleichbar mit *Remote Viewing*. Meine Technik gibt dem Athleten und den Teams auch die Möglichkeit, sich auf die Wettkämpfe besser einzustellen. Ich arbeite seit sieben Jahren mit Sportlern und habe weit über hundert Experimente machen und erfolgreich abschließen können.

MZ: Arbeitest du nur mit Sportlern oder setzt du deine Begabung auch auf anderen Gebieten ein?

LM: Mein Talent kann überall eingesetzt werden. Oft kommen Freunde zu mir und bitten mich um Rat.

MZ: Wie siehst du die Zukunft deiner Arbeit im Irak?

LM: Öffnen sich dem Thema weitere Einrichtungen und würde die moderne Wissenschaft die Möglichkeiten, die dank der Intuition gegeben sind, besser verstehen, könnte damit auch auf anderen Gebieten sehr viel erreicht werden. Ich hoffe, es wird eines Tages möglich sein, offener und mehr damit zu arbeiten.

MZ: Es gab früher in Bagdad ein Zentrum für Parapsychologie. Was ist damit passiert?

LM: Es handelte sich dabei nicht wirklich um ein Zentrum. Der ehemalige Direktor des Psychologischen Research Center an der Universität von Bagdad, Dr. Harith Abdul Hamid, wurde 2006 von Terroristen ermordet. Neben psychologischen Untersuchungen arbeitete er auch auf dem Feld der Parapsychologie. Leider führte niemand seine Arbeit fort.

MZ: Könntest du dir vorstellen, eines Tages in deiner Heimatstadt ein Zentrum für Parapsychologie aufzubauen?

LM: Auf jeden Fall!

MZ: Du hast meine Vorträge im Irak organisiert. Bist du zufrieden mit den Ausgängen?

LM: Die Vorträge waren ausgezeichnet, und ich bin sehr glücklich darüber. Natürlich gab es gemischte Reaktionen. Einige Zuhörer sind für Intuition nicht offen und hatten Zweifel an dem, was du gesagt hast. Andere lobten die Vorträge in den höchsten Tönen. Die Vorlesungen waren sehr wichtig für die Athleten.

MZ: Hast du Träume oder Visionen, wie du deine Fähigkeiten in deinem Heimatland umsetzen möchtest?

LM: Es gibt leider noch sehr viele Menschen, die trotz meiner guten Ergebnisse nicht an meine Arbeit glauben. Ich wünsche mir, noch viel über das Thema veröffentlichen zu können, nicht nur im Irak, sondern auch im Ausland. Es ist für mich sehr wichtig, mein Talent in den Dienst der Gesellschaft stellen zu können.

MZ: Laith, vielen Dank für das spannende Interview und diese letzten Tage. Du hast mir und hoffentlich auch dem Leser deine Kultur, dein Heimatland und deine Religion etwas näherbringen können. Ich habe von euch viel gelernt und hoffe, dich bald wiedersehen zu können.

LM: Ich möchte mich ebenfalls bei dir bedanken. Ich bin sehr glücklich, dass du mein Land besucht hast! Ich freue mich, dich bald wiederzusehen.

Die Kunst der Intuition

Während die meisten Wissen(-schaften) erst erlernt werden müssen, wird uns die Kraft der Intuition in die Wiege gelegt. Wir werden intuitiv geboren!

Umerziehung, straffe Disziplin und rationelles Denken bringen leider die meisten Menschen schon sehr früh wieder von der Kunst oder der Kraft der Intuition weg. Ein Kind müsste eigentlich nichts anderes machen, als seiner eigenen Stimme zu folgen, und würde so seine Intuition bestens schulen. Natürlich brauchen Kleinkinder Erziehung und Schulung. Im Idealfall jedoch sollte diese äußere Erziehung mit der inneren Führung der Intuition in Einklang stehen. Würden wir immer wieder auf unsere Intuition hören, um zu sehen, wo der Lebensweg uns hinführt, so wäre unsere Existenz um vieles einfacher.

In meinen Beratungen sehe ich nicht selten hinter Frauen die Seele eines ungeborenen Kindes. Kinderseelen warten oft bis zu sechs Monate, um geboren zu werden. Manchmal sind es auch nur Wochen vom Erblicken der Kinderseele bis zum Bekanntwerden einer Schwangerschaft. In den meisten Fällen ist die zukünftige Mutter sehr erfreut über meinen Hinweis zur Kinderseele, die geboren werden möchte. Es kommt vor, dass Frauen über Monate hinweg versuchen, schwanger zu werden, und bereits die Hoffnung aufgegeben haben. Mein Hinweis, dass doch noch ein Kind wartet, ist gerade in solchen Fällen eine Nachricht, die große Freude auslöst. Andere hingegen erschrecken und fragen mich, ob es auch möglich sei, dass das Kind nicht kommt.

In solchen Fällen sage ich, dass wir fast immer einen freien Willen haben und selbst entscheiden können, ob die Seele kommen soll oder nicht. Häufig kommt es innerhalb eines Jahres oder sogar früher zu einer Schwangerschaft. Manchmal trotz vehementer Gegenwehr der werdenden Eltern. Konzentriere ich mich auf die Seele eines noch ungeborenen Kindes, so sehe ich bereits gewisse Neigungen, die das Kind haben wird. Es gibt Seelen, die haben eindeutig eine künstlerische Seite, andere zeigen eine eher akademisch rationale Persönlichkeit.

Ich mache meine Arbeit nun seit dreißig Jahren und kenne daher schon viele Kinder, die ich bereits vor den Eltern erblicken konnte. Über die Jahre haben sich diese Kinder entwickelt, und wir konnten sehen, wie die Entwicklung in vielen Fällen tatsächlich in die von mir beobachtete Richtung ging. Ich erkenne die Kinder, die ich nach der Geburt zum ersten Mal sehe, als die Seele wieder, die ich bereits vor der Schwangerschaft sah. Für mich ist die Seele eines noch ungeborenen Kindes genauso Wirklichkeit wie ein realer Mensch. Sehe ich ein Kind nach der Geburt wieder, so ist es für mich immer ein Wiedersehen. Die Aura des Neugeborenen passt zur Aura der Seele, die ich Monate oder Wochen vor der Zeugung bei den Eltern gesehen habe.

Ich habe auf diesem Gebiet viel herumexperimentiert. Sobald ich eine neue Technik lerne, mache ich in dieser immer wieder verschiedene Experimente.

So bin ich vor vielen Jahren langsam mit geschlossenen Augen durch einen Wald spaziert. Ich wollte sehen, ob ich die Aura der Pflanzen und Bäume spüren kann, bevor ich sie mit meinen ausgestreckten Armen berührte. Das Ergebnis war ausgesprochen erfreulich. Oder ich stellte mich mit einer dunklen Sonnenbrille in die Mitte einer Fußgängerzone und schloss meine Augen. Ich wollte sehen, ob ich die Auren von Menschen, die an mir vorbeigingen, spüren und ob ich das Geschlecht erkennen könne.

Diese Aufgabe war sehr schwierig, da viele Menschen gleichzeitig an mir vorbeigingen und ich mich nur schwer auf einzelne konzentrieren konnte.

Einfacher war es dagegen, in einem Restaurant oder einer Bar zwei oder mehrere Menschen zu beobachten und dabei zu versuchen, zu spüren beziehungsweise herauszufinden, worüber gesprochen wurde. Hatte ich einen Eindruck gewonnen, so näherte ich mich unauffällig der Gruppe und horchte in das Gespräch hinein, um festzustellen, worum es ging. Bei dieser Übung war der Erfolg zufriedenstellender.

Eine andere Technik, die ich viel übte und immer noch nahezu täglich einsetze, um mich zu testen oder zu schulen, kann ich dem interessierten Leser wärmstens empfehlen: Man sucht sich dafür in der Presse eine interessante Situation aus, in der es um das Schicksal von Personen geht, zum Beispiel vor Wahlen oder bei der Vertrauensfrage für einen Politiker. Nun konzentriert man sich auf die Person, um die es geht, und versucht zu spüren, wie die Situation möglicherweise ausgehen wird.

Oder man konzentriert sich auf eine politische Entwicklung, schreibt sich auf, wie man die Entwicklung spürt, und beobachtet dann, wie die tatsächliche Entwicklung abläuft. Zu guter Letzt vergleicht man die Notizen mit der Situation und kann daraus Rückschlüsse ziehen.

In meinen Seminaren, Vorträgen oder Fernsehauftritten werde ich häufig gefragt, wie man die Intuition am besten hören oder fühlen könne. Ganz einfach: Indem man aufhört, in der Außenwelt zu suchen, dann findet man sie bei sich selbst!

Die Intuition macht sich bemerkbar, sobald Ruhe eingekehrt ist. Gebete, Meditationen, Rituale oder andere Techniken sind Hilfsmittel, um sich von äußerem Lärm zu lösen und die eigene Stimme zu hören. Steht man erst mit der Intuition in Verbindung, so benötigt man keinen Guru, Meister und auch keine weisen Sprüche mehr.

Gewisse Elemente werfen mir vor, ich würde mit meiner Arbeit Menschen abhängig von mir oder sie mir hörig machen. Solche Aussagen zeigen, dass diese Menschen keine Ahnung von meiner Arbeit haben. Mein Erfolg zeigt sich nicht in der Länge der Zeit, die Menschen mit mir durch Kurse und Vorträge gehen, sondern darin, wie sie sich wieder von mir lösen und Eigenverantwortung für ihr Leben übernehmen können.

Ich sehe in meiner Arbeit die Aufgabe, den Menschen sich selbst näherzubringen. Ich wünsche mir, dass jeder Mensch sein eigenes Potenzial in sich findet. Jeder von uns hat einen Christus, Buddha oder Mohammed in sich. Jeder Mann und jede Frau trägt eine kreative Frucht. Die Intuition kann helfen, diese Frucht zu erkennen. Anhand der Kreativität wird diese Frucht zum Ausdruck gebracht. Wir werden vom Schäfchen zum freien Löwen, lösen uns vom Schäfer und erfüllen unsere Lebensaufgabe.

Um mit der Intuition vertraut zu werden, müssen wir sie entmystifizieren! Kein Heiligenbild, keine umfangreichen Rituale und auch kein spartanisches oder heiliges Verhalten sind notwendig, um mit der Intuition in Verbindung zu treten. Der Intuition ist es egal, ob wir schwarze oder weiße Kleider tragen. Es ist ihr ebenso egal, ob wir Fleisch essen oder nicht oder ob wir politisch links, rechts oder in der Mitte stehen. Es ist ihr sogar egal, ob wir böse Menschen sind oder nicht!

Mein Buch *Wenn die Dämonen rufen* hat bei vielen Menschen Angst ausgelöst. Vor allem in spirituellen Kreisen wird viel Wert auf sogenannte *hohe moralische und ethische* Ansprüche gelegt. Bestimmt ist es wichtig, in einer Gesellschaft gewissen Wertvorstellungen zu folgen. Es ist aber ebenso wichtig, zu wissen, dass diese Wertvorstellungen rein gesellschaftlicher Natur sind und nicht mit der Kraft der Intuition in Verbindung stehen. Wer seine Intuition erst spürt, wird merken, wie einfach es eigentlich ist, sich führen zu lassen.

Ich gehe davon aus, dass unser Körper eine physische Manifestierung unserer Seele ist. Diese sucht sich einen Körper, der zu den entsprechenden Veranlagungen passt. Im Idealfall passen sich Körper und Veranlagungen den gesellschaftlichen und historischen Ereignissen an. Es zeigt sich immer wieder, dass mehrere Menschen, über den Globus verteilt, gleichzeitig ähnliche Ideen haben oder Entdeckungen machen. Der Empfänger einer intuitiven Inspiration, der noch dazu das *Glück* hat, zur richtigen Zeit mit der Errungenschaft am richtigen Ort zu sein, macht Geschichte.

Obwohl ich nicht davon ausgehe, dass Gott in einer Wolke sitzt und feste Pläne mit uns Menschen hat, so bin ich doch davon überzeugt, dass es bestimmte Errungenschaften für konkrete Zeitepochen gibt. Diese Errungenschaften können wissenschaftlicher, politischer oder künstlerischer Natur sein.

Ich sehe unsere Entwicklung ähnlich einem Puzzle. Eine für uns nicht erkennbare oder durchschaubare Intelligenz fügt Teilchen zusammen, um ein Bild entstehen zu lassen. Für den einzelnen Menschen oder das einzelne Puzzleteilchen ergeben die Bewegungen nicht immer Sinn, und sie können oft auch nicht im Moment verstanden werden. Erst später, aus der Zukunftsperspektive heraus, können gewisse Handlungen, die gemacht wurden, verstanden werden. Das gilt nicht nur für Erfindungen und die schönen, sondern auch für die dunklen oder bösen Aspekte des Lebens.

Sich wirklich intuitiv führen zu lassen, kann bedeuten, kurzfristig gegen menschliche Wertvorstellungen zu verstoßen. Akzeptiert man das Göttliche als Überplan, so wäre es reiner Atheismus, sich mit moralischen oder ethischen Wertvorstellungen gegen natürliche Handlungen stellen zu wollen.

Für den intuitiv Geführten wird das Leben zur Magie, die weit über die Grenzen von Schwarz und Weiß hinausgeht. Einschränkungen lösen sich auf. Ängste werden überwunden. Kräfte entwickeln sich. Horizonte dehnen sich aus. Dimensionen kommen ins Leben. Es entstehen Möglichkeiten, die in Märchen und Legenden wiedergegeben werden. Es wird für jeden möglich, zu einem Helden des Alltags zu werden!

Sich intuitiv führen zu lassen bedeutet, zum Pinsel einer höheren Gewalt zu werden. Man kann an Wissen gelangen, das unter normalen Umständen nur sehr schwer zu erlangen ist. Intuition macht den Empfänger zum Kunstwerk und Künstler gleichzeitig und ist erreichbar für jeden, der sich ihr hingibt.

Mediales Arbeiten im 21. Jahrhundert

Wie bereits erwähnt, übe ich meine medialen Tätigkeiten seit 28 Jahren aus. Ich habe mich damit schon länger auseinandergesetzt. Auf ein Leben bezogen, ist das nicht allzu lange, aber doch schon eine respektable Zeit. Nähmen wir unsere Zivilisation als Vorlage, so sind diese knapp dreißig Jahre so gut wie nichts. Beziehen wir uns auf die Entwicklung der Menschheit, so müssten wir erst gar nicht davon reden. Dreißig Jahre menschliche Existenz sind ein mittelgroßer Schritt für mich, unscheinbar für die Menschheit. Medialität existiert jetzt ebenso lange wie die Menschheit. Medialität gehört wie die Kreativität, Kriegskunst, der Ackerbau oder die Medizin zu den ersten Erscheinungsformen menschlicher Handlungen. Früher waren Mediziner und Schamanen oft ein und dieselben Personen.

In der uns bekannten Gesellschaft wurde die Kraft der Medialität erst im Mittelalter verdammt. Die Inquisition und später die Wissenschaft taten ihr Bestes, die eigenen Wurzeln der Intuition zu vergiften. Verlässt man diese durch Zivilisation rückständigen Kulturen wie Mitteleuropa oder die USA, so stößt man zum Glück noch auf natürliche und mit der Wurzel des Wissens verbundene Kulturen.

Den meisten heute bekannten Religionen ging eine mystische (Medialität zähle ich als eine Ausdrucksform zur Mystik) Kultur voraus. In Europa, Südamerika, den USA und in Teilen Afrikas versuchte das Christentum, die Wurzeln der Mystik und der damit verbundenen Magie zu unterbinden. In Zentralasien und dem Fernen Osten kolonialisierte der Buddhismus etliche Kulturen und sorgte für das Verschwinden vieler mystischer Traditionen. Im Nahen Osten, Zentralasien und Teilen Afrikas sorgte der Islam für die Einschränkung oder gar Ausrottung vieler traditioneller Kulturen.

Fast überall mussten die Eroberer aber in ihrem Religionskrieg die Ursprungsmagie zumindest teilweise integrieren. In vielen Ländern Südamerikas, Zentralasiens oder Afrikas finden wir eine unglaubliche Symbiose dieser Vielfalt. Auch das Christentum in Europa ist, wie bestens bekannt, kein »reines« Christentum, sondern in den meisten seiner Feiertage und Rituale ursprünglich heidnisch. Zum Glück gelang es keiner der sogenannten Weltreligionen, die Wurzeln der Mystik und der Spiritualität ganz auszulöschen.

Auf meinen vielen Reisen auf fast allen Kontinenten (außer Australien) entdeckte ich zwei Regionen, die mit der Macht der Religion (oder Wissenschaft) und in ihrem Extremismus und Fanatismus der Mystik schaden möchten. Es handelt sich dabei um den östlichen Teil des Nahen Ostens (= Gegend um den Persischen Golf) und Mitteleuropa. Die Wahrheit kann nicht unendlich unterdrückt werden, was wir ohne Zweifel beobachten können. Die Seele und die Kraft des Menschen können nicht getötet werden – weder physisch (Tod, Folter) noch geistig (Ignoranz). Ich entdecke aber auch, dass sich vor allem in den zwei oben beschriebenen Regionen die Menschen wieder der persönlichen Mystik öffnen. Heute mehr denn je können wir wieder offen miteinander über Spiritualität sprechen. Artikel über

Intuition finden inzwischen sogar ihren Weg in renommierte Zeitungen.

Im Sommer 2011 reisten meine Frau und ich durch Südamerika. Wir besuchten unzählige Museen, um viel über die Kulturen und Religionen lernen zu dürfen. In einem der Museen Quitos fanden wir sehr interessante Skulpturen. Sie zeigten Wesen, die halb Mensch, halb Tier waren. Als Erläuterung stand geschrieben, dass diese Wesen Schamanen auf ihren Astralreisen darstellen würden. In ihrem Glauben, ähnlich verschiedener Kulturen auf der ganzen Welt, hat der Schamane die Möglichkeit, Astralreisen zu unternehmen. Die Skulpturen unterschieden sich fast in nichts von den Bildern, die ich aus anderen Kulturen und natürlich aus eigener Erfahrung kannte. Wir waren fasziniert. Für mich war das ein weiterer Beweis dafür, wie alt Medialität und die Kraft der Magie ist.

Lese ich in alten Schriften, so erfahre ich, wie wenig sich Medialität verändert hat. Ohne Zweifel wurden die Hilfsmittel eines modernen Magiers zeitgemäßer. Wir verwenden keine Tierknochen mehr, um Visionen zu sehen. Dennoch blieb die Sprache erstaunlich ähnlich oder archaisch. Ich las in Büchern über mediale Erfahrungen, die ich ebenso hatte wie die Menschen durch die Jahrhunderte auf der ganzen Welt.

Vor dreißig Jahren und noch bis vor Kurzem reiste ich fast ohne Unterbrechung um den Globus, um meine Kunden zu beraten. Ende des 20. Jahrhunderts kam dann das Internet auf. Nicht anders als die Welt der Medialität existiert das Internet als non-physische Wirklichkeit. Dennoch ist es wahr und funktioniert. Meine ersten Erfahrungen damit waren eher spät. Erst nach der großen Jahrtausendwende öffnete ich mich dem neuen Werkzeug.

Heute gebe ich praktisch sämtliche Beratungen übers Internet. Sogar Menschen, die sich in derselben Stadt aufhalten wie ich, bevorzugen Beratungen via Internet. Für eine physische Beratung muss der Kunde zu mir kommen und sich im Durchschnitt einen halben Arbeitstag freinehmen. Heute muss er sich dagegen einfach eine Stunde ins Internet einloggen, um mit mir zu sprechen. Qualität und Preis unterscheiden sich übrigens bei Beratungen übers Internet nicht von jenen vis-à-vis. Dank moderner Technik, den Web-Kameras, können der Kunde und ich uns direkt sehen. Vis-à-vis ist technisch trotz Distanz möglich. Wir sind bereits dabei, Seminare über das Internet zu organisieren. Mit einer hochmodernen Kamera, einem Stativ, kabellosem Mikrofon, einem Laptop und neutralem Hintergrund kann weltweit ein kleines Aufnahmestudio aufgebaut werden, um Kurse zu geben.

Natürlich werden physische Reisen nie ganz verschwinden. Das wäre auch schade. Es gibt für mich persönlich nichts Schöneres, als in einem Raum mit lieben Menschen zu sitzen, um ein Seminar zu geben und am Abend in der exotischen Stadt ein gutes Essen und ein fruchtiges Glas Rotwein zu genießen.

Der Magier des 21. Jahrhunderts, so habe ich es schon in meinem *Buch Intuition als Schlüssel deiner Seele* beschrieben, reist im Anzug über den Globus und berät seine Kunden weltweit. Der nächste Schritt – noch im selben Jahrhundert – sind die Reisen im Internet. Das Flugzeug als modernes Hilfsmittel für Astralreisen wurde somit in nur wenigen Jahren vom kabellosen Internet ersetzt.

Ich fand mich schon in Kabul oder Lagos, um vor Ort Kunden zu beraten. Via Internet verband ich mich zwischen dem letzten Termin am Nachmittag und dem Abendessen mit einem Kunden in Argentinien und einer Kundin in Singapur. Zwischen den zwei Beratungen via Internet beantwortete ich E-Mails an Seminarorganisatoren in Deutschland und Beirut. Mein Webmaster in der Schweiz gestaltete meine Webseite neu für mich, um meine Internetauftritte zu modernisieren.

Dieses Buch erscheint als Printversion und gleichzeitig als E-Book. Obwohl Hellseher, kann ich die Weiterentwicklung der Technik nicht ohne Weiteres vorhersehen. Vielleicht werden für uns die wildesten Science-Fiction-Bücher und -Filme bald Wirklichkeit, und wir bewegen uns nur noch mit der Kraft der Gedanken und haben die Möglichkeit, Materie mit dem Geist zu bewegen. Erreichen wir das, wären wir unseren Legenden und Mythologien wieder erstaunlich nahe. Wir wären wieder dort, wo unsere Vorfahren vermutlich schon waren. Das Rad der Zeit dreht sich. Wie, wohin und mit welchem Ausgang liegt nicht in den Sternen, sondern in den Händen der Menschheit!

Mediale Technik: Spüren mit der Hand

Nicht nur das intuitive Auge ist ein sehr kraftvolles Hilfsmittel in der Medialität, sondern auch die Hände. Das von mir 1999 gefundene Flugzeug habe ich mit meiner linken Hand aufgespürt. Viele vermisste Menschen konnte ich dank meiner linken Hand wahrnehmen und Hinweise zum Aufenthaltsort geben. Auch wenn es schwerer nachvollziehbar ist, als es sich lesen mag: Es ist an sich sehr einfach! Die Hand wird ähnlich einem Metalldetektor eingesetzt, und die Technik kann erlernt werden.

In einem ersten Schritt sollte man spüren können, welche der beiden Hände die sensitivere ist. Bei mir ist es die linke, da ich Linkshänder bin. Normalerweise ist es die von Natur aus benutzte Hand. Es spielt keine Rolle, ob man während des Spürens Ringe, eine Uhr oder Armbänder trägt.

Möchte ich eine Person oder ein Objekt aufspüren, verlange ich zuerst ein Foto der Person oder des Gegenstandes. Ich konzentriere mich auf das Bild, bevor ich mich in eine Meditation vertiefe. In der Meditation visualisiere ich das Bild, strecke meine linke Hand aus und fahre über die Landkarte, um die Person oder den Gegenstand aufzuspüren. Spüre ich ein Kribbeln in meiner Handfläche, zeigt mir dies, dass ich am richtigen Ort bin.

Erfahrungsgemäß ist der erste Fundort der richtige. Dennoch wiederhole ich zwei- bis dreimal das Ritual, um sicherzugehen, dass ich am richtigen Ort bin. Bei den zweiten und dritten Anläufen drehe ich die Karte vor mir, um nicht wissen zu können, wo oben und unten ist. So verhindere ich, dass ich unbewusst im selben Armwinkel wie das erste Mal stoppe, einfach, weil ich weiß, dass ich dort beim ersten Versuch etwas spürte.

Die Technik kann unkompliziert ausprobiert werden. Für den ersten Versuch empfehle ich, einen Ring aufzuspüren. Für das Experiment benötigt man einen Ring (am besten vom Ehepartner, von einem Freund, den Geschwistern oder einem Elternteil), ein Tuch und eine flache Unterlage (Tisch, Boden). Den Ring legt man unter das Tuch auf die flache Unterlage, vor der man sich bequem hinsetzt. Jetzt schließt man die Augen und bewegt mit beiden Händen das Tuch hin und her, damit sich der Ring verschiebt und man nicht mehr weiß, wo er liegt.

Sicherer ist es, jemanden anderen zu bitten, den Ring unter das Tuch zu legen. So schließt man gänzlich aus, dass man wissen kann, wo sich der Ring befindet.

Mit geschlossenen Augen sitzt man dann vor dem Tuch und streckt die sensitive Suchhand über eine Ecke des Tuches. Befindet sich eine zweite Person beim Experiment, dann kann diese die Hand über einen der Zipfel führen.

Vor dem geistigen Auge visualisiert man sich jetzt den Besitzer des Ringes. Steht das Bild klar und deutlich vor dem inneren Auge, bewegt man die Hand langsam über das Tuch. Vorzugsweise zwischen zehn bis fünfzehn Zentimeter über dem Tuch. Auf der einen Seite visualisiert man die Person, auf der anderen konzentriert man sich auf die suchende Hand und achtet auf ein Kribbeln oder eine leichte Erwärmung der Handfläche. In diesem Falle verbindet man sich medial mit der Person, deren Energie

(Aura) im Ring ist. Der Besitzer gibt durch das Tragen seine Seelenkraft an den Ring, und diese versucht man zu spüren. Sobald man das Kribbeln spürt, versucht man, sich zu merken, wo es ungefähr war, oder man gibt der zweiten Person Bescheid, wo man etwas spürt. Empfehlenswert ist es, weiterzumachen, bis man das ganze Tuch erfühlt hat. Es kann vorkommen, dass man bei den ersten Versuchen zuerst ein Falschsignal erhält, dafür aber die zweite Stelle dann die richtige ist.

Ein gutes Beispiel dazu war mein Fall in Leipzig (➛ Seite 368 ff.). Ich spürte zwei Stellen, die Person befand sich bei der zweiten Lokalität, die ich spüren konnte.

Wenn es funktioniert hat, herzlichen Glückwunsch. Wenn nicht, nicht verzagen. Es ist noch kein Meister vom Himmel gefallen. Übung macht den Meister.

Die zweite Übung, die ich im Folgenden vorstelle, ist etwas schwieriger. Dafür benötigt man das Foto einer Person und eine Landkarte der Gegend, in der sich die Person auf dem Foto befindet, sowie einen Kugelschreiber. Entweder man wählt eine Person aus, die man kennt und von der man nicht genau weiß, wo sie sich zum Zeitpunkt des Experimentes aufhält. Oder man macht es wieder zu zweit, und der Partner wählt eine Person aus, von der er weiß, wo sie ist oder auch nicht. Alle drei Variationen sind möglich. Der weitere Ablauf ist wie beim Ring: Man meditiert mit dem Foto der Person. Die Augen werden geschlossen und die Suchhand über eine Kartenecke gelegt, der Abstand ist wie oben beschrieben. Langsam fährt man über die Karte. Da man nicht weiß, wo sich die Person befindet, darf man ruhig die Augen ab und zu aufmachen, um zu sehen, ob man noch über der Karte ist.

Spürt die Hand das Signal, öffnet man die Augen und bezeichnet die Stelle mit dem Kugelschreiber. Trotzdem ist es jetzt wichtig, die Karte bis zum Ende abzusuchen.

Nun kommt der spannende Moment. Man kann die Person, um die es geht, anrufen und fragen, wo sie sich gerade befindet. Wurde die Übung mit einem Partner gemacht, der weiß, wo sich die Person aufhält, kann dieser sagen, ob man richtig lag oder nicht.

Diese Tests können beliebig oft gemacht werden. Es ist empfehlenswert, sie entspannt durchzuführen. Eine Meditation vor der Übung gehört in jedem Fall dazu. Man sollte sie nicht schnell mal während der Mittagspause oder zwischen Telefonanrufen und Meetings machen. Das ist nicht empfehlenswert. Mindestens zwei bis drei Stunden vor einer dieser Übungen sollte man aufhören, elektronische Geräte mit der Hand zu benutzen. Ganz schädlich sind Handys und Laptops, die extrem stark ausstrahlen und die Wahrnehmungsfelder der Hand beträchtlich stören.

Mediale Technik: Visualisieren der Aura über Distanz

Wie bereits weiter oben ausgeführt, ist die Aura unser feinstofflicher Körper. Er kann von nah und fern wahrgenommen werden. Hellsichtige Menschen können Auren sogar zeit- und raumlos erkennen.

Zeitlos, weil die Aura Aspekte der Vergangenheit und der Zukunft in sich trägt. Raumlos, weil man sie auch über große Distanzen wahrnehmen kann.

Die Aura lässt sich für die meisten Personen direkt über das Dritte (intuitive) Auge sehen. Einige sehen die Aura nicht, spüren oder fühlen sie aber. In diesen Fällen empfängt der Betrachter keine Bilder, sondern fühlt Emotionen oder nimmt über seinen Körper die Symptome war. Zum Beispiel spürt man Trauer, Freude oder Bedrücktheit. Das sind Emotionen, die übertragen werden. Handelt es sich um physische Symptome, kann der Betrachter Schmerzen an Körperteilen spüren, ein Kribbeln im Bauch oder im Kopf. Eine weitere Form, eine Aura wahrzunehmen, ist das Wissen! In diesem Fall wird weder gesehen noch gespürt oder gefühlt, sondern man weiß einfach, worum es geht.

Nicht selten vermischen sich diese Wahrnehmungsformen. Man sieht Bilder oder Farben, fühlt Emotionen und spürt körperliche Symptome.

Der erste Schritt bei dieser medialen Technik ist, dass der Übende für sich erkennt, welche Form der Wahrnehmung er in sich trägt. Im vorliegenden Buch und auf meiner

Meditations-CD »Hellsichtigkeit« habe ich Übungen zum Erkennen vorgestellt. Hat sich diese Frage geklärt, kann man direkt weiterlesen. Für diese Arbeit benötigt man wieder das Foto einer Person, die analysiert werden soll, einen Schreibstift, Papier und einen ruhigen Ort. Nach einer kurzen Meditation werden die Augen geöffnet und man betrachtet das Foto.

Die Augen wieder geschlossen, visualisiert man sich die Person mit dem inneren Auge und konzentriert sich leicht über oder um den *physischen* Körper. Oder man stellt sich vor, wie der Körper sich öffnet und den Blick in die Seele freigibt. Jetzt versucht man, ohne Erwartungen und Verkrampfungen zu sehen, zu spüren oder zu fühlen, was man erkennt.

Um die Person herum können sich Bilder manifestieren, Farben tauchen auf, Emotionen werden gespürt, am eigenen Körper nimmt man auf angenehme oder unangenehme Art Organe oder Körperteile wahr. Zwischendurch kann man kurz die Augen öffnen und das Gesehene notieren. Spürt man, dass nichts mehr wahrgenommen wird, löst man sich aus der Aura der Person und schließt die Übung ab.

Anschließend kann man die Person kontaktieren und fragen, wie es ihr geht oder was sie eben gemacht hat, und vergleicht dann, wie das, was man gehört hat, zum medialen Lesen passt. Man kann sich auch eine bestimmte Person für die Analyse aussuchen. Zum Beispiel wenn man weiß, dass diese Person eine Prüfung ablegen muss oder ein Vorstellungsgespräch hat.

Man meditiert und visualisiert sie zum Zeitpunkt der Situation oder danach und versucht zu spüren oder zu sehen, wie das Energiefeld aussieht, positiv oder negativ, freudig oder ängstlich. Diese Wahrnehmungen interpretiert man dann auf die Situation bezogen und zieht daraus seine Schlüsse. Auch hier kann man später das Gefundene nachprüfen, indem man die Person nach dem Ausgang befragt.

Diese Übung lässt sich auch mit Personen, die man nicht persönlich kennt, die aber bekannt sind, machen. Zum Beispiel mit Politikern vor Wahlen oder mit Sportlern während Wettkämpfen. Wie bereits beschrieben, konzentriert man sich in der Meditation auf die Person und versucht zu spüren, wie sie sich nach Ausgang der Situation fühlt. Später vergleicht man seine Bilder mit der eingetretenen Situation.

Mediale Technik: Visualisieren von Orten

Die von mir beschriebene Technik Remote Viewing (RV, ➛ Seite 56 ff.) beschäftigt sich unter anderem mit dem Visualisieren von Orten. Möchte man sich an einen unbekannten Ort visualisieren, gibt es zwei Möglichkeiten.

- Man macht eine Astralreise, expandiert also seine Aura und besucht den besagten Ort.
- Man arbeitet mit dem intuitiven Auge, um sich Bilder des Ortes oder der Umgebung zu vergegenwärtigen.

Beide Möglichkeiten sind, richtig eingesetzt, effektiv und zuverlässig. Remote Viewing funktioniert so gut, dass es auch im medial eher rückständigen Mitteleuropa mehr und mehr eingesetzt wird, nicht nur von spirituellen Menschen, sondern auch von Geschäftsleuten, Politikern oder der Polizei.

Orte können als Bilder oder Filme visualisiert werden. Das heißt, man erkennt Bilder, vergleichbar mit zum Ort passenden Filmen. Oder man beobachtet einen Film und fliegt oder gleitet durch den Ort. Bei Astralreisen sieht man automatisch Filme. Bei Visualisierungen über das intuitive Auge können es Fotos oder Filme sein.

Möchte man sich auf eine Lokalität konzentrieren, ist es hilfreich, vor Ort eine »Antenne« zu haben. Diese Antenne kann eine Person, ein Objekt oder ein Gebäude sein. Das hilft dabei, den Ort anzupeilen. Man kann sich die Antenne als Magnet vorstellen, der den medialen Beobachter an den Ort zieht. Beim RV kann die Antenne zum Beispiel ein Codewort oder ein Briefumschlag sein, auf den man sich konzentriert, um Bilder zu empfangen.

Möchte man sich die neue Wohnung eines Freundes vorstellen, konzentriert man sich in der Meditation auf ihn und öffnet sich für Eindrücke seines Lebensraumes. Geht es um ein Haus, in dem man niemanden kennt, so kann man sich ein Bild oder die Adresse besorgen und visualisiert sich dann in das Innere des Hauses.

Man sollte allerdings nicht erwarten, sämtliche Einzelheiten der Einrichtung zu erkennen. Das würde die Erwartungen zu hoch stecken. Vielleicht spürt man, ob mehrere Personen oder nur eine im Haus oder der Wohnung wohnen. Oder man sieht ungefähr, wie die Wohnung eingerichtet ist, oder erhält klare Bilder zu einzelnen Räumen, aber nicht unbedingt zum ganzen Haus.

Sogar vermisste Gegenstände können so eingegrenzt werden. Verliert ein Freund oder Familienangehöriger seine Brille, kann man versuchen, Bilder der Umgebung zu visualisieren. Diese Bilder beschreibt man und gibt sie dem Besitzer weiter. Der müsste nun analysieren, zu welchem Ort diese Bilder am besten passen. Handelt es sich um einen wie eben beschriebenen Fall, kann der mediale Leser eine Örtlichkeit auch eingrenzen. Sieht man Bilder, stellt man die richtigen Fragen, um den Ort zu lokalisieren:

»Handelt es sich bei den Bildern um das Haus des Brillenbesitzers, ja oder nein?« – »Ist das Zimmer, das ich sehe, im ersten oder zweiten Stock?«

Intuitiv spürt man normalerweise die richtige Antwort. Natürlich gibt es auch für diese Technik simple Übungen.

Am effektivsten geht das mit einem Partner. Diesen bittet man, ein Objekt im Haus zu verstecken. Das Objekt kann ein Ring, eine Skulptur, ein Bild oder irgendetwas anderes sein. Ein Foto des Objektes vor sich zu haben hilft bei der Visualisierung.

Für diese Übung benötigt man also das Foto des Objektes, einen Stift und Papier. Entspannt blickt man auf das Foto und konzentriert sich auf das Objekt. Mit geschlossenen Augen konzentriert man sich auf den Gegenstand. Jetzt öffnet man das intuitive Auge oder versucht, sich mit einer Astralreise zum Ort zu begeben, an dem sich das Objekt befindet. Egal welche Technik eingesetzt wird, es geht immer darum, Bilder oder auftauchende Filme zu erkennen. Hier muss nichts interpretiert werden. Die Bilder sind eins zu eins der Wirklichkeit entsprechend. Sind die Bilder statisch, versucht man, diese auszudehnen, um eine bessere Idee der Umgebung zu erhalten. Sieht man einen Film, folgt man den Eindrücken. Um keine Eindrücke zu vergessen, kann es von Vorteil sein, ab und zu die Augen kurz zu öffnen, um das Gesehene niederzuschreiben. Handelt es sich bei der Antenne um eine Person, geht man nicht anders vor. Bei vermissten Menschen setzt man hauptsächlich diese Technik ein, um Hinweise über den möglichen Aufenthaltsort zu erhalten.

Wie bereits in den Kapiteln zu den Techniken vergleicht man im Nachhinein das Gesehene mit der physischen Wirklichkeit. Üben kann man hier auch mit Tageszeitungen. Werden Menschen vermisst oder wird ein wichtiger Gegenstand gestohlen, analysiert man den Ort, an dem sich die Person beziehungsweise der Gegenstand befinden könnte. Wenn später die Person oder der Gegenstand wiederauftaucht, versucht man anhand der Pressemitteilungen zu erkennen, ob die Bilder dazu gepasst haben.

Die Übung ist sehr anspruchsvoll, und es empfiehlt sich, sie erst bei größter Entspannung durchzuführen. Es ist sehr wichtig, genug Zeit dafür zu haben. Nach Feierabend, an einem Wochenende oder früh am Morgen sind gute Momente.

Die von mir hier beschriebenen Techniken können ohne Weiteres kombiniert werden. Erst kann eine Person über ihre Aura analysiert werden, um zu sehen, wie es ihr geht, und in einem zweiten Schritt kann die Umgebung beschrieben werden (siehe auch meine DVD *Hellsichtigkeit*).

Mediale Technik: Visualisieren von Ereignissen

Der Intuition sind Grenzen gesetzt, dennoch lässt sie sich sehr vielseitig einsetzen!

Jede Person und mit nur wenigen Ausnahmen auch jeder Gegenstand, jeder Ort oder jedes Ereignis strahlt eine Energie aus. Diese Energie wird über die morphogenetischen Felder und telepathischen Strömungen in die Weiten von Raum und Zeit getragen. Emotionen sind die am einfachsten wahrzunehmenden Schwingungen. Logischerweise sind somit Ereignisse mit starken Emotionen am leichtesten erkennbar oder medial zu sehen.

Jede dieser Situationen sendet Wellen aus. Diese Wellen werden rund um den Globus gesendet und von Antennen (sensitiven Menschen) aufgenommen. Der Empfänger übersetzt die Signale dann in seine eigene Gedankenstruktur, Sprache und Bilderwelt. Aus diesem Grund kann eine Situation sehr unterschiedlich visualisiert werden. Wichtig ist allein, dass die Interpretation dieser Bilder korrekt erfolgt.

Es ist nicht erstaunlich, dass viele Menschen Tsunamis oder große See- und Erdbeben immer wieder in Träumen oder Visionen spüren. Naturkatastrophen mit viel Leid und Opfern lösen logischerweise eine unglaubliche Welle an Trauer und Schmerzen aus. Wie eine Riesenwelle im Meer rasen die Informationen dieser Trauer durch die morphogenetischen Felder und kollektiven Auren und lösen bei sensitiven Menschen Albträume, Schweißausbrüche und Trauer aus.

Zu Beginn meiner medialen Tätigkeit und des bewussten Umgangs damit wurde ich auch immer wieder von solchen gewaltigen Schwingungen erfasst. Anfänglich wusste ich oft nicht, ob die Emotionen eine persönliche Trauer, Depression und Angst waren oder nicht. Erst später, im Durchschnitt nach zwei bis sieben Tagen, konnte ich in den Zeitungen über die Ursachen lesen. Stieß ich auf die tragischen Ereignisse, war mir immer und ohne jeden Zweifel klar, dass die jeweilige Situation der Auslöser meiner Gefühle war. Es war das Wissen, dass die Situation zu meinen Gefühlen passt! Mit der Zeit lernte ich, die richtigen Fragen zu stellen. Trifft mich heute eine unerklärliche Emotion, frage ich zuerst, ob es eine persönliche Schwere oder Trauer ist oder nicht. Automatisch spüre ich die Antwort. Als Nächstes frage ich, ob es sich bei der aufkommenden Situation um ein politisches oder um ein natürliches Ereignis handeln wird. Schritt für Schritt kreise ich so die Ursache ein, bis ich das Gefühl habe, ihre Natur identifiziert zu haben. Ein anderer Weg ist es, mit der Emotion zu meditieren, um mich für Bilder zu öffnen. Diese Bilder passen dann zum Ereignis. Ab dem Moment lese ich gespannt jeden Tag Zeitungen und warte auf das Eintreffen des gespürten Ereignisses.

Im gleichen Sinn funktioniert die Intuition auch mit Menschen im persönlichen Umfeld. Wird jemand krank oder stirbt, gibt es eine Schwangerschaft, Hochzeit oder Trennung, so sind das Situationen, die eine starke Schwingung in der Familie auslösen. Diese können im kleineren Kreis wahrgenommen werden. Die Bilder dazu können ganz klar einer Person und Situation zugeordnet werden oder nur eine Ahnung eines möglichen Ereignisses sein.

Eine weitere Möglichkeit ist es, das innere Auge auf eine bestimmte Situation auszurichten, um Bilder und Eindrücke empfangen zu können. Wichtige Wahlen, wirtschaftlich ausschlaggebende Entscheidungen oder Sportereignisse sind nur einige Beispiele, die medial analysiert werden können. Eine meiner Spezialitäten ist das mediale Visualisieren politischer Ereignisse. Unzählige Wahlen habe ich im Vorfeld treffend analysieren können, landespolitische oder kontinentalpolitische Ausgänge vorhergesehen und terroristische Anschlagsziele im Vorfeld identifiziert.

Mein inneres Auge ist praktisch vierundzwanzig Stunden und sieben Tage die Woche aktiv. Einem nie wirklich abgestellten Radar gleichend, achtet es unaufhörlich auf die Signale kommender Ereignisse.

Mitten in der Nacht, auf Spaziergängen oder während des Essens spüre ich plötzlich, wie erste Signale empfangen werden. Entweder öffne ich mich dann ganz, oder ich entschließe mich, die Bilder etwas später zuzulassen. Verschwinden werden sie deshalb nicht. Einmal angezapft, können die Bilder immer wieder abgerufen werden. Häufig werde ich von Journalisten zu Ausgängen von Wahlen befragt. Meine Vorhersagen veröffentliche ich dann immer auf meiner Webseite und auf Facebook.

Übungen

- Für die erste Meditation benötigt man eine Zeitung, eine Schere, einen Stift und ein Blatt Papier. In der Zeitung sucht man sich einen Artikel, der einen persönlich interessiert. Es ist einfacher, mit einem spezifischen Thema zu arbeiten, mit dem man sich persönlich identifizieren kann. Der Artikel wird ausgeschnitten. Ihn in der Hand haltend, meditiert man jetzt wie üblich und konzentriert sich auf die Information in der Hand. Mit geschlossenen Augen wird das Ereignis (zum Beispiel eine bevorstehende Wahl) visualisiert. Jetzt wird auf Bilder geachtet, die zur Entwicklung passen. Gibt es ein Abschluss- oder Durchführungsdatum, das mit dem Ereignis zusammenhängt, dann sollte man sich ebenfalls auf das Datum konzentrieren, um zu sehen, welche Bilder auftauchen. Die so empfangenen Eindrücke werden aufgeschrieben, um sie später mit dem Ausgang zu vergleichen.

Beinhaltet das Ereignis Personen, dann können zusätzlich die Auren dieser Menschen analysiert werden. Handelt es sich um Wahlen, so konzentriert man sich zuerst auf ihre Entwicklung. Fragen wie: »Finden die Wahlen statt?« oder: »Ist im Vorfeld der Wahlen mit Auseinandersetzungen zu rechnen?« können für Journalisten wichtig sein.

Das Meditieren mit den Kandidaten und deren Aura kann zeigen, wer gewinnen wird. So können wir die Entwicklung und den möglichen Ausgang bereits im Vorfeld sehen.

Möglich sind diese Analysen auch im Sport oder an der Börse. Für Spekulanten und Wettliebhaber ein wunderbares Instrument.

Geht ein guter Freund oder ein Familienmitglied

eine neue Partnerschaft ein, kann man zur Übung analysieren, in welche Richtung sich die Partnerschaft entwickeln wird.
Liest man von einem spektakulären Gerichtsfall, kann man den möglichen Ausgang prognostizieren.

● Ich habe in diesem Buch vier verschiedene mediale Techniken behandelt. Jede dieser Techniken kann einzeln oder in den verschiedensten Variationen angewendet werden. Ich benutze sehr oft alle vier. Muss ich eine vermisste Person suchen, dann arbeite ich mit allen vier Techniken: Zuerst sehe ich mir die Aura der Person an, dann visualisiere ich den Ort, an dem sich die Person befinden könnte, später streiche ich mit meiner Hand über Karten, in welcher Gegend ich das Gefühl habe, die Person zu spüren, und was im Moment des Vermisstwerdens und jetzt um die Person herum passiert.

Wo Seelen sich treffen

Wer kann von sich behaupten, inkarnierte und nicht mehr inkarnierte Seelen aus den verschiedensten Jahrhunderten und Kulturen zu treffen? Nein, nicht der vom Verfolgungswahn geplagte oder geistig Verwirrte, sondern der medial Veranlagte.

Wie immer wieder erwähnt, ist Medialität ein Talent oder eine Veranlagung und keine nur für Auserwählte bestimmte Rarität. Ohne Zweifel gehört mehr zum Wahrnehmen von Geistwesen als normale Meditation. Dennoch ist mediales Sehen viel stärker verbreitet als allgemein angenommen.

Mit Meditationen löst man sich aus dem alltäglichen Wahrnehmen und verbindet sich, bewusster als normalerweise, mit der Seele. Durch das Auge der Seele sehen bedeutet, sich den Tiefen des Nichtphysischen zuzuwenden. Dieses Auge wird auch Drittes Chakra oder, wie ich es am liebsten nenne, inneres (intuitives) Auge genannt. Durch das intuitive Auge sehen wir Realitäten, die ein eigenes Verständnis von Raum und Zeit haben. Diese werden wie auch unsere Dimension durch Wesen beseelt. Hier, auf menschlicher Ebene, sind diese Wesen Menschen, Tiere oder Pflanzen. Auf anderen Ebenen befinden sich je nach Ebene Verstorbene, spirituelle Meister, Astralwesen, Engel etc. Ohne Zweifel gibt es noch viele sämtlich unseren Augen unerkennbare Seelen und Existenzen.

Viele dieser Realitäten haben, ähnlich der unseren, geografische Landschaften. Den Farben und Formen dieser Welten sind im wahrsten Sinne keine Grenzen gesetzt.

An den verschiedensten Orten gibt es Schnittstellen, welche die verschiedenen Dimensionen oder Wirklichkeiten verbinden. Kraftorte zum Beispiel sind solche Punkte. Künstlich können solche Schnittstellen auch durch Meditationen herbeigeführt werden. Carlos Castaneda (➛ Seite 182) widmete sich in vielen seiner Bücher diesen Schnittpunkten und wie sie unter anderem herbeigeführt werden können.

Ohne Zweifel sind Träume ebenfalls Türen, um das Überqueren der Dimensionen möglich zu machen. Nicht selten werden diese Türen von den anderen Dimensionen zu uns geöffnet. Wesenheiten aus jenen Welten verbinden sich mit Menschen auf der Erde. Sie zeigen sich, geben Nachrichten weiter oder kommen mit einer bestimmten Aufgabe zu uns.

Mir wird immer wieder gesagt, dass sie (die Wesenheiten anderer Welten) bei uns als »Sozialarbeiter« sind. Sie möchten uns helfen. Genauso gut können wir aber auch in jene Welten, um helfen zu können oder um Austausch anzuregen. Die Tatsache, dass diese Wesen nicht von jedermann gesehen werden können, heißt noch lange nicht, dass sie nicht existent sind.

Der fanatische Kritiker oder Skeptiker kritisiert jene, die sie sehen können, und klagt sie des Schwindels an. Es verlangt viel Selbstvertrauen, sich von diesen Anschuldigungen nicht verunsichern zu lassen. Eigentlich müsste es jedoch umgekehrt sein, müsste der Skeptiker eines Besseren belehrt werden. Oder wer käme auf die Idee, sich von einem

Analphabeten beschimpfen und vorwerfen zu lassen, dass die Fähigkeit, schreiben und lesen zu können, Blödsinn sei? Zum Glück entwickeln wir uns nicht nur technisch weiter, sondern auch spirituell, und der harte Skeptiker gehört bestimmt schon bald der Vergangenheit an wie das Mammut!

Wir wissen unterdessen, dass jeder Mensch eine Seele in sich trägt. Diese reflektiert in unterschiedlichen Dimensionen. Eine davon – und wohl die bekannteste – ist der physische Körper. Eine andere wäre die Aura. Diese bewegt sich lange vor der Zeugung des physischen Körpers, auch während des Lebens im Körper, nicht selten außerhalb davon. Logischerweise bewegt sie sich auch nach dem Tod weiter. Mache ich Jenseitskontakte oder suche ich eine verstorbene Person, so kontaktiere ich diesen Lichtkörper, die Aura, um Informationen zu erhalten.

Natürlich können sich auch die Auren zweier Menschen, unabhängig vom Körper, treffen. Das kann bei einer Astralreise zweier Menschen passieren. Oder die Seele eines Lichtwesens kontaktiert die Seele eines Menschen und stellt die Verbindung zum Beispiel im Traum her. Während des Träumens verlassen wir nicht selten den Körper und wandern in parallelen Dimensionen.

Neben dem Träumen können wir das bewusste Aus-dem-Körper-Wandern üben. Meditationen sind dafür wunderbare Türöffner. Welche Meditation man wählt, ob mit oder ohne Hilfsmittel, sei dem Suchenden überlassen.

In meinen verschiedenen Arbeiten wandle ich sehr viel in für viele nicht wahrnehmbaren Realitäten. Mache ich *Remote Viewing*, expandiere ich automatisch mein Bewusstsein in zeit- und raumverschobene Sphären, um einen von mir weit entfernten Ort aufzusuchen. Beim Analysieren einer

Aura einer vermissten Person oder eines Kunden in einem anderen Land nehme ich ebenfalls diese Hilfe in Anspruch.

Werde ich gebeten, die Entwicklung in einem Land zu analysieren, so expandiere ich mein Bewusstsein, um mir die Entwicklungsaura des betreffenden Landes anzusehen. Möchte ich den Ausgang einer Präsidentenwahl sehen, so reise ich in die Zukunft des Kandidaten und versuche zu sehen, wie er sich emotional am Abend nach den Wahlen fühlt.

Suche ich Rat von einem meiner Geistführer, so gibt es dafür zwei Möglichkeiten: Ich rufe ihn zu mir oder versuche, ihn durch eine Meditation zu besuchen. So oder so, in beiden Fällen findet die Begegnung gleichzeitig auf verschiedenen Ebenen statt. Für mich als Mensch und Geist sehe ich ihn als Lichtwesen. Für mich als Aura findet die Begegnung gleichzeitig in einer feinstofflichen Dimension statt. In seltenen Fällen habe ich die Erfahrung machen dürfen, mit Lichtwesen zu verschmelzen. Die zwei Auren wurden zu einem Lichtfeld, vereinigt in einer Aura. Diese Momente waren sehr magisch und, um ehrlich zu sein, auch etwas unheimlich … Am ehesten lässt sich diese Erfahrung vergleichen mit dem Moment, in dem zwei Liebende gleichzeitig einen Orgasmus bekommen.

Seelen zu treffen ist viel einfacher, schneller, billiger und ohne Zweifel ökologischer als physische Begegnungen. Ich hoffe sehr, dass schon viele Menschen sehr bald die Möglichkeit haben, dies zu erfahren. Mensch und Natur kämen sich wieder viel näher, und der Mensch käme den geistigen Welten wieder näher.

An diesem Punkt möchte ich mit Ihnen eine sehr einfache Meditation teilen. In der Meditation geht es darum, dass man die Seele einer bekannten Person besucht, um zu sehen, wie es ihr geht. Interessant dabei ist, dass man sich direkt nach der Begegnung überprüfen kann.

Ich gehe davon aus, dass dem Leser die Grundregeln der Meditation vertraut sind, und erkläre daher nur den Ablauf der Übung, ohne eine Anleitung zur Grundmeditation zu geben. Vor der Meditation sucht man sich die Person aus, die man besuchen möchte. Die besagte Person sollte zum Zeitpunkt des Besuches eine wichtige Situation erleben. Zum Beispiel ein Freund, der eine Prüfung ablegen muss. Oder der Vater, der ein Vorstellungsgespräch führen muss. Möglich ist auch der Mann oder die Ehefrau bei der Präsentation eines Projektes. Es ist wichtig, dass die Person im Moment des Besuches starke Emotionen zeigt.

Zwei Faktoren sollte man bei dieser Übung kennen:

- Erstens, die emotionsgeladene Situation (es ist von Vorteil, dass man die Situation kennt, aber nicht unbedingt notwendig) und
- zweitens den Zeitpunkt der Situation. Der Zeitpunkt ist ausschlaggebend, um den Zeitpunkt des Besuches zu kennen.

Sind die Grundfaktoren erfüllt, gibt es folgende Möglichkeiten: Man meditiert bereits im Vorfeld der Situation, um eine Astralreise zu machen und der Person nach der Situation zu begegnen, oder man meditiert zeitgleich während der Situation und beobachtet, wie die Aura agiert. Es ist wichtig, sich vor Augen zu führen, dass man bei dieser Übung nicht den physischen Körper besuchen muss, sondern nur sein Energiefeld. Daher spielt es auch keine Rolle, wo sich die Person befindet. Es spielt ebenfalls keine Rolle, ob die Person sich in einer anderen Stadt oder auf einem anderen Kontinent aufhält.

Hat man sich entschieden, welchen Moment der Begegnung man wählt, setzt oder legt man sich hin. In der Meditation ist es wichtig, sich zu entspannen.

Sind die Augen geschlossen und der Körper entspannt, stellt man sich die Person genau vor, um die es geht. Als Nächstes versucht man, das Energiefeld um oder in der Person zu spüren. Am einfachsten ist es, sich auf die Emotionen zu konzentrieren. Die Wahrnehmung kann visuell, emotional oder körperlich (Wahrnehmungen am Körper) sein.

Funktioniert es bis zu diesem Punkt, so konzentriert man sich nun auf die Person nach dem Zeitpunkt der Begegnung. Man sieht oder spürt, ob es der Person gut geht oder nicht, ob sie zufrieden scheint oder nicht. Die so gesehenen oder gespürten Emotionen interpretiert man auf die Situation. Meditiert man während des realen Zeitablaufs, so beobachtet man direkt die Entwicklung der Emotionen. Später kann man mit der Person physisch in Kontakt treten und fragen, wie die Situation ausgegangen ist. Traut man sich genug zu, so kann man umgehend danach anrufen und gratulieren. Der Überraschungseffekt beim Gratulanten ist ohne Zweifel viel größer. Seelen, unabhängig ob Mensch/Aura oder »nur« Lichtwesen, freuen sich immer auf einen Besuch mit guten Absichten.

Uns hier auf der Erde eröffnen sich damit weitere Kommunikationsmöglichkeiten, für die wir von etlichen heute noch kritisiert oder um die wir beneidet werden. Es wäre zu hoffen, dass sich das bald ändert und in nicht so ferner Zukunft normal und alltäglich ist, wie im Internet Nachrichten zu versenden oder per Kamera gemeinsam zu lachen!

Häufig gestellte Fragen zur Intuition

Immer wieder werden mir gleiche oder ähnliche Fragen zur Medialität und zur Intuition gestellt. Kunden in Beratungen, Teilnehmer in Seminaren oder Journalisten – alle stellen mir viele interessante Fragen. Ohne Zweifel ergäbe das allein genug Stoff für ein interessantes Buch. Daher möchte ich in diesem Kapitel auf einige der am häufigsten gestellten Fragen antworten.

Frage: Wie kann ich sicher sein, dass meine Visionen nicht meiner Fantasie entspringen?

Antwort: Im vorliegenden Buch habe ich Meditationen beschrieben, in denen Sie es überprüfen können. Es ist eigentlich ganz einfach: Sieht man Bilder, so sollte man versuchen, diese mit seinen Gedanken zu verändern. Bleibt das Bild in der veränderten Form stehen, dann handelt es sich bei der Vision mit großer Wahrscheinlichkeit um die eigene Fantasie. Nimmt das Bild aber, sobald man es loslässt, wieder seine ursprüngliche Form an, so kann man davon ausgehen, dass es eine Vision ist.

Frage: Kann ich meine Intuition auch ohne Hilfe von Lichtwesen schulen?

Antwort: Ja, das geht. Aber Schutzengel oder Geistführer können uns Ratschläge geben oder nötige Chakren öffnen und stärken.

Frage: Woher kommt die Intuition?

Antwort: Intuition ist eine angeborene Fähigkeit.

Frage: Kann es sein, dass mein Hund (oder meine Katze) intuitiv ist?

Antwort: Auf jeden Fall. Es gibt viele Beispiele, in denen Haustiere Schicksalsschläge des Besitzers im Vorfeld spürten und nervös wurden. In einem Pflegeheim im amerikanischen Bundesstaat Rhode Island lebte der Kater Oscar. Das Tier hatte die geheimnisvolle Fähigkeit, den Tod der Patienten zu erahnen. Setzte sich Oscar neben einen Patienten, so starb er in der Regel nach etwa vier Stunden. Das Pflegepersonal war dazu übergangen, die Angehörigen zu verständigen, sobald sich der Kater zu einem Patienten legte.

Ein anderes Beispiel: Nach dem berüchtigten Seebeben im Indischen Ozean 2004 wurde festgestellt, dass fast keine Elefanten oder anderen wilden Tiere von den Wellen in den Tod gerissen wurden. Viele Tiere fühlten die aufkommende Gefahr und brachten sich in Sicherheit. Sensitive Menschen haben die Möglichkeit, mit Tieren Kontakt aufzunehmen. Pferdeflüsterer gibt es also nicht nur im Kino.

Frage: Wie gehen Sie mit Kritikern um?

Antwort: Leider haben die meisten Kritiker keinerlei Erfahrung mit Medialität. Sie haben vielleicht Bücher darüber gelesen oder sind von vornherein abgeneigt, ohne sich wirklich mit dem Thema zu beschäftigen, oder haben ganz einfach Vorurteile. Diese Kritiker sind zumeist überheblich und arrogant, so als würde ich mir erlauben, mit einem Sprachwissenschaftler über Germanistik zu diskutieren.

Frage: Ist es nicht unethisch, mit Medialität Geld zu verdienen?

Antwort: Warum? Ein Künstler lebt von seiner Kunst, der begnadete Wissenschaftler oder Arzt auch. Warum sollte ich daher nicht von meinen Künsten leben? Leben heißt Geben und Nehmen. Helfe ich anderen mit meiner medialen Fähigkeit, so darf ich dafür auch etwas bekommen. Obendrein habe ich die Erfahrung gemacht, dass der Empfänger mit meiner Information viel achtsamer umgeht, wenn er dafür bezahlt.

Frage: Muss ich Angst haben, meine intuitiven Eingebungen nicht mehr abstellen zu können?

Antwort: Im Normalfall nicht. Intuitive Kanäle können geöffnet und geschlossen werden. Es ist ähnlich wie mit einem Gedanken. Ich kann mich für eine Idee, respektive Gedanken öffnen und mich ihr aber auch wieder verschließen. Das Dritte Auge oder sechste Chakra ist zuständig für intuitive Eingebungen. In Meditationen kann es trainiert werden, um es zu öffnen. Nach medialen Eingebungen kann man es auch genauso wieder schließen. Eine sehr einfache Meditation dafür ist, sich eine *Augenklappe* vorzustellen, die über das Dritte Auge gezogen wird.

Bei psychisch labilen Menschen kann es tatsächlich vorkommen, dass man Visionen nicht mehr stoppen kann. Meistens weiß aber der Schüler bereits vor medialen Übungen von seinen Problemen und sollte vorsichtig damit umgehen. Ein geübter Spezialist sollte bei seinen Schülern ihre psychischen Stärken oder Schwächen erkennen und dementsprechend verantwortungsbewusst handeln.

Frage: Kann ich von Lichtwesen manipuliert werden?

Antwort: Konzentriert man sich von Anfang an auf positive Wesen, so kann man mit dieser Gefahr gut umgehen. Adepten der Schwarzen Magie müssen auf jeden Fall vorsichtiger sein. Natürlich kann es vorkommen, dass man ungewollt an einen Ort kommt, der mit negativen Energien besetzt ist. Meditiert man aber jeden Tag, so stärkt man die Aura und schützt sich so vor negativen Energien oder Wesenheiten. Vertieft man das Wissen über geistige Dimensionen, lernt man damit umzugehen. Wissen macht auch hier stark!

Frage: Ist es notwendig, mein Leben neu zu beginnen, um den spirituellen Weg zu gehen?

Antwort: Nein, der intuitive Weg lässt sich sehr gut mit dem Alltag vereinen. Manch einer spürt vielleicht, dass er einen ganz neuen Weg einschlagen muss. Der größte Teil meiner Klienten aber integriert sein spirituelles Leben in sein bereits existierendes Familien- und Arbeitsleben.

Frage: Sind Europäer für intuitive Themen verschlossener als Menschen anderer Kulturen?

Antwort: Verschlossener nicht unbedingt, bestimmt jedoch weniger emotional und ganz klar kopfgesteuerter. Daher fällt es dem Europäer schwerer, intuitiv fühlen oder gar sehen zu können oder es zuzulassen. Emotionale Kulturen haben einen natürlicheren Zugang zu spirituellen Themen. Die Überheblichkeit vieler Europäer, unser Wissen und unsere Technik stünde über anderen kulturellen Errungenschaften und Kenntnissen, ist eine Form der geistigen Kolonialisierung. Geht es um Herz und Gefühl, können wir viel von anderen Kulturen lernen.

Frage: Ist Medialität angeboren?

Antwort: Intuition hat, wie bereits erwähnt, jeder. Aber um medial mit ihr arbeiten zu können, muss die Intuition stark ausgeprägt sein. In der Aura kann ich erkennen, ob eine Person medial veranlagt ist oder nicht. Ein sehr offenes Drittes Auge zeugt für ausgeprägte Medialität, und ich sehe viel Gelb oder ein klares Violett in medialen Menschen.

Frage: Macht dir deine Arbeit immer Spaß?

Antwort: Im Großen und Ganzen ja. Natürlich gibt es Momente, in denen ich mir etwas weniger Intuition wünschte. Es ist eben nicht immer einfach, sämtliche emotionalen Gedanken oder Visionen fremder Menschen wahrzunehmen. Aber natürlich freue ich mich auch darüber, dass ich anderen Menschen auf ihrem Lebensweg helfen kann.

Frage: Kann man dich belügen?

Antwort: Man kann es versuchen. Aber in den meisten Fällen spüre ich, ob eine Person ehrlich ist oder nicht. Nicht unbedingt in der Aura oder in den Farben, sondern schon an der ganzen Persönlichkeit, die mir gegenübersitzt.

Frage: Kannst du sehen, ob oder wann deine Frau dich anlügt oder betrügt?

Antwort: Grundsätzlich sollte eine Beziehung auf Vertrauen aufgebaut sein. Natürlich kommt es vor, dass man sich nicht immer die Wahrheit sagt. Aber kennt man eine Person gut genug, dann spürt oder sieht man genau, ob jemand die Wahrheit sagt oder nicht. Betrug dürfte oder sollte in keiner Ehe vorkommen. Bis jetzt war das bei uns auch nicht der Fall, und ich hoffe, es wird nie passieren.

Frage: Kannst du deine eigene Aura lesen oder deine Zukunft sehen?

Antwort: Vor einem Spiegel kann ich meine Aura sehen, ebenso wenn ich an meinem Körper hinunterschaue. Um meine Zukunft zu sehen, meditiere ich lieber. Ich verbinde mich dabei mit meinem höheren Selbst und bitte über Bilder nach Antworten oder Hinweisen. Das funktioniert eigentlich sehr gut. Gleichzeitig habe ich einige sehr gute und ebenfalls mediale Freunde. Wir tauschen uns untereinander aus. Es ist oft sehr hilfreich, eine externe Rückmeldung zu den eigenen Visionen zu bekommen!

2

Praxis der Intuition und Prophezeiung

Zwischen Prophezeiung und Ideologie

Der mediale Profiler/Berater hofft natürlich immer nur das Beste für seinen Kunden. Mit meinen Analysen versuche ich, meinen Kunden durch das Labyrinth des Alltags zu lotsen. Dabei geht es mir, wie bereits in meinen anderen Büchern beschrieben, nicht nur darum, ihm die Zukunft zu lesen, sondern mögliche Alternativen aufzuzeigen. Die meisten von uns sind freie Wesen mit einem freien Willen, zumindest in der westlichen Gesellschaft. Obwohl dieser freie Wille vorhanden ist, nutzen ihn jedoch nur wenige richtig. Aus zu vielen unterschiedlichen Kanälen, jeder davon hat eigene Interessen, wird uns immer wieder eingetrichtert, wir wären festgelegt auf einen vorbestimmten Weg. Mit einer Aussage legt sich der mediale Analytiker auf eine bestimmte Situation fest. Lese ich die Aura eines Kunden, so gebe ich der Person damit Werkzeuge in die Hand, die ihr helfen sollen, ihren eigenen Lebensweg besser gehen zu können. Leider sind diese Aussagen nicht immer nur positiv.

Mache ich zum Beispiel eine Vorhersage zu einem technischen Problem im Haushalt, das einen großen finanziellen Schaden verursacht, so finde ich das für meinen Kunden nicht unbedingt angenehm. Wir, mein Kunde und ich, versuchen zusammen, den Schaden zu begrenzen oder ganz abzuwenden. Vielleicht glaube ich zu spüren, dass das Problem mit der Heizung zusammenhängt, und schlage vor, frühzeitig einen Techniker zu rufen, um die Heizung zu überprüfen.

In den meisten Fällen trifft das von mir Gesehene auch tatsächlich ein. Erhalte ich Tage oder Wochen später eine E-Mail, dass die Heizung versagt hat und teuer repariert werden musste, so löst das in mir immer gemischte Gefühle aus. Auf der einen Seite tut es mir leid, dass mein Kunde Ärger hatte und viel Geld ausgeben musste. Auf der anderen Seite spüre ich natürlich auch eine gewisse Bestätigung. Schließlich hat sich das von mir Vorhergesehene ergeben. Interessanterweise sind gerade in solchen Situationen auch die Reaktionen meiner Kunden *befriedigend*. Bestimmt nicht wegen des Schadens, sondern weil auch sie sich bestätigt fühlen, dass meine Analysen gut und brauchbar waren.

Ich führe mit meiner Arbeit fast täglich einen Spagat zwischen Prophezeiung und Ideologie aus. Auf der einen Seite hoffe ich natürlich, dass meine Vorhersagen zutreffen. Auf der anderen Seite tut es mir leid, wenn ich sehe, wie meine Kunden oder Menschen, die sich im Umfeld meiner Visionen bewegen, zu Schaden kommen.

Das Beispiel mit der Heizung ist harmlos im Gegensatz zu Situationen, in denen Menschenleben gefährdet sind. Wie bereits erwähnt, mache ich viele Analysen zu politischen Ereignissen. Erstelle ich zum Beispiel eine Vorhersage zu politischen Wahlen oder Umstürzen, so hoffe ich natürlich, dass *mein* Politiker gewinnt. Egal welchen Hintergrund dieser Politiker hat. In den meisten Fällen liege ich mit meinen Vorhersagen richtig. Dennoch fiebere ich jedes Mal mit Leib und Seele mit. Besonders bewegend ist es für mich, wenn meine Analysen irgendwo veröffentlicht werden. Gewinnt *mein* Kandidat oder Kriegsherr, so freue ich mich mit ihm. Das, obwohl wir uns in den meisten Fällen nie begegnet sind. Mir wurde schon öfter mitgeteilt, dass meine Vorhersagen von dem betreffenden Politiker interessiert gelesen wurden.

In einem Fall hat mir einer der betroffenen Politiker schmunzelnd erzählt, dass er vor den Wahlen meine negativen Vorhersagen als Anregung genommen hat. Er wollte mir beweisen, dass er trotz meiner Vorhersage, er würde eine Niederlage erleiden, gewinnen würde. Leider hat es zu guter Letzt doch nicht gereicht für ihn, und er hat verloren. Auch hier zeigt sich mein Spagat. Ich mochte den Menschen als Person und hätte ihm den Posten gegönnt. Auf der anderen Seite war ich froh, dass er nicht gewonnen hat. Ich habe ihm das so mitgeteilt, und wir mussten beide darüber lachen.

Im Fall eines Politikers hat der Ausgang der Situation mehr Gewicht als dies bei einer Heizung der Fall ist. Dennoch ist auch dieser mehr oder weniger harmlos. Schwieriger ist es, sobald es sich um Kriege, Staatsstreiche oder Bürgerkriege handelt. In diesen Fällen werden Menschen vertrieben, gefoltert und getötet.

Schon in Südamerika wurde ich immer wieder in Kriege, vor allem aber in Staatsstreiche involviert. In den meisten Fällen wurde ich von der Presse angefragt, für sie eine Analyse zusammenzustellen. Es kam aber auch vor, dass ich von Politikern oder Militärs gebeten wurde, Vorhersagen zum möglichen Ausgang zu machen, oder es ging um klare Hinweise zu möglichen nächsten Handlungen. Fragen zur Hochkonjunktur und Analysen zu politischen Themen habe ich bereits vor dem offiziellen Beginn des Arabischen Frühlings beantwortet.

Ich werde immer wieder von Journalisten zur Entwicklung von Revolutionen in verschiedenen Ländern befragt.

Meine Analysen sind von Land zu Land unterschiedlich und bis zum heutigen Tag zutreffend. Bei weltbewegenden Ereignissen wie Kriegen oder Naturkatastrophen gibt es keine Möglichkeit zu helfen. Zumindest nicht, um die Ausgänge bestimmter Situationen zu verändern. Anders verhält es sich bei Einzelpersonen oder kleineren Gruppen. Hier können die zusammengestellten medialen Analysen einen Prozess in Gang bringen. Es kann Menschen konkret geholfen werden, um ein Ziel zu erreichen oder Probleme zu bewältigen. Dennoch kommt es auch hier immer wieder einmal zu Spagatsituationen. Vor allem wenn ich in Ländern arbeite, die politisch und wirtschaftlich anders funktionieren als Westeuropa. In solchen Momenten darf und kann ich nicht als westeuropäisch erzogene Person arbeiten, sondern muss mich meiner Umgebung und den Umständen vor Ort anpassen. Ich kann unmöglich für einen südamerikanischen Militär die gleiche Sprache und Seelenführung benutzen wie für einen libanesischen Politiker. Diese zwei Menschen haben nicht nur unterschiedliche Sprachen, sondern unter Umständen sogar gegensätzliche Religionen. Würde ich jetzt mit denselben moralischen oder ethischen Vorstellungen arbeiten, so würde ich sehr schnell an Grenzen stoßen, die unüberwindbar sind.

Arbeite ich mit einem Menschen, so tauche ich durch seine verschiedenen Schichten in seine Seele. Ich sehe mir an, in welchen Umständen diese Seele lebt und worum es im Leben dieses Menschen geht. Ich kombiniere die verschiedenen Aspekte zu einer großen Idee und setze diese mit meinem Klienten um.

Sehr oft kommt es vor, dass ich mich persönlich weder mit der Situation noch mit dem Land identifizieren kann oder mit dem Menschen übereinstimme. In solchen Momenten kommt es wieder zu einem Spagat. Ich muss einen Ausgleich finden zwischen dem, was ich durch meine Arbeit sehe, und meinen persönlichen Idealen oder Vorstellungen.

Ich möchte mir nicht anmaßen, das große Überspiel zu verstehen. Wie bereits beschrieben, glaube ich aus Erfahrung fest daran, dass es einen höheren Plan gibt, den wir nur selten verstehen. Ich bin davon überzeugt, dass viele Menschen mit ihrer Arbeit diesem Plan helfen. Aus tiefster Überzeugung heraus hoffe ich, dass meine Arbeit auch Teil dieses Planes ist.

In den vielen Jahren meiner Tätigkeit konnte ich immer wieder beobachten, wie meine Arbeit Früchte getragen hat, die im eigentlichen Moment der Arbeit nicht absehbar waren. Hätte ich im Moment der Handlung zu viele Fragen gestellt, hätte ich mir und meiner Arbeit nur im Weg gestanden. So bin ich meinem Instinkt gefolgt, habe gearbeitet und vertraut. Rückblickend auf meine letzten dreißig Jahre als medialer Arbeiter, kann ich behaupten, zum größten Teil genau gewusst zu haben, dass meine Arbeit richtig und wahr ist.

Es kam ohne Zweifel auch vor, dass ich mich ertappte, wie ich aus falschen Impulsen heraus handelte. In dem Fall habe ich gestoppt und bin in mich gegangen. Ich habe meditiert, um zu sehen, wo ich falsch lag und was getan werden muss, um wieder auf den richtigen Weg zu kommen.

An einem Punkt meines Lebens habe ich mich in Bolivien ganz klar auf der falschen Seite befunden. Ich habe gegen meine tiefste, innere Überzeugung weitergemacht und habe mich dabei selbst geschämt.

Als ich mich dann endlich zurückzog, war es bereits zu spät. Ich war jung, hatte viel Einfluss und wenig Erfahrung. Über Tage hinweg fühlte ich mich schlecht, betete und bat um Vergebung. Nach vielen Stunden des Meditierens hörte ich klar und deutlich eine Stimme in mir. Ich solle mir, so wurde gesagt, ein Zeichen setzen, um mich immer wieder an diesen Moment zu erinnern und daran, wie wichtig es ist, der inneren Wahrheit zu folgen.

Nach kurzem Suchen stieß ich auf das lateinische Wort für Wahrheit: *Veritas*!

Ich überlegte mir, wo und wie ich mir dieses Mantra am deutlichsten anbringen könnte. Es dauerte nicht lange und ich hatte die Antwort. Veritas musste auf meinen linken Oberarm tätowiert werden. Jeden Morgen beim Waschen, Rasieren oder Zähneputzen sehe ich mir gewollt oder ungewollt auf den Oberarm. Für den Rest meines Lebens erinnere ich mich der Wahrheit, und trete ich einen Schritt zurück, so fängt es auf meinem linken Oberarm leicht an zu kribbeln. Veritas macht sich bemerkbar und zeigt mir den Weg!

Landung am Hindukusch

Ich war etwas nervös, als unser Pilot der Safi Airways in seinem norwegischen Akzent ankündigte, dass wir bald in Kabul landen würden. Es war der 5. April 2010, kurz vor sechs Uhr morgens. Die Stewardessen räumten gerade das Frühstück ab. Nur wenige Stunden zuvor noch hatte ich mit Freunden in Dubai Ostereier gesucht. Wir hatten in einem muslimischen Land das orthodoxe Osterfest gefeiert. Gemütlich saßen wir beisammen und genossen den klaren Sternenhimmel unter dem arabischen Nachthimmel.

Erstaunen, aber auch Unverständnis löste mein Reiseziel überall aus. Warum gerade Afghanistan? Warum nicht Afghanistan?, war meine Antwort. Oft ist es mir zu umständlich zu erklären, wie meine Intuition mich immer wieder an manchmal sehr exotische Orte führt. Nur meinen engen Freunden und Verwandten erzähle ich den jeweiligen Grund meiner Reisen.

In Kabul war ich von einer Kundin und Bekannten eingeladen, im Gästehaus ihrer Firma zu übernachten. Neben dem Besuch dort spürte ich den starken Drang, diese mir bis dahin völlig unbekannte Kultur kennenzulernen. Auch wollte ich erfahren, inwieweit meine Arbeit im modernen Afghanistan Platz hat. Vielleicht, so überlegte ich mir, könnte das Land interessant sein, um in Zukunft dort Seminare zu geben.

In Afghanistan herrscht immer noch ein gnadenloser Krieg. Nahezu täglich liest man in der Weltpresse über Attentate, Kämpfe und entführte Ausländer. Für viele Leute im Westen ist Afghanistan eine Vorstufe zur Hölle, ein Paradies fundamentalistischer Extremisten, die jegliches Aufflammen neuer Ideen im Keim ersticken.

Niemand in meinem Freundes- oder Bekanntenkreis konnte sich vorstellen, dass ich in Afghanistan Menschen antreffen würde, die an moderner Spiritualität interessiert sind. Dass dem so sein würde, davon war ich zutiefst überzeugt. Zum einen, weil ich bereits einige Menschen in Kabul kannte, und zum anderen, weil ich in der Vergangenheit immer wieder die Erfahrung machen konnte, dass selbst an den abgeschiedensten Orten der Welt zumindest einzelne Menschen für moderne Spiritualität aufgeschlossen sind.

Ich wollte in dieses für mich unbekannte Land eintauchen, um an Leib und Seele zu erfahren, wie weit moderne Spiritualität und Medialität in diesem von Krieg und Gewalt zerrissenen Land vorhanden sind. Ich fühlte mich stark geschützt und wusste, dass ich, meiner Intuition folgend, die richtigen Menschen kennenlernen würde.

Als das Flugzeug zum Sinkflug ansetzte, zogen vor meinem inneren Auge die Bilder über den Krieg vorbei, die ich aus der Presse kannte. Ich war gespannt, was mich tatsächlich erwarten würde. Weiße Schneespitzen und riesige Bergketten tauchten unter uns auf, als das Flugzeug durch die Wolken sank, um zur Landung anzusetzen. Die Umgebung erinnerte mich an La Paz in Bolivien. Aus dem Flugzeug sah die Landschaft aus wie die Handfläche eines Hochlandindianers, durch harte Arbeit und trockene Luft von Furchen zerrissen. In diesem Moment gingen mir die wildesten Gedanken durch den Kopf. Was jetzt, so fragte ich mich, wenn unser Flugzeug mit einer Boden-Luft-Rakete beschossen wird? Oder wenn genau in dem Augenblick, an dem ich durch den Zoll muss, ein Selbstmordattentäter sich dort in die Luft sprengt?

Meine Verlegerin, Frau Giger, verstand überhaupt nicht, wie ich nur einen Monat vor meiner Hochzeit diese Reise antreten konnte. Ich kann mir gut vorstellen, dass noch viele andere Menschen in meinem Umfeld ähnliche Gedanken hatten. Meiner Intuition vertrauend, war ich aber davon überzeugt, dass sie mich nicht in wirkliche Gefahr bringen würde.

Das Flugzeug rüttelte leicht hin und her, als wir auf der langen Bahn landeten. Gespannt sah ich aus dem Fenster. Im Hintergrund konnte ich die Häuser der Umgebung erkennen. Wir fuhren die Rollbahn entlang, links und rechts von uns eine unzählbare Flotte von Militärflugzeugen und Helikoptern. Nach den Militärmaschinen kamen die unverkennbaren weißen Helikopter und Flugzeuge der UNO. Ganz zum Schluss die an einer Hand abzählbare Luftflotte der Zivilfluggesellschaften. Es ist doch immer wieder interessant, fuhr es mir durch den Kopf, wie viele Gesichter der Krieg hat.

Ich lebe und arbeite bereits seit dreißig Jahren in Ländern, die immer wieder von Konflikten gekennzeichnet sind. Man könnte meinen, die Bilder wiederholen sich. Aber dem ist nicht so. Ich war von dieser Luftflotte beeindruckt und zugleich fasziniert!

Ich habe ja bereits mehrfach mein Interesse an Geschichte und Politik erwähnt und belegt. Immer wieder zieht es mich in Länder und Regionen, die für die meisten Menschen unattraktiv sind.

In Ländern wie Afghanistan oder dem Libanon findet man viele Menschen, die einen starken Drang zu religionsfreier Spiritualität haben, da sehr oft religiöse Konflikte mitschuldig sind an den Gewalttaten. Die Menschen an diesen Orten sind der Konflikte und damit auch der Religion oft müde und suchen neue Wege. In schwierigen Zeiten ist man viel schneller bereit, Dogmen niederzureißen. Man sucht neue Wege, neue Ideen, um dem Leben einen klaren Sinn zu geben.

Daher gibt es oft ein großes Interesse an meiner Arbeit. Leider sind nur sehr wenige bereit, dieser Nachfrage Folge zu leisten, um helfen zu können und den Hunger des Wissens zu stillen. Öffne ich in einem westlichen Land Zeitschriften oder Broschüren mit spirituellen Berichten und Aktivitäten, so finde ich eine breite Palette an Angeboten. Manchmal so viele, dass man vor lauter Bäumen den Wald nicht mehr sehen kann. Ganz anders ist es in Städten wie Kabul oder Beirut.

In vielen Ländern aber, die ich besuchte und in denen ich mit meinen Seminaren oder Beratungen auf Menschen zuging, war ich einer der wenigen, und in Kabul, so wurde mir gesagt, sogar der erste Ausländer, der offen das Thema recherchierte. Einzelne Ausländer würden in geschlossenen Botschaftsfestungen für ausländische Militärtruppen oder innerhalb der UNO Yoga anbieten.

Vor meinem Abflug nach Afghanistan hatte ich mich gut vorbereitet. Ich las Bücher über das Land und suchte im Internet Artikel über das alte und das moderne Kabul. Ich stellte über das Internet Kontakte mit Menschen in Kabul her, um sozusagen aus erster Hand zu hören, wie das Leben dort ist. Die Rückmeldungen meiner Kontaktpersonen in Kabul waren eher ernüchternd. Man wusste nichts von Angeboten an Meditationskursen oder Vorträgen. Ich konnte den E-Mails entnehmen, dass viele Menschen Angst hatten, sich zu öffnen, weil man sich vor Repressalien gewisser Regierungsstellen oder der Religion fürchtete. Dennoch war ich überzeugt, auf interessierte Menschen zu stoßen.

Die Stewardessen öffneten die Türen des Flugzeuges, unser Pilot verabschiedete sich mit seinem sympathischen norwegischen Akzent von uns und bedankte sich, dass wir seine Fluggesellschaft ausgewählt hatten. Langsam stieg ich die Gangway hinunter und ging in Richtung Flughafengebäude. Ich war erstaunt, wie schnell ich durch Immigration und Zoll kam. Am Ausgang würde, so wurde mir versichert, ein Fahrer mit meinem Namensschild warten. Es standen nur sehr wenige Leute dort. Einige Afghanen und drei oder vier weiße Männer. Die meisten waren in Zivil, mit ihren breiten und muskulösen Körpern leicht als Söldner oder Sicherheitspersonal zu erkennen. Ein Soldat in amerikanischer Uniform beobachtete, wie ich mich suchend umsah. Mein Fahrer war nicht hier. Der Soldat fragte, ob ich Hilfe bräuchte. Ich schüttelte den Kopf.

Das fängt ja gut an, fuhr es mir durch den Kopf. Etwas Angst machte sich in meinem Brustkorb breit. Ich schloss langsam meine Augen, um meine Intuition nach der Situation abzufragen. Unsicherheiten und Ängste sind Erzfeinde unserer Intuition. Wie oft schon waren wir auf dem richtigen Weg, ließen uns aber durch Ängste verblenden und drehten kurz vor dem nächsten erfolgreichen Etappenende um. Mein inneres Orakel zeigte mir grünes Licht! Ein gutes Zeichen! Ich war erleichtert. Im vorliegenden Buch habe ich genau erklärt, wie das innere Orakel angezapft werden kann und wie man um Hilfe bittet (➛ Seiten 50 ff., 144, 239 ff., 295 ff.).

Ich öffnete meine Augen und stellte mich entspannt in den Schatten. Tatsächlich tauchte nach wenigen Minuten ein junger Mann auf. In der Hand hielt er ein Schild mit meinem Namen. Er sei im Verkehr aufgehalten worden, entschuldigte er sich.

Für die ersten Nächte hatte ich mir in einem Hotel im Zentrum von Kabul ein Zimmer reserviert. Das Gästehaus meiner Kundin war in einem Außenquartier der Stadt, und ich wollte die Möglichkeit haben, die Stadt aus verschiedenen Perspektiven kennenzulernen. Außerdem erhoffte ich mir im Hotel die Bekanntschaft anderer Ausländer, die mir bei meinen Recherchen behilflich sein könnten. Ich sehe einen Teil meiner Aufgabe darin, immer wieder geistige Grenzen zu sprengen. Durch meine vielen Reisen treffe ich Leute aus unterschiedlichen Kulturen, mit unterschiedlichen Religionen und gegensätzlichen Denkmustern. Einer meiner Geistführer ist von Sirius und heißt »The Embassador«, der Botschafter. Für mich ist er einer der Botschafter zur geistigen Welt. Gleichzeitig regt er mich dazu an, als Botschafter zwischen Kulturen und spirituellen Ideen zu agieren.

Mein Fahrer sprach etwas Englisch und beantwortete mir in gebrochenen Sätzen, so gut er konnte, meine Fragen zu Land, Kultur und Kabul. Ich war fasziniert! Über der Stadt lag eine Aura, die so angespannt war wie die Saite einer Gitarre. Man sah überall Menschen, die ihren Alltag lebten, und man hatte das Gefühl, an einem normalen Ort zu sein. Dass dem nicht so war, zeigten die an jeder Straßenecke oder Kreuzung stehenden Soldaten. Kabul, so war mir schnell klar, ist eine Festung.

Ich war beruhigt, als mein Fahrer mir zu verstehen gab, dass wir beim Hotel angekommen seien. Erstaunt sah ich mich um, ich entdeckte weder ein Schild noch einen Schriftzug am Gebäude, das mein Hotel sein sollte. Später wurde mir erklärt, dass Hotels, in denen ausschließlich Ausländer absteigen, aus Sicherheitsgründen keine Schilder oder Schriftzüge mit dem Hotelnamen tragen.

Am Eingang war ein Schlagbaum, drei schwer bewaffnete Wachen standen daneben. Wir mussten uns identifizieren und wurden durch die Eingangsschleuse gebracht. Ein Tor öffnete sich vor uns, wir fuhren hinein und mussten warten. Das Tor schloss sich, und erst als dieses ganz zu war, öffnete sich das zweite Tor. Weitere, schwer bewaffnete Wachen grüßten uns. Welcome to Kabul!

Ich checkte ein und ging in mein Zimmer. Langsam setzte ich mich auf mein Bett. Erst jetzt merkte ich, wie nervös ich war. Ich wollte mich entspannen und schloss meine Augen. Tief ein- und ausatmend beruhigte ich mich und fing an zu meditieren. Das Rattern eines Helikopters durchbrach die Stille meiner Meditation. Ich öffnete die Augen und sah aus dem Fenster. Tief über den Dächern drehte ein Militärhelikopter seine Kreise. Der Krieg, so lernte ich in den nächsten drei Wochen immer wieder, lässt einen nie in Ruhe. Ich rief zwei meiner Kontaktpersonen an, um ihnen mitzuteilen, dass ich gut angekommen sei. Am Nachmittag setzte ich mich in den Hotelgarten und überlegte mir einen Vorgehensplan für die kommenden Tage.

Kabul

Ich brauchte mehrere Tage, um mich an die Stimmung in Kabul zu gewöhnen. Das Hotel zu Fuß zu verlassen, war wegen der Gefahr, entführt zu werden, nicht empfehlenswert. Für Ausländer gab es spezielle Taxis, die sehr viel teurer, dafür aber auch sicherer waren, und die Chance, dass man am Zielort ankam, war um einiges höher als mit einem normalen Taxi.

Der Krieg war allgegenwärtig. Obwohl ich in den drei Wochen in Kabul keinen einzigen Schuss hörte, konnte man die politische Situation nicht einfach beiseiteschieben. Im Hotel trafen sich die Ausländer, und wir therapierten uns gegenseitig, um das Erlebte zu verarbeiten. Ich organisierte so viele Besprechungen wie möglich, um mich abzulenken. Einfach so die Stadt zu genießen und zu flanieren war nicht möglich. Dass Kabul hervorragend geeignet ist, um einzukaufen, erfuhr ich erst in der letzten Woche meines Aufenthaltes in Afghanistan.

Neben einigen beruflichen Besprechungen wollte ich erfahren, ob Medialität und Meditationen, wie wir sie im Westen praktizieren, möglich sind. Ich konnte mir auch vorstellen, in Kabul künftig Seminare zu geben. Ich erfuhr, dass es bereits Modelschulen und Beauty-Zentren um die afghanische Version von »Deutschland sucht den Superstar« gibt. Warum also nicht ein Meditationsseminar geben?

Bei jedem Treffen hatte ich ein wenig das Gefühl, in einem Agentenfilm zu sein. Wir trafen uns in Cafés oder Restaurants, natürlich erst, nachdem wir die überaus strengen Sicherheitsvorkehrungen passiert hatten. Während des Gesprächs sah mein Gegenüber häufig über die Schulter, um sicher zu sein, dass niemand zuhören würde. Man hatte Angst, dabei ertappt zu werden, wie man über etwas Spirituelles spricht, was nicht islamisch geprägt ist. Ob ich mir überhaupt bewusst sei, so hörte ich immer wieder, wie gefährlich es sei, in einem Land wie Afghanistan über solche Themen zu sprechen? Natürlich hatte ich mir bereits lange vor der Reise Gedanken darüber gemacht. Wie so oft in meinem Leben, bin ich aber meiner Intuition und meinem Motto »Wer nicht wagt, der nicht gewinnt« gefolgt.

Schnell merkte ich, dass es in Kabul keine Institution und kein Zentrum gab, in dem Meditationskurse angeboten wurden. Auf der anderen Seite erlebte ich, wie offen und interessiert die meisten Menschen waren, mit denen ich sprach. Nicht wenige lasen Bücher über Spiritualität und Meditation. Interessanterweise kamen die meisten dieser Bücher aus dem Iran. Das lag daran, dass junge Leute kaum Englisch sprechen. Die in der Literatur am stärksten vertretene ausländische Sprache ist Farsi. Afghanistan hat zwei Landessprachen: Paschtu und Dari, mit dem iranischen Farsi fast identisch. Ich kannte den Iran und war daher nicht erstaunt, als man mir erzählte, wie stark der Einfluss von Iran sogar auf spirituelle Themen war.

Nach wenigen Tagen lernte ich eine Afghanin kennen, die lange Zeit in England gelebt hatte. Sie lud mich mehrmals zu sich nach Hause ein. Sie wusste, warum ich in Kabul war, und stellte mir immer wieder Menschen vor, die für meine Arbeit interessant sein könnten. Wir meditierten mehrmals bei ihr und sprachen sehr viel über Spiritualität, Meditationen und Medialität.

In Afghanistan war der Buddhismus sehr lange die wichtigste Religion. Der Islam eroberte Afghanistan erst später. Als Alternative zur Staatsreligion studiert vor allem die gebildete Oberschicht die Lehren Zarathustras. Nach dem Sturz des Königs sind damals viele aristokratische Familien ins Ausland geflohen, und nach dem Einmarsch der westlichen Verbündeten sind nicht wenige von ihnen wieder zurückgekehrt. Sie hoffen jetzt, ehemalige Besitztümer wieder zurückzubekommen. Die jüngere Generation dieser alten Familien bringt natürlich auch sogenannte New-Age-Ideen mit nach Kabul. Vor allem diese Menschen wussten über Meditationen und Medialität Bescheid und praktizierten sie sogar hinter verschlossenen Türen.

Für den etwas einfacheren Menschen gibt es außerhalb der Stadt den Dorfschamanen. Dieser legt Karten oder liest aus dem Kaffeesatz. Leider hatte ich nicht die Möglichkeit, einen solchen Schamanen zu besuchen. Dies sei zu gefährlich, wurde mir gesagt.

Leider sind auch mehrere Versuche, eine Person im Kulturministerium zu treffen, im Sande verlaufen. Gern hätte ich eine offizielle Stellungnahme zu meinen Untersuchungen bekommen.

Ich besprach mit meinen Kontakten die Möglichkeit, ein Seminar in Kabul zu organisieren. Ich sagte, dass ich gern wiederkäme, sollte sich eine Gruppe zusammenfinden. Leider ist die politische Lage aber immer noch so schlecht, dass viele junge Afghanen dem Land den Rücken kehren.

Trotz der ganzen Schwierigkeiten war meine Zeit in Afghanistan sehr erfolgreich. Ich habe viel gelernt und vielleicht auch den einen oder anderen Samen legen können. Kommt der Tag, an dem Afghanistan ruhiger und entspannter wird, so werde ich einen neuen Versuch wagen und meine Kontakte in Kabul auffrischen. Wir werden ein Seminar organisieren und vielen Menschen helfen. Man darf nie vergessen, dass überall Menschen leben, die in Frieden und kulturellem Austausch existieren möchten!

Leider herrscht in Afghanistan Krieg, und es gibt viele Bauern und einfache Stadtleute, die durch die westliche Einmischung alles verloren haben und wütend auf den Westen sind. Es ist ebenfalls verständlich, dass diese Menschen sich gegen den fremden Eindringling wehren. Um diesen Krieg zu rechtfertigen und der Bevölkerung in Europa oder den USA den Kampf gegen das Böse zu »verkaufen«, stempeln wir diese Widerstandsbewegungen als Taliban ab.

Ich sprach mit mehreren Leuten, die westliche Soldaten als Terroristen beschimpften. Ich kannte es aus Südamerika und dem Nahen Osten, dass die Menschen in den USA als Terroristen beschimpft werden. Neu war aber für mich, dass Länder wie Deutschland ebenfalls als Terroristenstaaten bezeichnet werden. Deutschland hat nicht nur Soldaten in diesem Krieg verloren, sondern auch seine Unschuld als guter Staat des Rechtes. Der Krieg in Afghanistan ist keiner, bei dem es um Gut gegen Böse oder Recht gegen Unrecht geht. Der Krieg in Afghanistan ist ein Expansionskrieg, ein Krieg der Bodenschätze und der politischen Vormacht.

Meine Augen wurden mir auf schmerzhafte Weise vor allem durch Gespräche mit dem einfachen Bürger geöffnet.

Es schockierte mich und beschämte mich zugleich, zu erkennen, wie die Politik uns doch immer wieder belügt und manipuliert. Ich lernte eine ganz wichtige Lektion: Vertraue nie den Medienberichten. Sie zeigen höchstens, was passiert, aber nie warum. Der kleine Soldat, der im Krieg stirbt oder verkrüppelt wird, opfert sich aus ganz anderen Gründen, als er eigentlich glaubt. Er ist eine Schachfigur in einem großen und komplexen Spiel. In Afghanistan hatte ich die Möglichkeit, einige größere Spieler kennenzulernen. Wie schon in Südamerika erhielt ich Einblick hinter verschlossene Mauern und lernte schmutzige Einzelheiten in einem schmutzigen Krieg. Es ist nicht die Rhetorik korrupter Politiker oder Geschäftsleute, die uns als Wegweiser dienen sollte. Nein, das leise Wispern unserer Intuition ist es. Die stummen Bilder unserer Träume zeigen uns den richtigen Weg, den unsere Seele gehen möchte, um ihre Aufgabe in diesem Leben zu erfüllen.

Der Löwe von Panjshir

In meiner letzten Afghanistanwoche wurde ich von Freunden eingeladen, ein wenig mit ihnen übers Land zu fahren. Obwohl Entführungen von Ausländern durch Banditenbanden an der Tagesordnung lagen, fühlte ich mich sicher. Meine Bekannten waren fast ausnahmslos ehemalige Militärs, teilweise sogar aus Eliteeinheiten. Daher fühlte ich mich bei ihnen bestens aufgehoben.

Einer der Ausflüge führte uns in die weitere Umgebung Kabuls. Wir fuhren nördlich an der berühmt-berüchtigten Bagram Air Base vorbei. Innerhalb der amerikanischen Armee auch *Bagram Airfield* genannt. Sie ist das Hauptquartier der US-Streitkräfte im Land. Die Basis war im sowjetisch-afghanischen Krieg ein wichtiger sowjetischer Luftwaffenstützpunkt und hatte zu der Zeit einen ähnlichen Ruf wie Guantanamo Bay. Auch hier wurden Personen ohne Anklage festgehalten und gefoltert. Schwer bewaffnete Humvee-Kolonnen der US-Armee kreuzten immer wieder unseren Weg. Große Kampfhelikopter zogen am Himmel wie riesige Hummeln vorbei. Interessanterweise war es in einem Dorf ganz in der Nähe dieser Basis, in der wir die beschriebenen Taliban sahen (➤ Seite 222 ff.).

Im Gegensatz zur rauen und kargen Wirklichkeit des Krieges fällt die saftige und lebendige Natur angenehm ins Auge. Grüne Felder und Bäume zogen links und rechts an uns vorbei. Auf beiden Seiten begleiteten uns am Horizont eindrucksvolle Berglandschaften. Die Gegend erinnerte mich stark an die Bergwelt nördlich von Teheran; Iran und Afghanistan, beide Länder, sind bei uns im Westen verrufen und seit Jahrzehnten durch politische Krisen in Konflikte oder Kriege verwickelt. Wie schön könnten diese Länder und ihre Kulturen im Frieden sein, wie reichhaltig ihr Wissen und wie einladend das Lächeln auf den Gesichtern dieser Menschen!

Unser Ausflug führte uns in das berühmte Panjshir-Tal, das ungefähr hundertfünfzig Kilometer nördlich von Kabul liegt. Eine enge Straße brachte uns in das tiefe Tal. Links und rechts des Weges liegen wie schlafende Riesen aus einer vergangenen Zeit russische Panzer und Artilleriegeschütze.

Damals versuchte die russische Armee, in mehreren Angriffen das Tal unter Kontrolle zu bekommen. Aber immer wieder wurden sie von afghanischen Freiheitskämpfern, den Mudschahidin, zurückgeschlagen. Heute spürt man vom Krieg nicht viel. Es scheint sogar, als befände man sich in einem Land ohne Elend und Gewalt. Einzig die Spuren der Vergangenheit erinnern uns an die unruhigen Zeiten.

Trotz der guten Begleitung und der Tatsache, dass die Gegend sicher war, fühlte ich immer wieder in mir nach, ob alles in Ordnung sei. Bei einer dieser kurzen Meditationen durch die atemberaubende Schönheit der Natur nahm ich plötzlich etwas wahr, was ich nicht sofort einordnen konnte. Ich spürte, so schien es mir, ein Geistwesen um mich. Ich blickte um mich und erkannte – nichts. Vielleicht habe ich mich, so fuhr es mir durch den Kopf, nur getäuscht. Wenige Minuten später jedoch spürte ich es erneut. Diesmal konnte ich ganz klar die Präsenz eines Mannes spüren. Überflüssig zu erwähnen, dass es sich dabei nicht um einen unserer Begleiter handelte. Der Mann, oder besser gesagt sein Geist, war nicht sichtbar. Ich sah mich um. Links und rechts von uns lag eine karge Bergwelt, rechts, etwas unterhalb von uns, hörte ich das Murmeln eines Baches. Auf einmal hatte ich einen Druck auf der Brust, und ich sah direkt vor mir das Gesicht eines Mannes. Er hatte einen für diese Gegend typischen Panjshir-Hut auf. Sein Gesicht war knochig und strahlte eine unglaubliche Energie aus.

Ich wusste erst nicht, wie ich reagieren sollte. Ich konnte unmöglich meinen Begleitern erzählen, dass ich das Gesicht eines fremden Mannes vor mir im Auto sah. Ich hätte ihnen erklären müssen, dass dieser Mann nur kurz vorbeikam, um uns zu grüßen. So wagemutig dieser Ausflug auch war, viel wagemutiger wäre es gewesen, ihnen jetzt meine Vision mitzuteilen. Vermutlich hätten mich meine Gefährten verängstigt stehen lassen und wären allein weitergefahren. Bis zum nächsten US-Stützpunkt war es noch ziemlich weit gewesen, und als weiterer vermisster Ausländer wollte ich auf keinen Fall in der internationalen Presse Berühmtheit erlangen. Ich schwieg daher.

Nur wenige Minuten später erklärte mir unser Fahrer, dass wir in Kürze die Grabanlage von Ahmad Schah Massoud erreichen würden. Massoud ist in Afghanistan ein Volksheld. Im Kampf gegen die Russen wurde er zu einer lebenden Legende. In dieser Zeit bekam er den Namen »Löwe von Panjshir«. Nach dem Krieg gegen die Russen wurde er Politiker und im Kampf gegen die Taliban ein treuer Verbündeter der westlichen Mächte. Im September 2001 wurde er vermutlich von Al-Qaida-Kämpfern ermordet und 2002 für den Friedensnobelpreis nominiert.

Das Grabmal befindet sich links von der Straße. Kurz nach einer Kurve muss man links abbiegen und einen staubigen Weg hoch fahren. Ich sah ein großes Bild in der Nähe des Grabmales und konnte es zuerst nicht glauben. Der Mann auf dem Bild war der Geist, der uns im Auto besucht hatte und kein Geringerer als Ahmad Schah Massoud!

Es ist keine Seltenheit, dass Geister bei ihren Grabstätten ruhen, um diese zu beschützen. Dennoch war ich überrascht, Massoud zu sehen. Ich hätte es nicht für möglich gehalten, dass eine Persönlichkeit wie er als Geist bei seiner Stätte weilt.

Als wir ausstiegen, sah ich mich um. Ich suchte Massoud, konnte ihn aber nicht mehr sehen. Wir gingen in die Grabstätte und versanken in Andacht für den Verstorbenen. Ohne Zweifel geht eine besonders starke Energie von diesem Ort aus. Für viele Afghanen ist Massoud so etwas wie ein Heiliger, weit mehr als ein ordinärer Nationalheld. Er wird von vielen als Che Guevara Afghanistans verehrt.

Erst viel später wurde mir erzählt, dass Massoud nicht nur Krieger und Politiker war, sondern auch ein starker Mystiker. Er hatte immer ein Buch des sufischen Mystikers Al-Ghazali bei sich. Mit dieser Information schloss sich für mich ein weiterer Kreis. Seine Seele hatte sich bereits während des Lebens, umgeben von Gewalt und Krieg, stark mit mystischen Lehren auseinandergesetzt. Er wusste um die Kraft der Seele im Menschen. Ohne Zweifel ist das einer der Gründe für seinen Erfolg, der ihm schon zu Lebzeiten die Aura eines Heiligen gab!

Nach drei Wochen neigte sich meine Reise dem Ende zu. Ich war schon etwas erleichtert und freute mich auf meine

Abreise. Vom Parkplatz des Flughafens bis zum Schalter gab es nahezu alle zehn Meter eine Kontrolle. Als ich auf meinen Flug wartete, visualisierte ich die wichtigsten Erfahrungen dieser Reise. Dazu gehört wohl die Erkenntnis, dass selbst an den dunkelsten Orten dieser Welt immer wieder irgendwo eine lichtvolle Seele zu finden ist. Das zeigt doch, wie wichtig es ist, nie die Hoffnung aufzugeben. Ich sah einmal mehr, dass – egal wo man ist – irgendwo immer ein Mensch wartet, der noch nicht vergessen hat, was menschlich sein bedeutet.

Mediale Söldner

Entgegen vielen esoterischen oder philosophischen Vorstellungen sind Medialität und ihre Kraft frei von moralischen oder ethischen Wertvorstellungen oder Gesetzen. Kein übermächtiger Gott macht sich Notizen, um karmische Schuld aufzubürden, kein Geistführer oder Schutzengel hat die Kraft, einer medial veranlagten Person die sensitive Veranlagung zu nehmen.

Intuitive Kräfte sind angeboren wie künstlerische oder intellektuelle Fähigkeiten, und kein Mensch käme auf die Idee, einem Künstler vorwerfen zu wollen, wie er seine Kunst ausleben müsse, damit ihm die Kreativität nicht genommen werde. Die Wertung, was gute oder böse Medialität sei, ist genauso menschlich wie sämtliche Religionen, die wir erschaffen haben. Göttlich ist ohne Zweifel die Kraft der Intuition, genauso wie Kunst, Wissenschaften oder Kriegskunst. Göttlich sein hat nichts mit Moral oder Ethik zu tun, sondern nur mit dessen Ursprung.

Entdeckt oder spürt ein Suchender die Kraft der Medialität in sich, so geht es im ersten Schritt darum, diese Kraft zu identifizieren. Man muss spüren, in welchen Zellen der Seele sich die Intuition verbirgt und was sie benötigt, um sich auszudrücken.

Im nächsten Schritt geht es dann darum, dass man lernt, wie diese Kraft einzusetzen ist. An diesem Punkt hat der Schüler die Möglichkeit, sich nach einem Lehrer umzusehen. Dieser Lehrer kann ein Mensch sein oder auch ein Lichtwesen. Es gibt unzählige Schulen, um die Kunst der Medialität zu erlernen. Die meisten beanspruchen für sich das Recht auf Wahrheit. Bereits innerhalb sich stark gleichender Schulen gibt es oft gegenseitigen Neid.

Schon bald merkt der Schüler, dass es unter medialen Menschen genauso menschelt wie überall. Daher ist es empfehlenswert, sich nicht nur auf menschliche oder geistige Führer zu beschränken. Ein gesunder Ausgleich kann hilfreich sein, um nicht zu einseitig unterrichtet zu werden.

Der für alles offene Schüler erkennt sehr bald, dass Medialität sich nicht so einfach schematisieren lässt, wie sich das viele vorstellen. Ein Meister aus dem bolivianischen Hochland hat eine ganz andere Wertvorstellung als ein europäischer Heiler. Der mediale Mullah im Iran urteilt anders als der afrikanische Schamane. Lässt der Schüler erst einmal die Angst hinter sich, er könne bei falschem Benehmen bestraft werden, so erkennt er die wirkliche Kraft, die ihm gegeben wurde. Unbestreitbar hat jede Schule ihre eigenen Wertvorstellungen und Regeln. Aber fühlt sich ein Schüler nicht mehr wohl, so hat er die Freiheit, sich eine neue Schule zu suchen, die besser zu seiner Einstellung passt.

In vielen Fällen hat ein Lehrmeister keine Freude daran, wenn man seinen Weg verlässt. Oft hat das auch nichts mit der moralischen Wertvorstellung des Lehrers zu tun, sondern allein mit der Tatsache, dass er wieder einen Schüler verliert. Versucht der Lehrer aber, mit moralischer Erpressung ein schlechtes Gewissen zu machen, so ist das höchstens ein Zeichen seiner Schwäche. Trotz eventueller persönlicher Unsicherheit vor dem neuen Weg sollte der Schüler sich diese Wahl offenhalten. Kein Gott oder kein

Wesen hat das Recht, dem Schüler die Kraft zu nehmen. Wer das behauptet, versucht sich selbst oder andere vor der uneingeschränkten Freiheit zu schützen.

Im Tarot ist die letzte Karte der Narr. Narrenfreiheit ist es, die den wahren Schüler der Lebenskunst erwartet – unabhängig davon, ob in Kunst, Medialität oder Wissenschaft. Ein Genie oder Erleuchteter wird man nicht nur durch sein einzigartiges Wissen, sondern durch die Freiheit, man selbst zu sein. Passt der Lehrmeister nicht mehr, so kehrt man ihm ganz einfach den Rücken zu. Man sucht sich einen, der die eigenen Wertvorstellungen vertritt und auslebt. Egal ob ein Meister Mensch oder Lichtwesen ist. Für sämtliche Vorstellungen und Einstellungen gibt es Lehrmeister. Es ist auch kein Zeichen des Widerspruches, die eigene Ansicht zu ändern. Im Gegenteil, die Seele verändert sich wie die Bäume in den Jahreszeiten. Wir müssen uns nicht schämen, morgen anders zu denken als heute. Nur wer geistig tot ist, entwickelt sich nicht weiter und bleibt das ganze Leben lang an denselben Vorstellungen hängen.

Als medial begabter Mensch hat man nach einer Grundausbildung seiner Kräfte verschiedene Möglichkeiten, nach neuen Wegen Ausschau zu halten. Man bietet seine Dienste entweder jenen an, die der eigenen Wertvorstellung am meisten entsprechen oder die am besten zahlen.

Fälschlicherweise kursiert in esoterischen Kreisen das Gerücht, dass man Medialität nur zum Guten des Menschen einsetzen darf. Diese Vorstellung ist bestimmt sehr schön, aber auch sehr falsch. Wird ein medialer Mensch vom Schüler zum Meister (oder Krieger), so stehen ihm sämtliche Türen dieser und anderer Welten offen, um seine

Kunst einzusetzen. Tausende medial begabte Menschen reisen tagtäglich um die Welt, um ihre Dienste anzubieten. Die einen nennen sich Heiler, andere Schamanen, mediale Berater oder Kartenleger. Wieder andere bieten ihre Dienste als politische Berater oder Lebenscoaches an. Und etliche arbeiten für Drogenbarone, Diktatoren, korrupte Politiker oder geldhungrige CEOs multinationaler Konzerne. Medialen Söldnern gleich streichen und ziehen sie von Land zu Land, um zu helfen, zu zerstören, zu heilen oder zu töten.

In meiner Laufbahn als medialer Berater manchmal etwas zwielichtiger Politiker traf ich oft auf höchster Ebene auf politische Berater, die wie ich medial beraten. Sie würden sich aber nie mediale Berater nennen (und werden daher meistens ernster genommen und besser bezahlt). In teuren Anzügen reisen sie von Land zu Land, um Kandidaten für Präsidentschaftswahlen vorzubereiten. Sitzen wir abends zusammen, essen und trinken gemütlich, so öffnen sie plötzlich ihre Seelen und erzählen ihre Geheimnisse. Einige sehen Auren, andere sprechen mit Geistführern aus anderen Welten oder verlassen sich ganz einfach zu hundert Prozent auf ihre Intuition. In Bolivien hatte ich eine Begegnung mit einer politischen Beraterin, die erzählte, dass die Reden, die sie für Kandidaten vorbereitet, von ihren Geistführern durchgechannelt werden. Ähnliches kennen wir von berühmten Komponisten, die ebenfalls von Lichtwesen erzählen, die sie beim Komponieren begleiten.

Ich möchte behaupten, dass die meisten der einflussreichen Politiker oder Wirtschaftsführer intuitive oder mediale Berater zur Seite hatten oder haben. Man erkennt diese Berater nicht daran, dass sie lange schwarze Haare und einen Totenkopfanhänger auf der Brust tragen. Im Gegenteil, die meisten sind ganz normal gekleidet, haben Familie und leben ein gutbürgerliches Leben. Manchmal trifft man sie auch in Ashrams in Indien oder in Meditationsseminaren.

Spezielle Situationen wie Konflikte verlangen oft spezielle Handlungen. Nicht die ganze Welt lebt nach europäischen Wertvorstellungen. In der Entwicklungshilfe erkennen wir langsam, aber sicher, dass unsere arrogante Einstellung, die Welt retten zu müssen, in den meisten Fällen zum eigentlichen Unglück im Entwicklungsland geführt hat. Es wird Zeit, dass wir in der modernen Spiritualität diese Erkenntnis ebenfalls zulassen.

Enttäuschung

Ich war immer an Geschichte, Kulturen und religiösen oder spirituellen Ideen interessiert. Als kleiner Junge faszinierte mich die griechische und römische Götterwelt. In meiner Fantasie reiste ich zum Olymp, um Zeus und dessen Gefolge zu besuchen. Ich liebte es, durch alte Klöster und Schlösser zu streichen, und stellte mir vor, wie damals gelebt und gewaltet wurde.

Kurz nach meiner Pubertät fing ich an, mich bewusst für Spiritualität zu interessieren. Ich las Bücher über verschiedenste Philosophien, Religionen und Lebenseinstellungen. Ich spürte in mir sehr stark den Drang, mehr über diese für mich so faszinierenden Themen zu lernen.

Kurz nach meinem zwanzigsten Lebensjahr folgte ich dem Ruf meines Schutzengels, nach Indien zu reisen, um mehr über Meditation und Medialität zu lernen. Für mich war damals klar, dass ich den Rest meines Lebens in einem Ashram oder einer spirituellen Kommune verbringen wollte. Als ich meinen Rucksack packte, um die Reise anzutreten, zogen unendliche Filme über das, was mich wohl erwarten würde, durch meinen Kopf. Ich war sehr gespannt!

Wie schön muss es sein, so dachte ich, von spirituellen Menschen umgeben zu sein, die nur das Beste füreinander wollen. Kein Streit, keine Auseinandersetzung oder andere, den menschlichen Makel widerspiegelnde Ausdrucksformen.

Mein erster Bestimmungsort war der Ashram von Sai Baba. Ich wählte diesen Ort, weil ich Visionen über Sai Baba hatte. Im Ashram angekommen, hatte ich gleich das Gefühl, endlich den Ort gefunden zu haben, an dem ich den Rest meines Lebens verbringen wollte. Ich traf Menschen aus der ganzen Welt, konnte mich in verschiedensten Sprachen ausdrücken und lernte viel über Meditation und Medialität. Alles schien perfekt. Es dauerte aber nicht lange und meine Illusion, den heilen Ort gefunden zu haben, bröckelte ab wie die Farbe an den Wänden eines vor sich hin modernden Hauses. Es fing damit an, dass die Helfer im Ashram, auch Ashram-Gestapo genannt, mir immer wieder verbieten wollten, mit Mädchen im Ashram zu sprechen. Das, so wurde uns erzählt, sei zu unserem Wohl, da wir uns vom anderen Geschlecht nur ablenken ließen.

Mein Einwand, dass wir doch von Gott geschaffen wurden, um miteinander umzugehen und voneinander zu lernen, wurde forsch abgewiesen. Wie so oft bei religiösen Fanatikern oder Machtmenschen, wurde keine logische Erklärung für ihr Handeln gegeben. Es war einfach so, und damit musste man sich abfinden. Um mich vom Ego Einzelner nicht beeinflussen zu lassen, konzentrierte ich mich auf die Lehren Sai Babas. Ohne Zweifel sind diese eine sehr gute Brücke, um das Ufer der Selbsterfahrung zu erreichen. Dort lernte ich den Führer einer südamerikanischen Sai-Baba-Gruppe kennen. Sein Wissen und sein Charisma faszinierten mich sofort. Eines Tages erzählte er mir, wie in seinem Land die einzelnen Führer der Sai-Baba-Meditationszentren junge Anhängerinnen zum Sex austauschten. Diese seien, wie er mir erzählte, einfach zu begeistern und immer sehr willig. Ganze Farbstreifen rissen von meiner Wand herunter …

Ich lernte auch eine junge deutsche Frau kennen. Obwohl es ja nicht wirklich erlaubt war, sprachen wir miteinander. Wir waren beide dem Ashram gegenüber sehr kritisch eingestellt und daher froh, mit jemandem darüber reden zu können. Nie zweifelte ich an Sai Baba selbst und seinen Lehren. Diese waren und sind für mich sehr wertvolle Schriften. Dennoch war meine Enttäuschung sehr groß. Im Ashram roch es nicht nur menschlich, es moderte und stank bis in die höchsten Gefilde.

Schon sehr bald merkte ich, dass mit der jungen Frau etwas nicht in Ordnung war. Ihre Pupillen flatterten stark, und ihre Bewegungen waren nervös. Auch erzählte sie mir von einer Stimme in ihrem Kopf, die ihr immer wieder sagte, dass Sai Baba der Teufel sei. Sie gestand mir, dass sie ihren Pass und sämtliches Geld verbrannt hatte. Gott, so war sie überzeugt, kümmere sich jetzt um sie.

Eines Tages, ich meditierte bei Sai Babas täglichem Vortrag, spürte ich plötzlich den Drang, meine Augen zu öffnen. Ich sah mich um und konnte gerade noch erkennen, wie meine deutsche Bekannte von Sai Babas Leibwächtern davongetragen wurde. Verwirrt sah ich mich um und fragte den Mann neben mir, was passiert sei. Es herrschte eine große Unruhe auf der Frauenseite, Köpfe bewegten sich hin und her wie die Blätter an einem Baum.

Diese Verrückte, so stotterte mein Sitznachbar nervös, habe eben versucht, Sai Baba anzugreifen. Die anwesenden Leibwächter erkannten die Gefahr und schnappten sich die Attentäterin, noch bevor sie wirklich gefährlich werden konnte. Ich wollte sehen, ob ich der Frau helfen könnte. Da ich ihre Situation kannte, hatte ich das Gefühl, dass sie Unterstützung brauchte.

Außerhalb des Tempels fand ich eine Traube von Menschen. In ihrem Zentrum einen Tisch und am Tisch die Frau, zwei Polizisten und einige Personen, die im Ashram arbeiteten. Ich kämpfte mich durch die Menschenmenge zu dem Grüppchen vor und setzte mich neben die Frau. Sie sah mich erschrocken an und flüsterte mir auf Deutsch ins Ohr, dass ich nichts über sie sagen dürfe. Ich verhandelte mit der Polizei und den Angestellten des Ashrams. Natürlich gab ich keine Informationen über die arme Person preis. Plötzlich drohte mir einer der Ashramleute, dass ich aus dem Ashram geworfen würde, sollte ich nicht kooperieren. Ich wurde sehr wütend: Es sei ja wohl klar, dass ich nichts mit dem Anschlag zu tun hätte. Aus reiner Nächstenliebe der jungen Frau gegenüber sei ich hier, um ihr zu helfen. Es sei doch unglaublich, wie arrogant und falsch gerade die Ashramangestellten sich oft verhalten würden. Würde er mich aus dem Ashram werfen, weil ich jemandem helfe und dessen Wünsche respektiere, so würde ich sehr gern gehen. Es gäbe noch viele Ashrams, die Nächstenliebe und Verständnis wahrscheinlich ehrlicher praktizieren würden als dieser. Nach dieser Ansprache herrschte betroffene Stille. Der Mann entschuldigte sich und ließ mich weiter übersetzen. Die Frau kam ins Gefängnis. Ich gab ihr etwas Geld, besorgte ihr einen Anwalt aus der nächsten Stadt und besuchte sie noch, bis sie abgeschoben wurde.

Ich erlebte viele schöne Momente in diesem Ashram, war aber auch sehr enttäuscht über das Verhalten vieler Menschen dort und sehr froh, als eine Argentinierin und ihre Familie mich fragten, ob ich mit ihnen den Ashram von Sri Aurobindo besuchen wolle.

Peter, ein Cousin meiner Mutter, wohnte in Pondicherry im Ashram von Aurobindo. Auch hatte ich viel über Aurobindo gelesen und wollte mehr über diesen Ort erfahren. Vielleicht, so dachte ich, ist ja dessen Ashram ein wirklich heiliger Ort. Ich mietete mir dort eine Wohnung und meditierte jeden Tag lang. Täglich besuchte ich das Mandir oder Mausoleum, in dem Sri Aurobindo und die Mutter beerdigt sind. Während einer meiner Meditationen hörte ich eine Stimme, die mir sagte, ich solle meine Augen öffnen. Vor mir standen zwei Geister. Sri Aurobindo und die Mutter sahen auf mich herab. Ich drehte meinen Kopf, ob andere Leute diese Erscheinung ebenfalls sahen. Aber niemand machte einen erstaunten Eindruck oder blickte auf die zwei Geistwesen. Langsam bat mich eine Stimme in meinem Kopf, Papier und Stift aus meiner Tasche zu nehmen. Eine für mich sehr wichtige Nachricht wurde diktiert. Später erzählte mir Peter, dass die zwei sich manchmal zeigten, um an bestimmte Menschen Nachrichten weiterzugeben.

Während eines Gespräches mit Peter und seiner damaligen Frau unterhielten wir uns auch über den Ashram. Vielleicht, so überlegte ich, wäre dies ein Ort für mich. Sobald wir aber über Sexualität und die Einstellung dazu im Ashram sprachen, wurde mir klar, dass auch dieser Ort nicht wirklich frei war. Also packte ich eines Tages meinen Rucksack und reiste weiter. Mein Ziel war ein Ashram der Hare Krishna. Auf dem Weg dorthin traf ich eine Hare-Krishna-Gruppe und erkannte, noch bevor ich den Ashram erreichte, dass auch das in einer Enttäuschung enden würde.

Da befand ich mich ganz allein im großen Indien auf der Suche nach einem perfekten spirituellen Leben an einem perfekten Ort und erlebte einen Tiefschlag nach dem anderen. Konnte es so schwierig sein, gute und wirklich ehrliche Menschen zu finden? Menschen, die an einem vernünftigen Ort mit vernünftigen Regeln lebten? Oder hatte ich den Ort bis dahin einfach noch nicht gefunden?

Ich reiste weiter nach Varanasi. Mein Ziel war die Quelle des Ganges. Auch wollte ich den Ort besuchen, an dem Buddha erleuchtet wurde. Vielleicht, so überlegte ich, finde ich unter Buddhisten den wahren Ort. In Varanasi angekommen, besuchte ich das Gangesufer, um eine der berühmten Totenverbrennungen mitzuerleben. Ich war fasziniert von dieser pulsierenden Stadt. In meinem Hotel lernte ich einen jungen Engländer kennen, der mir von Dharamsala und McLeod Ganj erzählte. Er verbrachte schon einige Wochen dort, besuchte Meditationskurse und lernte mit den Mönchen. Er erwähnte, der Dalai Lama wohne dort, und mit viel Glück könne man ihm sogar die Hand schütteln. Ohne lange nachzudenken, änderte ich meine Reisepläne. Ich wollte den Ort kennenlernen, an dem der Dalai Lama lebt. Vielleicht würde ich dort eine Stätte der Harmonie vorfinden.

Ich mietete mir etwas außerhalb von Dharamsala ein Zimmer. Menschen aus der ganzen Welt fanden hier zusammen und wollten erleuchtet werden. Sooft ich konnte, besuchte ich das Hauptkloster, um zu meditieren. Eines Tages, als ich gerade meditierte, kam ein Mönch auf mich zu und gab mir durch Zeichensprache zu verstehen, dass ich ihm folgen solle. Noch bevor ich überhaupt wusste, was passierte, musste ich mich gegen eine Vergewaltigung wehren. Nur mit Mühe konnte ich den Mönch von mir stoßen und rannte davon. Ich wollte eine Anzeige erstatten, musste aber von meinem Vorhaben ablassen. Der zuständige Beamte gab mir zu verstehen, dass eine Identifikation des Täters unmöglich sei. Klein und glatzköpfig waren sie alle. Überflüssig zu erwähnen, dass mir auch diese Erfahrung zeigte, wie menschlich und »normal« es hier zuging.

Ich fing an zu zweifeln, ob es überhaupt einen perfekten Ort mit wirklich guten Menschen geben könne. Auf jeden Fall gab ich nach dieser Erfahrung mein Vorhaben auf, menschliche Perfektion in einer Religion oder spirituellen Gruppe zu finden. Daher brach ich mein sieben Monate währendes Leben im Zölibat ab und fing auch wieder an, Fleisch zu essen. Keine Menschengruppe, die ich in irgendeinem Ashram oder Kloster fand, machte auf mich einen wirklich gesunden und ehrlichen Eindruck. Im Gegenteil: die meisten waren genauso falsch und verlogen wie ein Politiker vor den Wahlen. Missbrauch, Vetternwirtschaft und Korruption herrschten im gleichen Maße wie in einer kommunistischen Diktatur.

In der noch verbleibenden Zeit in Indien lebte ich mit einem zusammengewürfelten Haufen interessanter Menschen beieinander. Wir reisten zusammen, mieteten Häuser oder besuchten spannende und schöne Orte. Wir malten, meditierten und kochten zusammen. Es gab keinen Guru und keine Regeln, die uns zu kontrollieren versuchten.

In einer telepathischen Durchsage Sai Babas wurde mir vorgeschlagen, doch wieder in die westliche Gesellschaft einzutauchen. Damals hatte ich bereits meine Medialität stark entwickelt. Ich las die Auren vieler Leute und verdiente mir so das Geld für meine Ausgaben. In Channelings gab ich Nachrichten für Menschen weiter oder machte Jenseitskontakte. In der Durchsage gab man mir zu verstehen, dass ich Menschen vor Ort viel besser helfen könne als hinter Kloster- oder Ashrammauern. Meine Enttäuschungen machten mich zu guter Letzt stark. Sie zeigten mir das wahre Gesicht des Menschen. Egal wo und wie er lebt, er bleibt sich selbst treu, mit all seinen Vor- und Nachteilen.

Meine Geistführer haben etwas gemeinsam, sie sind Einzelgänger. Jeder lebt seine Wirklichkeit und gibt mir sein Wissen weiter. Das spiegelt sich in meiner Lebensweise wider. Ich arbeite am liebsten und besten allein. Mich einer Gruppe anzuschließen, war nach meinen Erfahrungen in Indien nie wieder ein Thema.

Religiöse und spirituelle Gruppierungen sind zu vergleichen mit einer Universität. Es ist wichtig, die Grundkenntnisse zum Leben über universelle und menschliche Gesetze zu lernen. Es ist aber nicht gut, das ganze Leben lang Student zu bleiben. Jeder sollte früher oder später den Universitätsabschluss schaffen und sich selbstständig machen.

Der mediale Profiler

Techniken und Hilfsmittel gibt es viele für den medialen Profiler. Unabhängig davon, ob er im Dienst der Gesundheit arbeitet, für Geheimdienste den Gegner ausspioniert, argwöhnischen Ehefrauen Eindrücke zur Treue des Ehemannes gibt, Geschäftsleuten mögliche auftretende Geschäftsszenarien offenlegt oder den spirituellen Weg des suchenden Adepten beschreibt. Medialität als intensiver Ausdruck der Intuition ist ein neutrales Instrument. Kein Gott, kein Schutzengel, kein Verstorbener oder Dämon urteilt oder verurteilt, weder in dieser noch in anderen Sphären.

Jeder Mensch wird mit der Grundkraft der Intuition ausgestattet, nur nicht jeder mit der gleichen Stärke. Dennoch ist Intuition erlernbar. Ich bin mit noch keinem Menschen in Kontakt gekommen, der nicht einen Funken Intuition in sich hatte.

Dennoch fühlen sich nur wenige dazu berufen, den Weg des intuitiven Profis zu gehen. Wie in allen Berufen ist ein Grundtalent notwendig, um Erfolg zu haben. Dabei werden wir entweder den Weg finden oder auf ihn gestoßen. Ich spürte mit 18 Jahren, dass mein Weg anders sein würde als der der meisten Menschen. Ein normales Leben langweilte mich damals. Rückblickend stelle ich fest, dass diese Langweile der erste Hinweis war, neue Wege zu finden. Genau genommen war es eigentlich keine Langweile, sondern ein erstes Zeichen! Dank der emotionalen Unterstützung meiner Eltern und vieler Freunde hatte ich die Möglichkeit, diesen Weg zu gehen. Ich treffe immer wieder auf Menschen, die sich in ihrem Beruf nicht wohlfühlen und genau wissen, dass sie auf dem falschen Weg sind. Trotzdem suchen sie nicht nach einem neuen Weg. Vielleicht hatten sie nicht die nötige Unterstützung, vielleicht waren die finanziellen Mittel nicht vorhanden oder es fehlte ihnen der Mut. Je länger man wartet, desto schwieriger wird es, den intuitiven Weg zu gehen. Aber ist der erste Schritt gemacht und der intuitive Weg in Angriff genommen, dann gibt es viele Möglichkeiten, das gefundene Wissen umzusetzen. Künstler gehören ohne Zweifel zu den Adepten der intuitiven Schule. Sie schöpfen und leben aus den Tiefen ihrer Seele, oft so euphorisch, dass Erfolg oder Anerkennung weit hinter dem freien Ausdruck der Kunst liegt.

Künstler meditieren im Moment der kreativen Schöpfung. Auch Wissenschaftler, Biologen, Jäger oder Politiker sind nicht selten auf dem Weg der Intuition.

Daher ist es verständlich, dass es für Angehörige und Freunde nicht immer einfach ist, den Suchenden zu unterstützen oder zu begreifen. In meinem Buch *Wenn die Dämonen rufen* lege ich die vielen Wege des göttlichen Ausdrucks dar. Nicht wenige der intuitiven Künstler müssen durch dunkle Gassen, depressive Gefilde oder gewalttätige Auseinandersetzungen, um mit der persönlichen und ganz eigenen Intuition in Verbindung zu treten.

Der wirklich gute Lehrmeister wertet seinen Schüler nicht nach persönlichen Wertvorstellungen, sondern nach dem erreichten Resultat und dem, was möglich gewesen wäre. Ein Schüler hat immer die Möglichkeit, sich neue Meister zu suchen, sollten die vorhandenen den Vorstellungen nicht mehr entsprechen. Meister können Menschen oder Lichtwesen sein. Wege und Ziele gibt es so viele wie Sätze, die ausgesprochen werden können.

Irgendwann muss sich der Lehrling auf seinem Weg für eine Technik entscheiden, um diese zu perfektionieren. Geht der Suchende den Weg der medialen Heilung, so wird er sich entscheiden müssen, ob er mit den Händen arbeitet oder als Orakel/Medium dienen möchte. Der Künstler entscheidet sich für das Malen, Fotografieren oder einen der vielen anderen Wege. Überkreuzungen sind immer möglich, dennoch wird ein Schwerpunkt gelegt werden. Der Lehrling der medialen Schule wird sich irgendwann entscheiden wollen, ob er Aura lesen, Karten oder Sternzeichen interpretieren oder vielleicht sogar die Psychologie zu Hilfe nehmen möchte. Viele Therapeuten der klassischen Psychologie oder Psychoanalyse arbeiten medial.

Kurz nach dem 11. September 2001 gab ich in New York Vorträge an der UNO für Angestellte und Diplomaten. Bei einem meiner Besuche dort lernte ich einen Polizisten kennen, der in Florida lebte und als Freiwilliger nach den Anschlägen nach New York kam. Er erzählte mir, dass an seiner Polizeischule Kurse für Detektive angeboten wurden, um deren Intuition zu schulen, da in gefährlichen Momenten oft die Intuition entscheidende Hinweise zu nötigen Entscheidungen gibt.

Ein medialer Profiler setzt sein intuitives Wissen in sämtlichen Lebenssituationen ein.

Erfolg ist ohne Zweifel von Wissen und Intelligenz abhängig. Aber eine gute Intuition gehört ebenso dazu. Nur eine gesunde und funktionierende Verbindung zwischen Wissen und Intuition führt schlussendlich zum Erfolg.

Die Kraft der Intuition

Die Intuition gehört wie die Kunst oder die Logik zum menschlichen Sein. Jeder Mann und jede Frau trägt den Samen der Intuition in sich. Zumeist haben Frauen von Natur aus eine bessere Verbindung zur Intuition als Männer. Das kommt wohl daher, dass die Intuition zu den weiblichen Teilaspekten der Anima gehört.

Aus diesem Grund trifft man auch auf dem Markt der Medialität mehr Frauen an als Männer. Interessanterweise sind aber die Männer in führenden Positionen medialer Gruppen stärker vertreten als Frauen. Das hat nichts damit zu tun, dass Männer bessere Hellseher sind als Frauen, sondern dass sie sich auf dem Kampffeld des Marktes besser durchsetzen können als viele Frauen, wie in der allgemeinen Gesellschaft auch. Männer, die sich der Kraft der Intuition öffnen und mit ihr arbeiten, haben sehr oft feminine Veranlagungen. Während einige wenige auf den Kraftweg der Intuition getragen werden, müssen sich die meisten Schüler über lange Zeit das Wissen aneignen. Nicht jeder ist dazu geboren, ein medialer Mozart zu werden, aber jeder kann lernen, die Saiten seiner Intuition anzuschlagen.

In meinen Seminaren erreichen 85 bis 90 Prozent der Teilnehmer sehr zufriedenstellende Resultate. Fast alle können nach den Seminaren intuitiv Bilder sehen und analysieren. Das Hauptproblem, intuitiv nichts zu sehen, ist oft nicht das Fehlen einer sensitiven Veranlagung, sondern vielmehr die Geduld, sich darin zu üben.

Intuitives Sehen passiert über das Dritte Auge oder das sechste Chakra. Man könnte dies mit einem Muskel am Körper vergleichen. Vernachlässigt man ihn über längere Zeit, dann schrumpft er. Der eine oder andere von Ihnen mag diese Erfahrung nach einem Unfall gemacht haben. Der Arm oder das Bein ist eingegipst und kann nicht gebraucht werden. Wird der Gips abgenommen, so fällt es sehr schwer, auf dem Bein zu stehen oder den Arm wieder richtig zu benutzen. Manchmal braucht es Wochen oder sogar Monate, um den Muskel wieder so zu trainieren, dass er wie vor dem Unfall bewegt werden kann.

Man stelle sich also vor, wie es sich mit einem Muskel verhält, den man überhaupt noch nie bewusst beansprucht hat. Als ich vor einigen Jahren Golfstunden nahm, hatte ich nach der ersten Unterrichtsstunde an einer mir völlig neuen Stelle Muskelkater. Ich strapazierte einen Muskel, den ich bis dahin noch nie wahrgenommen hatte.

Mit dem Dritten Auge ist es nicht anders. Jemand, der noch nie meditiert hat oder noch nie bewusst sein Drittes Auge eingesetzt hat, wird am Anfang Schwierigkeiten haben, überhaupt etwas zu sehen. Je länger der Schüler sich aber mit dem Thema Intuition auseinandersetzt, desto stärker wird die Intuition zunehmen. Es gibt viele Möglichkeiten, das Dritte Auge zu schulen. Meditationen sind, wie bereits erwähnt, ein sehr kraftvolles Hilfsmittel. Eine andere Möglichkeit ist es, sich in ein Café zu setzen und zu versuchen, Menschen intuitiv *zu sehen*. Dabei konzentriert man sich sehr stark auf den Menschen, den man durchblicken möchte. Man stellt sich vor, dass man in den Körper, in die Seele des zu Beobachtenden dringen möchte. Man versucht zu spüren, ob die Person glücklich ist oder nicht. Man könnte versuchen zu erkennen, wie das Objekt im Umgang mit seinen Mitmenschen ist.

Oder man versucht, telepathisch mit der Person zu sprechen. Man stellt Fragen und achtet auf intuitive oder spontane Antworten. Hat man das Gefühl, dass Antworten gefühlt werden, kann man diese Übungen auch mit Freunden und Bekannten machen. Man analysiert sie, stellt ihnen Fragen und schreibt sich die Antworten auf. Nach Beendigung der Analyse kann man sich mit der Person unterhalten, um Rückmeldungen zu dem Gesehenen zu bekommen.

Fühlt man sich mit den Resultaten sicher genug, so kann man diese Taktik auch im Alltag einsetzen. Im Beruf kann man Mitarbeiter, Vorgesetzte und Untergebene analysieren, in der Schule oder an der Universität Mitschüler oder Lehrer. Ein Selbstständiger kann Geschäftspartner oder Investoren analysieren oder auch die mögliche Konkurrenz.

Eine weitere gute Übung ist es, im Alltag auf intuitive Eingebungen zu achten. Wir alle kennen Momente, in denen wir an jemanden denken, und nur Minuten später ruft genau diese Person an. Oder man geht einkaufen und denkt an eine bestimmte Person, die plötzlich und ganz unvorbereitet auftaucht. Diese sogenannten »Zufälle« sind intuitive Wahrnehmungen. Das höhere Selbst spürt die Anwesenheit einer bekannten Person und leitet die Information der Wahrnehmung an das Gehirn weiter. Dieses visualisiert das Gesicht der Person, und wir nehmen es als Gedanken war.

Je bewusster man auf solche Eingebungen achtet, desto mehr kann man sie auch steuern. Man kann zum Beispiel versuchen, intuitive Eingebungen bewusst auf Menschen, die man kennt, auszurichten. Man *programmiert* seine Intuition so, dass sie ein Bild zu einer uns bekannten Person sendet, sobald diese mit uns in Kontakt treten möchte, unabhängig davon, ob es sich um eine direkte Begegnung handelt oder ob sie via E-Mail oder Telefon geschieht. Erkennt man Erfolge, so gibt es auch die Möglichkeit, die Intuition nicht nur auf Personen, sondern auch auf Situationen auszurichten. Man konzentriert sich auf ein Ziel, dessen Weg man nicht sieht. Jetzt richtet man seine Intuition so aus, dass sie aufzeigt, welchen Weg man gehen muss, um zur Situation zu gelangen.

Die Intuition wird ähnlich einem GPS im Auto programmiert, einen bestimmten Weg aufzuzeigen. Während beim GPS eine sympathische Stimme und ein Pfeil auf der Landkarte uns den Weg zeigen, führen uns bei der Intuition intuitive Gedanken oder spontane Handlungen ans Ziel. Mag sich das zu Beginn noch sehr abstrakt anhören, doch durch Übung und Geduld erzielt man tatsächlich Erfolge.

Eine ebenfalls sehr einfache, aber effiziente Übung ist der sogenannte intuitive Waldlauf. Dabei geht man allein in einen Wald und setzt sich an einem ruhigen Ort auf den Boden, um zu meditieren. In der Meditation konzentriert man sich auf das Dritte Auge, um es zu aktivieren. Fühlt man sich mit ihm verbunden, steht man langsam auf und geht mit geschlossenen Augen durch den Wald. Schritt für Schritt versucht man, die Bäume vor sich zu spüren und so zu gehen, dass man nicht gegen sie stößt. Zu Beginn der Übung darf man die Arme ausstrecken, um sich von der Angst zu lösen, dass man gegen einen Baum läuft und sich die Nase blutig schlägt.

Irgendwann wird man spüren, dass es tatsächlich funktioniert, und man lässt die Arme hängen. Ich mache die Übung selbst auch immer wieder, um meine Intuition zu trainieren. Manchmal führe ich diese Übung sogar auf einem Gehweg durch oder in einer Fußgängerzone. Unter Menschen setze ich mir eine dunkle Sonnenbrille auf, damit die mir Entgegenkommenden nicht sehen, dass meine Augen geschlossen sind. Bei dieser Übung bewegt man sich ganz anders als sonst und macht einen eher komischen Eindruck auf die Umwelt. Daher hilft es, diese Übung an einem Ort durchzuführen, wo man niemand kennt. Dort stört es einen weniger, wenn andere das Gefühl haben, man sei ein komischer Kauz.

Man kann auch stehen bleiben und versuchen zu spüren, ob die näher kommende Person ein Mann oder eine Frau ist. Ist sie vorbeispaziert, öffnet man die Augen, dreht sich um und prüft, ob man mit dem Gefühl richtig lag oder nicht.

Es ist auch empfehlenswert, ein intuitives Tagebuch zu führen. Am Morgen trägt man ein, welche Übungen man machen möchte oder welche intuitiven Gefühle man für den kommenden Tag hat. Am Abend schreibt man die Erfahrungen des Tages nieder, um zu sehen, wo man richtig oder daneben lag.

So erfährt man, wo die intuitiven Stärken oder Schwächen liegen. Intuitive Veranlagungen sind nicht bei jeder Person gleich. Manche sehen, andere fühlen, spüren oder hören. Für die einen ist es einfacher, Farben zu sehen, für andere wieder Bilder.

Die Basis der Intuition hat Ähnlichkeit mit einer Fremdsprache. Zu Beginn arbeiten wir mit einfachen Wörtern und kurzen Sätzen. Nach einer gewissen Zeit wagen wir uns an die Konjugation von Verben oder Vergangenheits- und Zukunftsformen. Gäbe es so etwas wie ein Zauberwort, um die Intuition zu schulen, so wäre es wohl: GEDULD!

Die Kraft der Magie

Mein Buch *Wenn die Dämonen rufen* hat bei vielen Menschen gemischte Gefühle ausgelöst. Oberflächlich oder ängstlich gelesen, könnte der Eindruck entstehen, dass hier das Böse verherrlicht werde. Obwohl es in dem Buch überhaupt nicht um Politik geht. Ich wollte nur zeigen, dass das sogenannte Böse ein wichtiger Aspekt der ganzheitlichen menschlichen Psyche ist. Magie ist ein Thema, das ebenso vielen Menschen Angst macht wie es sie fasziniert. Für etliche ist Magie ein Fantasiegespinst ohne Grund und Boden. Ich habe verschiedentlich schon beschrieben, dass solche Menschen am leichtesten zu beeinflussen oder am besten anzugreifen sind. Ähnlich wie bei einem Besuch in der Wüste ist das einfachste Opfer jenes, das sich nicht schützt oder keine Vorsichtsmaßnahmen trifft.

Ein Schüler der Intuition und Hellsichtigkeit wird früher oder später automatisch mit der Magie in Kontakt kommen. Magie ist im Grunde genommen nichts anderes, als die Kraft der Gedanken bewusst in eine bestimmte Richtung zu lenken, um eine Reaktion auszulösen. Menschen, die medial veranlagt sind, besitzen automatisch den Schlüssel zur Magie.

Es gibt zwei wichtige Hauptrichtungen von Magie: die bewusste und die unbewusste.

Sende ich intensive Gedanken an eine Person, weil ich mir von dieser etwas Konkretes erhoffe, so ist das bereits

Magie. Auf ein Vorstellungsgespräch zum Beispiel kann man sich auch auf magischer Ebene vorbereiten, indem man dem zukünftigen Chef bereits vor dem Gespräch gute Gedanken sendet, um ihn für die Begegnung zu öffnen. Vor einem Blind Date hat man die Möglichkeit, der anderen Person Energien in deren Aura zu senden, um so bereits eine Vertrautheit zu erreichen. Stellen Sie sich das so vor, als würde man eine Sonde in die Aura der anderen Person einsetzen, um eine gewisse Reaktion auszulösen oder zumindest, um erste Kontakte zu knüpfen.

Wir sind uns zumeist gar nicht bewusst, wie stark wir mit unseren Gedanken andere Leute beeinflussen können. Dieses unbewusste Beeinflussen von Situationen oder Menschen nenne ich unbewusste Magie. Sie kann sowohl positive als auch negative Auswirkungen haben. In der positiven Richtung können wir das Buch *The Secret* als Beispiel nehmen. Darin wird beschrieben, wie wir durch die Kraft der Gedanken unsere Wünsche Wirklichkeit werden lassen können.

In der Negativform sind bereits Verfluchungen der erste Schritt zur Magie. Über eine Person fluchen kommt einem Verfluchen, also einem Fluch gleich. Worte und die Emotionen, die in den Worten stecken, haben Energien, sind eine gebündelte Kraft. Beim Fluchen setze ich diese gebündelte Kraft, zusammengesetzt aus Buchstaben, in die Aura des Verfluchten.

Eine weitere Art der unbewussten Magie ist die Kraft der Gedanken. Habe ich Gefühle der Liebe für eine Person, so sende ich immer wieder gute Energien in ihre Richtung. Ist diese Person intuitiv stark entwickelt, so kann sie diese auch spüren und erfühlen; sie kann sogar bewusst darauf reagieren – oder auch nicht. Empfängt man diese Gedankenkraft unbewusst, so fällt einem vielleicht auf, dass man immer wieder an den Sender denkt und spürt, dass Gefühle vorhanden sind. Wir sind alle, ohne es zu wissen, kleine Magier. In der bewussten Magie setze ich diese Kraft absichtlich ein, um ein bestimmtes Ziel zu erreichen. Heilen auf Distanz ist so eine direkte Umsetzung der Magie. Mithilfe meiner Gedanken sende ich Energien oder Strahlen aus, um beim Empfänger eine Heilung zu bewirken.

Magie, wie wir sie aus Büchern oder Filmen kennen, mit ihren Ritualen und Tönen ist sehr imposant und eindrücklich. Archaische Tänze, Kostüme und exotische Instrumente machen auf den westlichen Beobachter einen unvergesslichen Eindruck. Bestimmt erreichen sie auch zum größten Teil ihr Ziel. Tatsache aber ist, dass sie unnötig veraltet sind und nur dazu dienen, die optische Wahrnehmung zu beeinflussen. Man kann mit Magie alle möglichen Arbeiten ausführen, ohne Hühner zu schlachten oder stundenlang im Kreis tanzen zu müssen. Der wirklich gute Magier braucht keinen Lärm, kein Ritual oder andere Hilfsmittel, um seine Arbeit umzusetzen. Er vertieft sich in seine Meditation und arbeitet auf der feinstofflichen Ebene, ohne dass der Zuschauer etwas erkennen kann.

Ich kann ohne Probleme in einem Flugzeug oder Taxi mit geschlossenen Augen in die Sphären der Magie eintauchen, mich mit der Aura einer Drittperson verbinden, um in deren Energiefeldern zu arbeiten. Der moderne Magier reist im Flugzeug, trägt Nadelstreifenanzug und besucht seine Kunden über den gesamten Globus verteilt. Harry Potter ist ein Märchen, der Schamane Südamerikas oder der Guru Indiens ein exotisches Produkt seiner Kultur, aber in keiner Weise effektiver als der moderne *zivilisierte*

Magier des 21. Jahrhunderts. Ich habe Magier kennengelernt, die an den besten Universitäten Europas oder Amerikas studiert hatten und wichtige Posten bei multinationalen Firmen innehatten.

Ein Streitpunkt, der immer wieder gern zu langen Diskussionen führt, ist die Frage der Moral in der Magie. Es gibt Richtungen, die fundamentalistisch nur weiße oder nur schwarze Magie praktizieren. Es gibt auch Schulen, die lehren, dass man immer, bevor man in jemandes Aura dringt, um Erlaubnis bitten soll. Diese von mir sogenannte Samthandschuhmagie ist bis zu einem gewissen Punkt auch effizient, kann aber meiner Meinung nach nie wirklich Großes bewegen. Genauso ineffizient und nie wirklich ganzheitlich ist die Magie, die aus Frustration heraus nur dazu dient, Schaden anzurichten. Der Hellseher oder Magier mit offenem Blick weiß, dass er seine Magie oder Medialität den jeweiligen Umständen anpassen muss und es auch darf!

Ein in Europa gern gemachter Fehler ist die Naivität zu glauben, die ganze Welt müsste nach dem Gedankengut der eigenen Moral und Ethik funktionieren. Wer die Möglichkeit hat, andere Kontinente und Kulturen kennenzulernen, weiß, dass dem nicht so ist.

Eine weitere Ebene der Magie ist die Verteidigungsmagie. Dringt ein Mensch in fremdes Revier ein, um zu schaden, so hat man das Recht auf Selbstverteidigung. Der Magier hat an diesem Punkt Möglichkeiten, die vielen anderen Menschen verborgen sind, und er hat das gute Recht, diese auch anzuwenden.

Sogenannte Selbstverteidigungsmagie mache ich immer in Verbindung mit meinen Geistführern und dem Göttlichen. Ich meditiere, um mit meinem höheren Selbst in Verbindung zu treten. Magie kann dazu dienen, sich abzugrenzen oder sich gegen Angriffe anderer Menschen zu schützen. Ich überlasse es dem Göttlichen zu bestimmen, was mit der Person passieren soll. Mit diesem Ritual lasse ich von der Person los und beobachte entfernt, was sich entwickelt. Manchmal passiert bereits sehr schnell etwas, manchmal dauert es etwas länger oder es passiert gar nichts, je nach Gutdünken der höheren Kraft.

Nach demselben Prinzip funktioniert die Magie, um eine Person zu heilen oder ihr gute Energien zu senden. Meine Kunden bitten mich, an einem bestimmten Tag zu einer bestimmten Zeit an sie zu denken und ihnen Kraft zu senden. In solchen Situationen setze ich mich auf einen Stuhl und visualisiere mir die Aura der Person. Ich arbeite mit meiner Vorstellungskraft, um Aura und Chakren zu stärken. Erkenne ich an einem bestimmten Ort einen Schwachpunkt, so konzentriere ich mich speziell auf diesen Punkt, um ihn zu stärken.

Natürlich kann man so auch die eigene Aura oder die Chakren mit der Kraft der Magie stärken. Dafür setzt oder legt man sich bequem hin. Mit geschlossenen Augen scannt man nun den Körper von ganz oben nach unten, um zu spüren, ob sich ein Körperteil schwach oder müde anfühlt. Bei diesen Körperteilen bleibt man ein wenig stehen und meditiert eine positive und gute Kraft an diesen Ort, bis man das Gefühl hat, es sei etwas besser geworden.

Mit den Chakren ist es genauso. Man meditiert vom ersten bis zum siebten Chakra und verbleibt bei den schwachen Chakren länger, um sie zu reinigen und zu stärken. Die Chakrameditation lässt sich auch gut mit anderen Personen durchführen. Muss man sich zum Beispiel auf ein Vorstellungsgespräch vorbereiten, so könnte man im Vorfeld meditieren, um sich die Aura der anderen Person zu visualisieren. Man versucht dann zu erkennen, wo diese vielleicht blockiert ist, oder man sendet ihr einfach Energien ins Herz- und Kommunikationschakra, um Offenheit zu erreichen. Für die Magie benutzt man vor allem das siebte, sechste und fünfte Chakra. Indem man diese drei Chakren aktiviert, kann man sich auf die Magiearbeit vorbereiten.

Es kommt in meiner Arbeit immer wieder zu lustigen Situationen, die manchmal sehr rührend sind. Vor längerer Zeit war ein junger Mann bei mir zur Beratung. Er war in eine junge Frau verliebt, aber zu scheu, um mit ihr zu sprechen. Er bat mich um eine Magiearbeit, um das Herzchakra der jungen Dame zu öffnen. Ich erklärte dem jungen Mann, dass ich das natürlich machen könne. Nur, so fuhr ich fort, muss das nicht bedeuten, dass die Dame sich in ihn verliebt. Öffne ich ihr Herz, so lässt sie Gefühle zu für eine Person, die ihr gefällt, und das kann ebenso gut jemand anders sein. Ob er, so fragte ich ihn, tatsächlich Geld ausgeben wolle, um die junge Dame in die Arme eines anderen zu geben? Nach kurzem Zögern meinte der junge Mann, dass das doch nicht unbedingt so hilfreich sei für seine Absichten.

In einem anderen Fall hatte ich zu Beginn des Jahres 2010 eine Kundin, die sehr unzufrieden war mit der Ehe ihres Sohnes. Die Ehefrau verbot dem Sohn, mit seiner Familie in Verbindung zu treten und ließ meine Kundin das Enkelkind nie sehen. Die Frau, so bestätigte mir auch die Tochter der Kundin, sei richtig bösartig. Zudem, so versicherten mir die beiden, sei der Sohn überhaupt nicht glücklich. Ich erklärte mich bereit, die Arbeit zu übernehmen, und bat um eine Fotografie des Sohnes und dessen Frau. Ich fragte die Mutter, was sie genau wolle. Sie erwiderte, dass sie wieder Kontakt zu ihrem Sohn möchte und ihn glücklich sehen wolle. In verschiedenen Meditationen arbeitete ich mit dem Sohn, bis ich das Gefühl hatte, meine Arbeit ausgeführt zu haben. Zuletzt bat ich das Göttliche wieder, die Magie so auszuführen, dass sie für die Betroffenen am besten sei.

Im September desselben Jahres bekam ich eine E-Mail von der Schwester. Der Mann hätte sich vor drei Monaten von seiner Frau getrennt. Die ersten Wochen seien sehr schwierig für ihn gewesen. Jetzt sei er aber wieder glücklich und zufrieden. Die Großeltern sehen ihre Enkelin wieder regelmäßig und sind ebenfalls überglücklich.

Die Kraft der Magie ist eigentlich nichts anderes als die Kraft der Gedanken. Diese Kraft wird bewusst oder unbewusst in eine bestimmte Richtung geleitet, um etwas zu erreichen. Im Alltag kann uns die Magie ähnlich einem Schneepflug den Weg freiräumen.

Teheran

Im Frühling 2007 verbrachte ich vier Monate im Südpazifik. Ich besuchte für zwei Monate einen Bekannten in Huahine in Französisch-Polynesien. Danach reiste ich acht Wochen auf mehrere Inseln Französisch-Polynesiens und der Cookinseln. Nach fast einem Jahr in New York suchte ich nach einer neuen Richtung in meinem Leben. Ich entschloss mich, mir eine Auszeit zu nehmen. Fern von meiner Arbeit und gesellschaftlichen Verpflichtungen wollte ich meinen neuen Lebenskompass erkennen. Mögliche Alternativen waren ein Ashram in Indien, Afrika oder etwas völliges anderes. Gegen einen Ashram entschied ich mich, weil ich etwas ganz Neues ausprobieren wollte. Afrika fiel weg, weil ich an einen Ort wollte, der Entspannung versprach. Dafür war mir Afrika einfach mit zu vielen schlechten Schlagzeilen in der Presse. Im Reisebüro fragte mich der Verkäufer, wohin ich reisen wolle. Ich erklärte ihm, dass ich an einen neuen Ort wollte. Nachdem ich ihm sagte, wo ich schon überall gewesen war, schlug er mir vor, zum Pazifik zu fliegen.

In Polynesien verbrachte ich wunderbare Wochen mit Schwimmen, Fischen, Spazieren gehen, Schlafen oder Meditieren. Immer wieder bat ich in meinen Meditationen um einen Hinweis auf den nächsten möglichen Standort, auf den ich mich konzentrieren könnte. Eines schönen Tages bekam ich Bilder, die eine Antwort auf meine Frage waren. Ich sollte nach Osten, hieß es. Weiter wurde mir gesagt, dass ich genaue Hinweise auf den Ort nicht via E-Mail oder Telefon bekommen würde. Ich überlegte lange, was noch übrig bleiben könnte und vermutete ein persönliches Gespräch. Etwas unsicher stimmte mich der geografische Fingerzeig nach Osten. Osten von wo? Die fast fünfzehn Jahre davor verbrachte ich auf dem amerikanischen Kontinent. Osten wäre von dort gesehen Afrika oder Europa gewesen. Aufgewachsen bin ich in Europa, Osten wäre also Asien oder der Nahe Osten. Ich entschloss mich, meine Zeit im Pazifik weiterhin zu genießen und auf den richtigen Moment zu warten, in dem sich das Rätsel lösen würde.

Weihnachten und Neujahr hatte ich mich zu einem Segeltörn in der Karibik angemeldet. Den Sommer wollte ich in Europa verbringen. Ich lebte einige Wochen in Berlin, die für mich inoffizielle Hauptstadt Europas. Bei einem Kaffee mit einer Bekannten aus dem Iran sprachen wir über Teheran. Über Visionen hatte ich schon einige indirekte Kontakte mit dem Iran und fühlte mich zudem sehr zur persischen Kultur hingezogen (➛ Seite 301 ff.). Während des Gespräches hörte ich plötzlich eine Stimme in meinem Kopf, die mich an meine Vision im Pazifik erinnerte.

Spontan fragte ich die Bekannte, ob es die Möglichkeit gäbe, den Iran zu besuchen. Ich wollte unbedingt sehen, wie offen die Menschen im Iran für meine Arbeit sind. Zudem spürte ich, dass der Nahe Osten die besagte Region war. Meine Bekannte versprach mir, mir mit Kontakten im Iran zu helfen. Begeistert von der Idee, in den Nahen Osten zu ziehen, fing ich an, meine Reise zu organisieren. Ich konnte mir nur schwer vorstellen, dass ich im Iran bleiben würde, und suchte weitere Destinationen aus, die infrage kommen könnten. Auf der Hand lag Dubai. Mir war bekannt, dass

Dubai für westliche Ideen sehr offen war, und ich kannte dort auch einige Leute. Des Weiteren wollte ich Beirut besuchen. Der Libanon hat mich schon immer in seinen Bann gezogen.

Es dauerte nur wenige Wochen, um meine Reise zu organisieren. Im September desselben Jahres waren dann meine Koffer gepackt, und ich war auf dem Weg nach Teheran. In der Zwischenzeit hatte ich Kontakte mit verschiedenen Leuten herstellen können und hatte sogar das Angebot bekommen, einen Vortrag zu halten.

Ich flog von Europa via Dubai in den Iran. Im Flugzeug von Dubai nach Teheran war ich der einzige Europäer. Ich war auf das, was mich erwarten würde, sehr gespannt. In Teheran angekommen, stellte ich fest, dass Ramadan war. Tagsüber gab es nichts zu essen. Ich war fasziniert von den vielen visuellen Eindrücken der Stadt. Erstaunt war ich, wie gut die Menschen auf der Straße Englisch oder Französisch sprachen. Ich lernte den Redakteur einer psychologischen Zeitschrift kennen. Er leitete ein Zentrum und lud mich ein, einen Vortrag über die Aura zu halten. Wo immer ich war, traf ich nur Menschen, die offen waren für meine Arbeit. Viele haben Meditationskurse besucht, die meisten im Ausland, aber auch einige im Iran. Meditationskurse wurden hinter verschlossenen Türen organisiert. Im Iran, so wurde mir immer wieder gesagt, gibt es alles, und man kann alles machen, einfach hinter verschlossenen Türen und ohne viel Aufmerksamkeit zu erregen.

Am Abend meines Vortrages war ich etwas nervös. Ich war sehr erfreut, als der Saal sich füllte. Die Frauen waren in traditionelle Tschadors gekleidet. Unter meinen Zuhörern waren nur wenige Ausländer. Ich hielt meinen Vortrag in Englisch, übersetzt wurde simultan in Farsi, die Landessprache Irans. Nach dem Vortrag kam ein Arzt zu mir. Er erzählte mir, dass im Krankenhaus, in dem er arbeitete, mit der Aura gearbeitet werde. Mit neuesten Aurakameras würde man den Lichtkörper analysieren, um so dem Patienten helfen zu können. Eine ebenfalls anwesende Therapeutin bestätigte mir die Aussage des Arztes und erzählte, dass auch sie mit der Kamera arbeiten würde. Ich war begeistert. Nie hätte ich erwartet, dass die Menschen im Iran so offen waren für alternative Ideen und Techniken. Ich besuchte die Therapeutin, um zu sehen, wie sie arbeitet. Einige Tage später wurde ich eingeladen, ein Meditationsseminar zu geben.

Mein Bild vom Iran veränderte sich Tag für Tag. Die Menschen, die ich traf, waren aus verschiedenen gesellschaftlichen Schichten. Sie wussten nicht nur sehr viel über mediale Themen, sondern waren auch sehr wissbegierig. Spontan ergab sich eine Reise nach Shiraz, in den Süden des Landes. Ich wurde eingeladen, ein Seminar über die Aura zu geben.

Zu keinem Zeitpunkt fühlte ich mich verunsichert oder hatte das Gefühl, ich sei in Gefahr. Einmal mehr wurde mir bewusst, wie einseitig wir in der Presse informiert werden. Die Sanktionen des Westens waren vor allem an den Tankstellen spürbar. Obwohl der Iran ein sehr ölreiches Land ist, muss der Brennstoff importiert werden. In den Märkten und Shuks hingegen konnte man, abgesehen von Alkohol, fast alles, was Herz und Magen begehrten, finden. Über mehrere Tage hielt ich Beratungen ab. Viele meiner Kunden waren Geschäftsleute. Die Themen der Analysen waren nicht anders als bei Menschen im Westen.

Als meine vier Wochen im Iran sich dem Ende zuneigten, war ich betrübt. In meinen Seminaren, Vorträgen und Reisen hatte ich viele mir sehr lieb gewordene Menschen kennengelernt.

Mosaik

Das Mosaik ist eine bereits im Altertum bekannte Form der Maltechnik. Durch das Zusammenfügen verschiedenfarbiger und/oder verschieden geformter Teile entstehen Bilder oder Muster. Das Wort Mosaik leitet sich aus dem spätlateinischen *Musaicum* (Werk, den Musen gewidmet) ab. Unsere Gesellschaft ist ein solches Mosaikbild. Jeder Mensch ist ein einzelnes Teilchen dieses Wunderwerks. Aber gewidmet ist es nicht den Musen, sondern der Natur oder dem Göttlichen.

Auch in jeder Aura sehe ich einzelne Ausdrücke (Teilchen), die zu guter Letzt die Person – das gesamte, kleinere Mosaik – ausmachen. Die stärker ausgeprägten Teilchen bestimmen das Potenzial des Menschen. Lebt der Mensch sein Potenzial aus, so findet er mit großer Wahrscheinlichkeit Zufriedenheit und auch Erfolg im Leben. Und passt sich der Mensch mit seinen Eigenschaften produktiv in die Gesellschaft ein, wird er eine Bereicherung für sie sein. Das Mosaikteilchen Mensch wird dadurch wieder ein Bestandteil des großen Bildes. Dieses Kunstwerk heißt *Gesellschaft*.

Ich stelle mir vor, dass in den unendlichen Gefilden des Universums eine kreative Intelligenz existiert. Ich gehe nicht davon aus, dass diese Intelligenz unseren Planeten mehr mag als andere, noch dass sie einen speziellen Plan für uns hat. Genauso wenig wie es diese Intelligenz interessiert, wenn irgendwo eine ganze Galaxie ausgelöscht wird oder auf unserem Planeten ein Vulkan ein Dorf ausradiert oder eine Armee eine ethnische Völkergruppe dezimiert. Dennoch scheint die Intelligenz einen Plan zu haben. Aus diesem Grund entwickelte sich in der Natur ein biologischer Zyklus, entstand eine Fauna und Flora, die sich gegenseitig ergänzt. Wir kennen das aus der Schule. Die Blume hat Pollen, die Biene trägt die Pollen weiter, um die Pflanze zu befruchten. Die Hyänen fressen die Überreste der Beute anderer Tiere und hinterlassen die Knochen, die wiederum anderen als Nahrung dienen. Solche Beispiele gibt es viele.

In der Natur können wir eine Perfektion beobachten, die auf faszinierende und für uns manchmal grausame Weise ihr Wesen treibt. Oder – um auf die Metapher des Mosaiks zurückzukommen – die Natur setzt sich zu ihrem Bild zusammen.

Ich habe ein ähnliches Bild in der menschlichen Gesellschaft erkannt. Nicht weil ich Soziologie studiert habe, sondern weil ich Auren sehen kann. Schaue ich mir Menschen an, erblicke ich natürlich als Erstes ihren menschlichen Körper. Konzentriere ich mich etwas stärker auf sie, so sehe ich ihre Aurafarben. Diese Farben sagen mir, wie dieser Mensch tatsächlich ist und nicht, wie er wirken möchte.

Für mich ist es immer wieder spannend zu sehen, wie vielfältig das menschliche Wesen ist. Es muss aber auch gesagt werden, dass leider nur die wenigsten von uns tatsächlich etwas aus dieser Vielfalt machen. Einige behaupten, dass der Mensch nur etwas mehr als fünf Prozent seines Gehirns benutzt, ähnlich ist es meiner Ansicht nach auch mit seinem Potenzial.

Zurück zum Mosaik: Jeder Mensch ist ein Teil dieses Mosaiks. Lassen wir uns intuitiv führen, so werden wir automatisch an den Platz gebracht, an den unser Teil gehört. Transparente Finger nehmen uns hoch und tragen uns an die für uns vorbestimmte Position, um das Bild zu vervollständigen.

Wie würde wohl ein Mosaik aussehen, wenn jedes Teilchen einfach an den Ort gehen würde, an dem es sich selbst sehen möchte? Wie würde ein solches Bild von oben aussehen? Alle Teile lägen wild herum und verstreuten sich. Es gäbe keinen Zusammenhang und keine Harmonie. Die kreative Intelligenz hingegen weiß genau, wo jeder von uns hingehört. Sie kennt das Spiel. Sie hat jeden von uns erschaffen, damit wir eine bestimmte Aufgabe erfüllen. Diese Aufgabe steckt in unserem Potenzial oder Talent. Dabei wird das Individuum mit kreativem Potenzial in Künstlerkreise gesetzt. Die akademisch veranlagte Aura findet ihren Weg in Kreise, die ihr diesen Ausdruck erlauben. Der medial begabte Mensch findet seine Kreise unter Menschen, die für seine Dienste offen sind. Der transparente Finger macht sich bemerkbar als intuitive Eingebung. Sanft geleitet uns seine Kraft an den richtigen Ort. Sind wir erst einmal dort, finden wir unsere Aufgabe und fühlen uns erfüllt. Wie würde wohl andererseits ein Gesellschaftsmosaik aussehen, das seine Bestimmung gefunden hat? Aber vielleicht sind wir bereits ein solches Bild und erkennen es bloß noch nicht. Je mehr Menschen sich intuitiv führen lassen, umso näher sind wir dem harmonischen Bild auf jeden Fall.

Jeder Mensch, der sich durch seine Intuition führen lässt, beeinflusst damit auch sein Umfeld, unabhängig davon, ob das in der Politik, der Kunst, der Wissenschaft oder der Spiritualität ist. Jeder einzelne Mosaikstein an seinem Platz inspiriert weitere Steine, seinem Beispiel zu folgen.

Schritt für Schritt erlauben wir so dem Bild, seiner Perfektion ein Stück näher zu kommen. Wie genau diese Perfektion aussieht oder wozu sie führen wird, kann niemand sagen. Darüber wird nur in zahllosen Theorien spekuliert.

Der Mailänder Dom, eines der berühmtesten Bauwerke Europas, wurde 1386 durch den Herzog Gian Galeazzo Visconti begonnen und erst 1858 fertiggestellt. Vierhundertzweiundsiebzig Jahre wurde an diesem Kunstwerk gebaut, gehämmert, gezimmert, geschreinert, gemalt und gefeilt. Schweiß und Blut der Arbeiter, Architekten und Ordensbrüder nahm der Domboden in sich auf, wie die Erde Regentropfen nach einem Sturm. Ganze Generationen arbeiteten am Dom, aber nur die wenigsten davon hatten das Privileg, den Dom fertig zu erleben!

Unsere Gesellschaft, unser Leben ist ähnlich wie dieser Dom. Das göttliche Mysterium ist Architekt und Planer zugleich. Wir werden nie die Möglichkeit haben, das Konstrukt zu verstehen oder seine Fertigstellung zu erleben. Die Befriedigung mitzuhelfen darf oder muss uns genügen, um unser Bestes zu geben!

Gibt es Bestimmung?

Seit der Entstehung der Menschheit plagen uns immer wieder die gleichen Fragen. Religionen versuchen das ihre, um uns Antworten zu geben. In meiner Arbeit als Medium habe ich ein sehr breites Spektrum an Möglichkeiten. Ich gebe Sitzungen, halte Kurse und Vorträge, schreibe Artikel oder Bücher und gebe Interviews für die Presse. Obwohl die zu behandelnden Themen sehr vielfältig sind, geht es zu guter Letzt immer wieder um das Mysterium der Bestimmung. Schicksal, was ist das? Haben wir einen freien Willen? Ist unser Leben einem Drehbuch gleichend bereits vorbestimmt?

Der Begriff Schicksal kommt vom altniederländischen *schicksel, Fakt* oder auch das *Geschick*. In vielen Sprachen umfasst es ein Begriffsfeld dessen, was den Lebenslauf des Menschen darstellt oder beeinflusst. Auf der einen Seite wird unter Schicksal oft eine personifizierte höhere Macht verstanden. Diese kann ohne menschlichen Einfluss das Leben einer Person entscheiden. Dazu passen Aussagen wie »Das Schicksal meint es gut mit mir« – »Sie wurde vom Schicksal dazu bestimmt« und »Das Schicksal nahm seinen Lauf« oder ganz einfach der »Schicksalsschlag« als Handlung der Macht. Auf der anderen Seite versteht man unter Schicksal die nicht beeinflussbare Bestimmung als persönliches Attribut. Es ist das Los eines Menschen oder einer Gruppe. In diesem Sinn ist es der Inbegriff unpersönlicher Kräfte, so zum Beispiel: »Sie hat ein trauriges Schicksal.«

In der Moderne gibt es auch noch eine andere Form von Schicksal, das *Veränderbare*. Der Mensch glaubt daran, dass er sein eigenes Schicksal verändern kann, dass er es »in der Hand hat«. Hier sind wir durch den freien Willen gewollt oder ungewollt in das Schicksal des anderen verstrickt.

In vielen Kulturen gilt das Schicksal als unveränderbare, ja gnadenlose Bestimmung. In der Mythologie entwickelte sich die Idee des Schicksals als personifizierte Macht, zum Beispiel die Schicksalsgottheiten Fortuna, Nornen, Tyche, Moira oder Parzen, die sowohl das individuelle Leben als auch den Weltlauf beherrschen und das Schicksal der Menschen bestimmen.

Die Einstellung gegenüber dem Schicksal reicht von totaler Ergebenheit über den Glauben an seine Überwindbarkeit bis zur Willensfreiheit des Einzelnen. Von der Vorstellung, das Schicksal steht schon irgendwo geschrieben, kommt der Glaube, es gebe Möglichkeiten, im Vorfeld Hinweise darauf zu bekommen. Dieser Idee liegt die Wahrsagung zugrunde.

Die indische Theorie des Karmas (= Wirken oder Tat) bezeichnet ein spirituelles Konzept. Danach hat jede Handlung direkte und unweigerliche Folgen, egal ob in dieser oder anderen Dimensionen. Jede Handlung kann sich möglicherweise auch in zukünftigen Leben manifestieren. Die Lehre des Karmas ist stark mit dem Glauben an den Kreislauf der Wiedergeburten verbunden. Somit bindet es sich an die Gültigkeit des Ursache-Wirkungs-Prinzips auf geistiger Ebene und – wie schon erwähnt – sogar über mehrere Leben hinweg. Im Hinduismus oder Buddhismus bezeichnet der Begriff die Folge jeder Tat. So haben jede Handlung und jeder Gedanke in jeder Hinsicht Rückwirkungen auf den Akteur selbst. Karma ist demzufolge eine Gesetzmäßigkeit und nicht Resultat einer Beurteilung durch eine höhere Macht oder Gottheit. So gibt es keine göttliche Gnade oder Strafe. Wiedergeburt erzeugt nicht nur schlechtes, sondern auch gutes Karma. Ultimatives Ziel ist es, überhaupt kein Karma zu erzeugen.

Nach der christlichen Idee der Prädestination (Vorherbestimmung; lateinisch: praedestinatio) bestimmt Gott von Anfang an das Schicksal des Universums und somit auch der gesamten Menschheit. Diskussionen zur Prädestination beziehen sich auf das Verhältnis von Gott als Allmacht zum freien Willen des Menschen oder der Beziehung zwischen Gottes Gerechtigkeit und Gottes Gnade. In der katholischen Kirche hat sich die Auffassung einer menschlichen Entscheidungsfreiheit gegenüber den Gnadengaben durchgesetzt. Die reformierte Theologie vertrat ursprünglich die schärfste Form der Prädestination. Das ist die grundsätzliche Vorherbestimmung des Menschen, entweder zur Seligkeit oder zur Verdammnis als doppelte Prädestination.

Entgegen den verschiedenen Vorstellungen der Religionen gibt es natürlich auch die Vorstellung des freien Willens. Verschiedene Philosophen interpretieren diesen Begriff unterschiedlich. In der Umgangssprache versteht man darunter etwas anderes als im juristischen oder psychologischen Sprachgebrauch. Als wichtige Definition gilt die Frage, wovon der Wille des Menschen denn frei sein möchte. Im Sinne der Bestimmungsfrage bezieht sich der Wille auf eine Neigung und nicht zum Beispiel auf den Begriff Lebenswille. Es geht um die Möglichkeit einer freien Entscheidung, um zwischen zwei oder mehreren Handlungen frei entscheiden zu können. Es geht um die Wahl zwischen einem Dafür oder Dagegen. Die so gefällten Entscheidungen haben später einen direkten Einfluss auf die Auswirkungen und Folgen der Handlung. Nach dem freien Willen zu handeln bedeutet, ohne inneren oder äußeren Einfluss eine Entscheidung zu fällen. Der definitive freie Wille kann in seiner extremsten Form zu Atheismus führen. Der ultimative freie Wille richtet sich in keiner Weise nach humanitären, moralischen und ethischen Vorstellungen.

In meinen Beratungen lese ich die Aura meiner Kunden (➛ Seite 49 ff.). Die Aura als Fotografie der Seele zeigt, woher der Mensch kommt, wo er steht und wohin er sich bewegt. Es versteht sich von allein, dass die Vergangenheit nicht mehr verändert werden kann. Die Gegenwart jedoch unterliegt einer Flexibilität und ist dehnbar. Jegliche Handlung in der Gegenwart ist eine direkte oder indirekte Folge der Vergangenheit. Sei es, dass wir in einen Krieg involviert werden, weil wir in ein Land gereist sind, das ins Chaos gerutscht ist, oder sei es, weil wir durch genetische Veranlagungen eine Krankheit bekommen.

Die Aura zeigt sehr schön, dass der Mensch ein Produkt seiner Vergangenheit ist. Manchmal tragen wir direkt zu den Handlungen bei, manchmal werden wir ungewollt in Umstände getragen. Vom Moment der Gegenwart an haben wir immer die Möglichkeit einer Veränderung der Zukunft. Diese Veränderung kann physisch, mental oder geistig sein. Wir können in der Gegenwart entscheiden, eine gewisse Handlung zu vollziehen oder nicht, um die Zukunft zu ändern. Wir können ebenfalls unsere Ansichten zu einer bestimmten Situation verändern, um nicht die Umstände selbst zu verändern, aber zumindest unsere Haltung dazu. Wir können in Meditationen und Gebeten unsere seelische Verbindung zur äußeren Welt so verändern, dass unsere Wahrnehmung plötzlich ein ganz neues Bild bekommt.

Unser Leben ist vergleichbar mit der Fahrt in einem Auto. Unsere Seele sitzt im Körper, dem Auto, und fährt die Lebensstraße entlang. Wir fahren von einem Punkt A (Geburt) zu einem Punkt B (Tod). Dazwischen liegen viele verschiedene Stationen, die wir *anfahren*. Wir haben die Freiheit zu entscheiden, ob wir nach Landkarte fahren, ob wir uns spontan und frei bewegen oder ob wir uns durch ein GPS von Zeit zu Zeit unterstützen lassen.

Meine Arbeit vergleiche ich gern mit einem GPS (*Global Positioning System*) im Auto. Kommt ein Kunde zu mir, so gebe ich ihm mithilfe meiner Intuition Hinweise zu seinem Lebensweg. Ich werde also für kurze Momente zu einem GPS und gebe Bilder über auftretende Situationen wieder. Ich kann so dem Kunden Bilder weitergeben, die auf mögliche kommende Situationen hindeuten. Bleiben wir bei der Analogie des GPS, so könnte ich ihm zum Beispiel sagen, dass ich eine Linkskurve sehe und danach eine Brücke, die sehr instabil ist. Der Kunde hat nun selbst die Möglichkeit zu entscheiden, ob er weiterhin auf der gleichen Straße weiterfahren möchte oder ob er vielleicht eine Umfahrungsstraße sucht, um die Brücke zu umgehen. Oberstes göttliches Gesetz (sollte es überhaupt einen Gott geben) ist das Gesetz der Relativität und des freien Willens.

Religiöse Gesetze (nicht göttliche) dienen dazu, dem verängstigten Menschen einen Halt zu geben. Zu groß wirkt für die meisten der Druck der uneingeschränkten Freiheit.

Gibt es so etwas wie eine Bestimmung, so wären das einzelne Punkte, die man im Leben anfährt – genetische Krankheiten, wirtschaftliche oder politische Umwälzungen oder der Tod geliebter Menschen. Gerade bei wirtschaftlichen oder politischen Umwälzungen kann man wieder davon ausgehen, dass sie schlussendlich im Kollektiven kein Resultat einer festgefahrenen Bestimmung sind, sondern eine Reaktion menschlicher Handlungen in der Vergangenheit. In solchen Momenten könnte das Individuum dazu neigen, von Bestimmung zu sprechen. In der persönlichen Wahrnehmung zur Situation hingegen ist der freie Wille immer noch vorhanden.

Stehe ich vor einer Ameise, so könnte die Ameise es als Schicksal oder als Bestimmung ansehen, dass ein überdimensional großes Wesen sie zerdrückt oder nicht. Für mich als Mensch jedoch ist es nichts anderes als mein freier Wille, zu entscheiden, ob ich das Tier leben lasse oder nicht.

Osho sagte, dass man dem wirklich freien Menschen die Zukunft nicht lesen kann. Er bildet sich seine Zukunft aus momentanen Entscheidungen. Thomas Mann schrieb: »Die Freiheit ist komplizierter als die Macht.« Freiheit verändert die Form und das Wesen der Entscheidung sowohl der individuellen wie auch der kollektiven Verantwortung. Sie betont die Gegensätze zwischen Initiative und Apathie, Wagemut und Gehorsam, Konkurrenz und absoluter Abhängigkeit von einem Staat. Genauso wie Sklaverei Schritt um Schritt erlernt werden muss, um ihren Horror zu überleben, muss Freiheit erlernt werden, um ihren Risiken und Chancen zu begegnen. Die Gedanken einer Vorherbestimmung oder einer Bestimmung sind Fesseln einer Indoktrinierung, aus der wir uns erst befreien müssen.

Es scheint ein Gegensatz zu sein, dass ich den Menschen die Zukunft lese, aber an die absolute Freiheit glaube. Ich lese die Aura der Menschen nicht, um ihnen eine festgefahrene Zukunft aufzuzwingen. Ich möchte die Möglichkeiten aufzeigen, die vorhanden sind, aber auch die Freiheit bewusst machen, die möglich ist, um unerwünschte Prophezeiungen zu möglichen Situationen zu verändern!

Bestimmung oder freier Wille?

In meinen Beratungen gebe ich mediale Hinweise über mögliche Zukunftsszenarien. Meine Analysen zeigen die möglichen Schritte und/oder ihre Konsequenzen auf. Es bleibt schlussendlich dem Kunden überlassen, ob er auf meinen Ratschlag hören möchte oder nicht. Eine Analyse zeigt nicht unbedingt, was in der Zukunft passieren muss, sondern welche Alternativen vorhanden sind. Im Folgenden einige Fallbeispiele zur Erläuterung. In diesen beschreibe ich, wie die Ausgangslage während meiner Beratung oder persönlichen Erfahrung war, meine Visionen und wie die Situation sich dann entwickelte.

Fall 1: Der Tsunami in Thailand

Im Sommer 2004 lebte ich einige Wochen in Berlin. Manchmal wurde ich um Beratungen gebeten. Eine Kundin aus den USA weilte in Berlin und meldete sich für eine Sitzung an. Während der Beratung fragte mich die Kundin, wie es ihr kommenden Dezember auf ihrer Thailandreise ergehen würde. Ich sah in ihrer Aura, dass die Reise in den Fernen Osten sich nicht ergeben würde, dafür aber eine Reise nach Miami. Die Kundin konnte mit meiner Aussage nichts anfangen, da die Reise nach Thailand schon fest gebucht war.

Im Januar bekam ich von dieser Kundin eine E-Mail. Sie schrieb mir, dass sich Anfang Dezember Probleme mit der Reise nach Thailand ergeben hätten. Dafür zeichneten sich Möglichkeiten einer Reise nach Miami ab. Die Dame erinnerte sich meiner Worte. Sie löste sich von ihren Plänen, nach Thailand zu reisen, und buchte stattdessen die Reise nach Miami. Am 26. Dezember zerstörten riesige Wellen die Küstenlandschaften Thailands, Sri Lankas, Indiens und anderer Regionen, sie rissen Hunderttausende Menschen in den Tod. Meine Kundin wollte ursprünglich die Gegend um Phuket besuchen, eines der am stärksten betroffenen Gebiete. In ihrer E-Mail bedankte sich die Dame dafür, dass ich ihr das Leben gerettet hatte. Ohne meine Vorhersage hätte sie am ursprünglichen Plan festgehalten und wäre genau während der Zeit des Tsunamis nach Phuket gereist. Als Strandliebhaber, so schrieb sie in ihrer E-Mail, wäre sie ganz bestimmt einem sehr unglücklichen Schicksal ausgeliefert gewesen. Den Dankesbrief der Frau können Sie auf meiner Webseite *www.martinzoller.com* finden.

Fazit: Die Kundin hatte die Reise nach Thailand schon lange im Vorfeld geplant. Hätte ich ihr nichts über die Veränderung ihrer Pläne vorhergesagt, so wäre sie vielleicht dennoch nach Thailand gereist. Sie bestätigte mir in einer Folgesitzung, dass sie nur aus diesem Grund nach Miami gereist sei. Ihr freier Wille hätte sie aber auch dickköpfig daran hindern können, die Reisepläne zu ändern. Das hätte für sie mit allergrößter Wahrscheinlichkeit tragische Folgen gehabt. An der Kreuzung, an der sie entscheiden konnte, wählte sie den Weg nach Miami. Mein mediales GPS erlaubte ihr zu erkennen, dass der Weg nach Miami nicht ein ungewollter Umstand, sondern schon in der Vergangenheit erkennbar war. Daher verschloss sie sich auch nicht der Möglichkeit, sondern nahm die Veränderung als neuen Weg an.

Fall 2: Französisch-Polynesien

Nachdem ich das Flugticket nach Französisch-Polynesien gekauft hatte, informierte ich mich über die Inselgruppe. Bis zu diesem Zeitpunkt wusste ich nur sehr wenig über das so weit entlegene Stück Paradies. Ich musste feststellen, dass Individualreisen auf die Inseln sehr schwierig sind und die Inseln sehr teuer waren.

In den Tagen meiner Recherchen traf ich einen Bekannten in einem Restaurant, den ich seit Jahren nicht mehr gesehen hatte. Wir freuten uns über das Wiedersehen. Zu Hause hatte ich den starken Gedanken, ihn anzurufen. Ich spürte, dass ich ihn wiedersehen sollte. Wir trafen uns zum Kaffee. Natürlich erzählte ich ihm von meiner anstehenden Reise. Französisch-Polynesien? Erstaunt sah er mich an. Er erzählte mir, dass seine Schwester einige Jahre dort gelebt hatte und er noch heute dort einen sehr guten Freund habe. Er schlug vor, diesen Freund anzurufen. Auf Vermittlung öffne der Freund guten Freunden oder Bekannten seine Türen, und man könne bei ihm wohnen. Wir gingen zu mir nach Hause, und via Skype riefen wir besagten Freund an. Der Freund in Polynesien sagte ohne zu zögern zu und lud mich zu sich nach Hause ein. Zwei wunderbare Monate verbrachte ich auf seinem Grundstück. Ohne diesen Kontakt wäre meine Reise um einiges schwieriger und vor allem teurer geworden!

Fazit: Meine intuitive Stimme rief mich dazu auf, mit dem Bekannten in Verbindung zu treten. Er war der hilfreiche Türöffner für meine Reise. Auch ohne ihn wäre ich auf die Reise gegangen. Sein Kontakt aber hat mir nachträglich die Reise um einiges interessanter und günstiger gemacht. Das Schicksal hat mir den Bekannten wieder in mein Leben gebracht. Mein Vertrauen in meine Intuition aber hat den Schritt unternommen, mit ihm in Kontakt zu bleiben.

Fall 3: Entführungen

Im Dezember 2009 erreichten mich in nur zwei Wochen E-Mails von drei verschiedenen Entführungen, die ich in diesem Buch beschrieben habe (➛ siehe auch Seite 124). Familienangehörige baten mich um Hilfe. Bei Entführungen ist die Unwissenheit oft schlimmer als ein trauriger Ausgang des Verbrechens. Ich bat die Familienangehörigen um Fotos und um eine Kurzbeschreibung des Geschehens. Ich konzentrierte mich auf die Bilder und konnte sehen, dass die drei verschwundenen Personen noch am Leben waren. Den Familienangehörigen konnte ich dank meines GPS sagen, wie es ihren Liebsten ging und wo sie sich ungefähr befanden. Die Angehörigen wurden dadurch beruhigt und konnten, ohne die Hoffnung zu verlieren, mit einem guten Ausgang rechnen.

In allen drei Fällen konnte ich helfen, und die von mir gegebenen Informationen bestätigten sich.

Fazit: In diesen Fällen geht es nicht direkt um ein konkretes Beeinflussen durch meine Hinweise. Dennoch konnten die Familienangehörigen die Zeit entspannter durchleben und hatten zumindest etwas, woran sie sich festhalten konnten. Glaube kann Berge versetzen. Die Hoffnung und das Vertrauen der Angehörigen half, die Tragik der Umstände besser zu verarbeiten. Die Verwandten hätten sich ebenso gut für intuitive Hilfen ganz verschließen können. Wir wissen, wie einfach es ist, in der Hoffnungslosigkeit die Kontrolle zu verlieren. Schon viele schwierige Momente verschlimmerten sich in der Hoffnungslosigkeit durch unkontrolliertes Handeln. Dank meiner Visionen waren diese Situationen nicht wirklich hoffnungslos!

Fall 4: Das Gericht

Ein ehemaliger Kunde kämpfte lange mit einer verworrenen und sehr komplizierten Gerichtsklage. In den Medien wurde der Mann immer wieder angegriffen. Die öffentliche Meinung war gespalten. In meinen Beratungen zeigte ich meinem Kunden mit dem medialen GPS den kommenden Weg. Ich signalisierte ihm, wie er sich gegen Gefahren schützen konnte und wo seine Schwächen lagen. Aus einer einstündigen Beratung wurde während eines längeren Zeitraums ein mediales Coaching. Der Mann war sehr offen für meine Hinweise und hörte auch sehr genau auf meine Ratschläge.

Nach langen und schwierigen Momenten gewann mein Kunde die Schlacht. Die Klagen gegen ihn wurden verworfen, sein Name verschwand wieder aus den Medien. Nach einer wohlverdienten Zeit der Entspannung ist mein Kunde heute wieder zurück an seiner Arbeit und genießt die Zeit mit seiner Familie. Den Dankesbrief des Kunden können Sie auf meiner Webseite *www.martinzoller.com* finden.

Fazit: Mein Kunde hätte die Anschuldigungen auch ohne meine Hilfe abwehren können. Er entschloss sich aber, mediale Hilfe anzunehmen und hörte auf die Hinweise, die er über das mediale GPS bekam. Durch seinen freien Willen hätte sich der Akademiker und studierte Mann gegenüber intuitiven Ratschlägen auch verschließen können. Dennoch spürte er, dass unter solch schwierigen Momenten alternative Hilfsmittel hilfreich sein können, und er öffnete sich einer Welt, die andernfalls für ihn vielleicht nie geöffnet worden wäre.

Fall 5: Untreue

Eine Kundin besuchte mich, um Auskunft über ihre Ehe zu bekommen. Sie hatte das Gefühl, dass sich die Beziehung in eine unbefriedigende Richtung entwickelte. Leider fehlte ihr die nötige Distanz, um die Beziehung richtig analysieren zu können. In meiner Beratung konnte ich erkennen, wo die Schwierigkeiten der Beziehung lagen, welche Probleme eindeutig bei ihr zu suchen waren und wo der Mann Fehler machte. Plötzlich nahm ich eine andere Frau in der Aura des Ehemannes wahr. Ich war mir nicht schlüssig, ob ich dieses Bild in die Sitzung bringen sollte oder nicht. Mein intuitives GPS zeigte mir aber, dass die Liebhaberin des Mannes so viel Einfluss auf die Beziehung ausübte, dass ohne ein Angehen dieses Problems keine Verbesserung möglich war. Ich erklärte der Dame, dass ich eine Frau erkennen kann, die dem Ehemann sehr nahe steht. Diese Beziehung, so erklärte ich ihr, würde ihre Ehe beträchtlich beeinflussen. Die Dame fragte mich, ob sie den Ehemann darauf ansprechen solle. Das, so erklärte ich ihr, müsse sie selbst entscheiden. Meine Aufgabe sei das Weitergeben dessen, was ich sehen kann. Ich könne ihr helfen, Probleme zu erkennen und mögliche Lösungen zu finden. Welchen

Weg sie aber konkret nehmen würde, müsse sie für sich selbst entscheiden. Ich schlug der Dame vor, einen Therapeuten aufzusuchen. Vielleicht könne dieser helfen.

Einige Wochen später begegnete ich der Dame wieder. Ich erkundigte mich danach, wie es ihr gehe. Es gehe ihr sehr gut, gab sie zur Antwort. Einige Tage nach unserem Gespräch habe sie ihren Mann auf seine außereheliche Beziehung angesprochen. Zu Beginn habe er alles abgestritten. Erst nach längeren Diskussionen gestand er seine Untreue. Im Moment lebe sie allein in einer Wohnung, um zu spüren, was sie wirklich wolle. Sie sei aber sehr froh, diesen Weg gegangen zu sein. Endlich, so sagte sie, fühle sie sich nicht mehr wie ein blindes Huhn.

Fazit: Die Dame wusste nach unserer Sitzung, wie es um die Beziehung wirklich stand. Sie gestand mir später, dass sie eigentlich gespürt hatte, dass ihr Mann vermutlich eine Affäre hatte. Sie wollte es aber nicht wahrhaben. Nach unserer Sitzung konnte sie sich nicht mehr selbst betrügen. Dennoch hatte sie die Möglichkeit, so weiterzuleben oder einen neuen Weg zu wählen. Ihr freier Wille ließ ihr diese Alternativen offen. In vielen Situationen höre ich Menschen immer wieder sagen, dass eine Situation vorbestimmt respektive Karma sei. Man versucht, eine höhere Macht für das eigene Leben verantwortlich zu machen. Taucht man tiefer in die Umstände ein, so erkennt man jedoch, dass es eine bis dahin noch nicht erkannte Angst ist, die einen nicht handeln lässt, oder das Gefühl einer Verantwortung. In einer Beziehung können zum Beispiel Kinder der Grund sein, den Partner nicht zu verlassen. Das ist berechtigt, hat aber nichts mit Vorbestimmung oder Karma zu tun!

Fall 6: Der Künstler

1996 besuchte ich Lima, die Hauptstadt Perus. Ein peruanischer Kunde, der in Bolivien lebte, hatte mich eingeladen. Er wollte, dass ich für seine Familie und Freunde ebenfalls Sitzungen gab. Ein gutes halbes Jahr vor meiner Reise hatte er eine Beratung bei mir. Damals war er Grafiker bei einer Werbefirma. Er mochte seinen Beruf, fühlte sich aber in seinem Privatleben unzufrieden. In der Sitzung konnte ich sehen, dass sein eigentliches Problem nicht sein Privatleben war. Er besaß ein sehr kreatives Potenzial, und ich konnte sehen, dass er mit Farben und Pinsel erfolgreich sein könnte. Auch sah ich, dass ein starker Anteil seiner persönlichen Unzufriedenheit damit zu tun hatte, dass er sein kreatives Potenzial nicht wirklich auslebte. Was ich ihm raten würde, wollte er wissen. Ich schlug ihm vor, dass er es mit einem Malkurs versuchen solle. Vielleicht würde er dort sein bis dahin verborgenes Kraftpotenzial spüren.

Nur wenige Monate später kündigte dieser Mann seinen Job und fing an zu malen. Als er mich nach Lima einlud, hatte er bereits eine Ausstellung gehabt. Ich bekomme immer noch E-Mails von ihm mit Ankündigungen von Ausstellungen. Er lebt von der Kunst, gibt Zeichenunterricht und bereist mit seiner Kunst verschiedene Länder Südamerikas. In seinem Privatleben, so erzählt er immer wieder begeistert, ginge es ihm viel besser, und endlich habe er auch Beziehungen.

Fazit: Keine vorbestimmte Bestimmung hielt ihn in seinem Job oder zwang ihn, seinen alten Beruf zu verlassen. Er sah die Zeichen, vertraute auf meine und seine eigenen intuitiven Eingebungen und hatte den Mut, einen neuen Weg zu gehen. Sein Beispiel ist klassisch für unzählige Beispiele, die ich kenne. Hört man auf die eigene oder eine fremde Intuition, so geht man früher oder später den richtigen Weg. Genies oder erfolgreiche Menschen haben nicht einfach nur Erfolg, weil sie besser sind. Nein, sie haben neben ihrem Potenzial einfach mehr Mut, den Bildern und Visionen zu folgen.

Fall 7: Der Politiker

Im letzten Jahr des zwanzigsten Jahrhunderts wohnten meine damalige Freundin und ich einige Monate im Haus eines guten Bekannten. Es stand in einem vornehmen Stadtteil von Santa Cruz in Bolivien. Der Bekannte war ein erfolgreicher Geschäftsmann mit einer ausgeprägt guten Intuition. Während einer Beratung erzählte ich ihm, dass er schon sehr bald die Möglichkeit haben werde, aktiv in die Politik einzusteigen. Ein Schwall von Flüchen ergoss sich über mich, als er seine Meinung zur Politik äußerte. Ich möchte seine Worte hier nicht wiederholen. Vehement wehrte er sich gegen die Möglichkeit, der Politik nahezutreten. Ich musste über seine Reaktion schmunzeln und wechselte das Thema.

Etwas mehr als ein Jahr später kontaktierte mich der Bekannte erneut. Ich lebte seit wenigen Wochen allein, die Beziehung mit meiner Freundin war zu Ende. Er sei von Freunden in politischen Kreisen angefragt worden, ob er als Kandidat für kommende Provinzwahlen zur Verfügung stehe. Sein Image war das eines Saubermannes, und er machte sich als neuer Kandidat sehr gut. Eigentlich, so gestand er mir, hätte er normalerweise ohne Bedenken abgewinkt. Er erinnerte sich aber an meine Aussage und wollte jetzt wissen, ob der Weg für ihn auch erfolgreich sein würde. Ich vertiefte mich in seine Aura und konnte sehen, dass der Weg für ihn nicht nur einfach, sondern sehr erfolgreich enden würde. Ob ich ihm empfehlen würde, den Weg einzuschlagen, wollte er wissen. Ich riet ihm, seine Vorurteile doch ein wenig zu überdenken. Kurze Zeit später sah man das Porträt meines Bekannten in sämtlichen Zeitungen. Er stellte sich als konservativer Kandidat für lokale Wahlen zur Verfügung. Einige Jahre später war er Präsidentschaftskandidat. Unser Kontakt brach nie ab. Immer wieder bat er mich um Rat. Den großen Sprung in den Präsidentenpalast schaffte er nicht. Dafür bekam er einen Sitz im Parlament, und ich war mir sicher, dass man auch in Zukunft noch einiges hören werde von meinem Bekannten.

Fazit: Trotz erheblicher Vorurteile gegenüber der Politik ließ sich mein Bekannter aufstellen. Sicher waren meine Vorhersagen nicht ganz unschuldig an seiner Entscheidung. Hätte er von mir nicht gehört, dass er eines Tages Politiker werden würde, so hätten ihn seine Vorurteile an dieser Entscheidung zweifeln lassen. Manchmal sind intuitive Signale so unterschwellig, dass man sie gar nicht wahrnimmt. In anderen Situationen nimmt man sie wahr, hört aber nicht auf sie. Der freie Wille zum Entscheiden ist das wohl oberste Gesetz des Menschen! Vorbestimmung ist für Schwache!

Astralreisen

Meine Arbeit im folgenden Beispiel war relativ einfach. Ich wurde gebeten, die Kanzlei eines Anwaltes zu besuchen, um zu sehen, was dieser für Absichten im Fall gegen meinen Kunden hatte. Mein Kunde wünschte von mir zu erfahren, wie er sich am besten schützen könne. War eine aggressive Strategie geplant? Oder konnte mein Kunde in den kommenden Tagen auf etwas Ruhe hoffen?

Ich machte mich auf den Weg in die Kanzlei. Die Adresse hatte ich nicht, ich wusste nur Namen und Vornamen des Anwalts. In der Kanzlei angekommen, suchte ich den Anwalt auf. Ihn zu finden war nicht schwierig. Obwohl er die Kanzlei mit anderen Anwälten teilte, fand ich ihn schnell. Ohne darauf zu achten, was genau er machte, sah ich ihn an. Er wirkte etwas unruhig und nervös. Ich machte mir Notizen, sah ihn mir genau an und fragte ihn nach seinen Absichten bezüglich meines Kunden. Bereitwillig gab mir der Anwalt Auskunft über seine Pläne. Ich erfuhr, dass in den kommenden Tagen nichts geplant war. Leider befand sich der Anwalt im Streit mit einigen Kollegen seiner Kanzlei. Das raubte ihm sehr viel Energie und lenkte ihn vom Fall ab. Zudem, so ließ er mich wissen, habe sein Kunde einen Überraschungszeugen, den er in den Fall einbringen würde. Ich schrieb mit. Aus dem Gespräch und der Aura meines Gegenübers konnte ich jedoch erkennen, dass viel des Lärmes nur heiße Luft war, ohne wirkliches Gefahrenpotenzial für meinen Kunden. Auch darüber machte ich mir Notizen.

Als ich spürte, dass ich wusste, was wichtig war, sah ich mir den Anwalt noch ein letztes Mal an. Er machte auf mich einen abgekämpften Eindruck. Auch das schrieb ich mir auf. Jede noch so nebensächlich erscheinende Einzelheit könnte später von Bedeutung sein. Zufrieden verabschiedete ich mich von dem Anwalt und wandte mich von ihm ab.

Nach dem Besuch in der Kanzlei bereitete ich mir einen Kaffee zu und entspannte mich. Ich war zufrieden mit mir. Ebenso mein Kunde, den ich einige Zeit danach traf. Er ließ mich wissen, dass er und seine Anwälte sehr erstaunt waren über meine zutreffenden Informationen. Zu guter Letzt gewann mein Klient den Fall.

Für meine Kunden sind solche Aufträge nicht sehr teuer. Spesen fallen keine an. Für mich sind sie ebenfalls sehr angenehm. Probleme mit Staus auf den Straßen oder überfüllten Flughäfen, um ans Ziel zu kommen, kenne ich nicht. Meine Reisen sind astral. Natürlich unterhielt ich mich nicht verbal mit dem Anwalt, ich sprach mit seinem höheren Selbst.

Bei Astralreisen oder außerkörperlicher Erfahrung, in englischer Sprache *Out-of-Body-Experience,* hat der Betroffene das Gefühl, sich außerhalb des eigenen Körpers zu bewegen. Man betrachtet sich selbst von außen oder kann sogar die gewohnte Umgebung verlassen. Astralreisen können bei verschiedenen Situationen auftreten. Bei Nahtoderlebnissen erzählen Menschen, wie sie den Körper unter sich wahrnahmen und einem hellen Licht entgegenflogen. Während Meditationen können viele Menschen den Körper bewusst verlassen. Auch bei starker Übermüdung, Migräne oder sogar epileptischen Anfällen berichten Menschen von solchen Erfahrungen.

Bei schamanischen Ritualen nehmen die Teilnehmer oft psychedelische Drogen, um ihr Bewusstsein zu verändern und auf die Reise gehen zu können. Einer der wohl berühmtesten Schamanen der psychedelischen Literatur ist Carlos Castaneda (➤ Seite 94) und sein Don Juan. Eine seiner wichtigsten Aussagen hinter den Lehren des Don Juan lautet: Der Mensch und die Welt, die ihn umgibt, sind ein unergründliches Geheimnis, und nur wer den *Weg des Herzens* geht und immer seinem Herzen folgt, kann den *Weg des Kriegers* erreichen. Er beschreibt sehr präzise, wie solche Erfahrungen spirituelle Fähigkeiten näherbringen können. Don Juan, der Schamane in seinen Büchern, legt sehr viel Wert auf einen geschützten und energetisch sauberen Raum. Er sagt uns aber auch, wie wichtig es sei, nicht bei den Drogen hängen zu bleiben.

Psychedelische Hilfsmittel können überaus hilfreiche Schlüssel zu den Toren astraler Welten sein. Es geht aber auch ohne Hilfsmittel. In einem seiner Bücher erklärt Don Juan, dass nach seinen Erkenntnissen des Weges Astralreisen auch ohne Drogen gemacht werden können.

Astralreisen können von unterschiedlicher Länge und Intensität sein. Man erlebt sie in der Regel als ein Gefühl, sich selbst neben dem eigenen Körper stehend oder darüber schwebend in einer Art von Wachzustand wahrzunehmen. Es ist ähnlich einem Gefühl der Schwerelosigkeit und veränderten Wahrnehmung, fast wie eine *360°-Rundumsicht*. Taucher kennen dieses Gefühl aus der Unterwasserwelt. Ich mache fast jeden Tag Astralreisen. Sei es bei der Beratung einzelner Kunden, beim Analysieren einer Situation oder beim Besuch eines Raumes auf Distanz. Das Gefühl ist jenem des Tauchens sehr ähnlich.

Obwohl Astralreisen überhaupt keinen Zusammenhang mit einem religiösen Bewusstsein haben, werden sie überwiegend mit spirituellen oder eben religiösen Zusammenhängen in Verbindung gebracht. So sind sie, wie bereits erwähnt, durch Meditationen, Gebete, schamanisch psychedelische Reisen oder auch mithilfe von Musik möglich. Auch in Fragen der Reinkarnation, also der Wiedergeburt, greift man auf die Seelenreise oder Astralreise zurück. In der schwarzen Magie werden Astralreisen angewendet, um die Opfer gewisser Rituale zu besuchen oder um in Kontakt mit Dämonen zu treten.

Außer in den Religionswissenschaften werden Astralreisen und ähnliche Erlebnisse seit Längerem auch in der psychiatrischen und psychologischen Forschung diskutiert. In den letzten Jahrzehnten ist das Phänomen unter anderem in der Neurowissenschaft und der Psychologie untersucht worden.

Wissenschaftlich werden diese Erfahrungen mehrheitlich als Illusionen, luzide Träume oder Halluzinationen abgetan. Nach diesen Erklärungen sind Erfahrungen mit Astralreisen die Folge einer psychischen oder physiologischen Desorganisation des menschlichen Gehirns.

Für den ungeübten Adepten der Astralreisen besteht die Angst, nicht mehr »nach Hause zu finden«. Es gibt verschiedene Schulen, die behaupten, Astralreisen können gefährlich sein. Wie überall im Leben ist es wichtig, vorsichtig zu sein. Ich möchte jedoch behaupten, dass es gefährlicher ist, eine Straße zu überqueren, als eine Astralreise zu machen. Bis zum heutigen Tag habe ich persönlich noch nie eine negative Erfahrung gemacht. Auch habe ich in den unzähligen Seminaren noch nie eine Person erlebt, die Probleme oder Schwierigkeiten hatte, den Weg in den Körper wiederzufinden.

Nur bei einer einzigen Reise hatte ich auf dem Rückweg meiner Astralreise von Bolivien in die Schweiz das Gefühl, in einem mir unbekannten Raum zu sein. Ich besuchte eine Person, um zu sehen, wie es ihr gehe. Ich schwebte durch den Raum, als ich plötzlich viele Stimmen um mich herum hörte. Ich kam mir vor wie in einem dunklen Raum, gefüllt mit Menschen, die alle wild durcheinander sprachen. Ich hielt inne, um zu spüren, wo ich war. Obwohl dieser Raum für mich neu war, hatte ich keine Angst. Ich musste mich kurz orientieren, um den Weg weiterzugehen und fand schließlich ohne Probleme in den Körper zurück.

Astralreisen setze ich auch ein, um mich zu entspannen. Anstelle einer Reise mit öffentlichen Verkehrsmitteln oder dem Auto in die Natur mache ich eine Astralreise, um Körper und Geist zu entspannen. Die Landschaften, die ich besuche, können gezielt angesteuert oder zufällig sein. Bitte ich einen meiner Geistführer um Rat, so besuche ich ihn oder sie manchmal in einer Astralwelt. Wir haben dort den Vorteil, nicht abgelenkt oder gestört zu werden.

Für viele Menschen ist es einfacher, während des Schlafens Astralreisen zu unternehmen. Tagsüber lässt man sich zu sehr ablenken oder hat Vorurteile oder Ängste, um sich auf Reisen zu begeben. Ohne es zu wissen oder sogar ohne sich am Morgen daran zu erinnern, macht die Seele oft lange und weite Reisen während des Schlafs. Der geübte Astralreisende kann auch tagsüber das Gehirn abstellen und den Körper entspannen, um ohne Probleme Orte und Menschen zu besuchen.

Ich habe bereits mehrfach die Vorteile von Astralreisen ausführlich beschrieben. Auch hier haben wir das intuitive GPS jederzeit zur Verfügung. Sollte man sich während einer Reise plötzlich unsicher fühlen, so kann man kurz innehalten, um zu spüren, in welche Richtung es gehen könnte. Zum Abschluss dieses Kapitels möchte ich Ihnen noch *Bon voyage* wünschen.

Lottozahlen

Eine Frage taucht immer wieder auf, die in den meisten Fällen leicht spaßig gemeint ist. Manchmal ist sie aber auch ernsthaft und in der Hoffnung gestellt, auf einfachem Weg zu Reichtum zu kommen: »Welches sind die Lottozahlen am kommenden Wochenende?«

Wüsste ich sie, gebe ich normalerweise zur Antwort, dann gäbe ich sie bestimmt nicht weiter, sondern würde selbst spielen. Leider ist das nicht möglich. Ich habe es schon öfter versucht und kenne viele mediale Menschen, die es ebenfalls versuchen. Bisher ohne Erfolg, leider.

In einer seiner Tranceseancen wurde der berühmte amerikanische Seher Edgar Cayce gefragt, warum er sich nicht zu Reichtum verhelfen könne. Cayce wurde damals als Prophet, Mystiker oder Seher bezeichnet. Um in Kontakt mit den geistigen Welten zu treten, Botschaften zu erhalten, begab er sich liegend in einen Trancezustand. Die anwesenden Personen stellten ihm Fragen zu Ratsuchenden, die gewöhnlich nicht anwesend waren. Cayce gab Hinweise zu Themen wie Gesundheit oder Arbeit, aber auch über Karma und frühere Leben. Auch konnte er Kontakte zu Verstorbenen herstellen.

Tatsächlich versuchte Cayce immer wieder, mithilfe seiner Visionen an Geld zu kommen. Selbst Ölbohrungen versuchte er, leider ohne Erfolg. Er konnte kranke Menschen mit seinen Ratschlägen vor dem Tod bewahren, Geschäftsmännern zu Reichtum verhelfen oder Einblicke in historische Begebenheiten ermöglichen. Cayces Antwort auf obige Frage war ebenso überraschend wie einleuchtend: »Hätten medial begabte Menschen die Möglichkeit, ohne Weiteres so einfach an Reichtum zu gelangen, wer würde sich dann noch abrackern, um Fragen zu beantworten?«

Ganz unrecht hat Cayce mit seiner Aussage nicht. Gibt es tatsächlich eine göttliche Kraft, die solche Entscheidungen fällen kann, so wusste sie, warum sie dieses Gesetz erließ. Mediale Menschen sind, entgegen den meisten Vorstellungen, nur in den wenigsten Fällen (wenn überhaupt) tatsächlich bessere Menschen. Einige sind gute Geschäftsleute, andere treten sehr selbstbewusst auf. Immun gegen Gier und Macht aber sind sie genauso wenig wie jeder andere Mensch auf Erden.

Neben Lottozahlen versuche ich immer wieder, an der Börse Geld anzulegen. Das funktioniert bis zum heutigen Tag eigentlich sehr gut. Trotz der ganzen Turbulenzen an der Börse konnte ich bis jetzt, mit ganz wenigen Ausnahmen, immer wieder Gewinne verbuchen. An der Börse sehe ich keine Nummern oder Namen, sondern Tendenzen in der Wirtschaft. Ich lese jeden Morgen Wirtschaftszeitungen und spüre bei einzelnen Titeln oder Branchen eine starke Schwankung. Die Schwankung gilt es zu analysieren, um zu sehen, in welche Richtung sie geht. Wie immer, ist auch diese Arbeit mit Zeit und Aufwand verbunden und nicht nur einfach ein Ausfüllen eines Lottoscheins.

Mediale Hinweise für einen Geschäftsmann sind analytischer Natur. Ich kann aufzeigen, welcher Weg einfacher oder besser zu begehen ist oder in welches Produkt oder Projekt man am ehesten investieren sollte. Diese Informationen sind fast immer hilfreich und zeigen den richtigen Weg. Dennoch besteht die Notwendigkeit, immer wieder den begangenen Weg zu hinterfragen oder zu analysieren. Medialen Analysen, sei es im Finanzbereich oder bei juristischen Problemen, darf man ebenso wenig blind vertrauen wie bei sämtlichen anderen Lebensbereichen. Medialität hilft, Wege zu erkennen, Hindernisse oder Hilfsmittel wahrzunehmen. Den Weg begehen muss man selbst.

Wahnsinn?

Wahnsinn oder Verrücktheit?

Those who are not crazy are not normal! (Wer nicht verrückt ist, ist nicht normal!) – Text einer Postkarte. Als Wahnsinn oder Verrücktheit werden bestimmte Verhaltens- oder Denkmuster bezeichnet, die nicht der jeweiligen akzeptierten gesellschaftlichen Norm entsprechen. Was und wer als verrückt oder wahnsinnig bezeichnet wird, hängt also stark von der Einstellung der Gesellschaft ab. Kulturell ist der Begriff nur schwer anwendbar. In der Entwicklung der jeweiligen Gesellschaft veränderte sich auch das Verständnis für solche Phänomene.

Liebe macht verrückt! Verrückt vor Hass! Wahnsinnige Angstzustände! Wahnsinnig genial! Verloren im Wahnsinn! Wahnsinnig verrückt! – Der Begriff Wahnsinn lässt sich überall dort gut einsetzen, wo logisches Verständnis oder Verhalten an seine Grenzen stößt. Handelt jemand etwas ver-rückt, also anders als nach normalem gesellschaftlichem Denken, gilt er in vielen Kulturen schnell als verrückt oder wahnsinnig.

Es liegt daher nahe, dass Menschen, die medial veranlagt sind, Angst haben, wahnsinnig zu sein oder zu werden. Ich kenne das aus eigener Erfahrung nur zu gut. Stimmen in verschiedenen Tonlagen im Kopf zu hören, Geister und Engel zu sehen oder Visionen zu haben, ließen anfangs auch mich an meinem Verstand zweifeln. Aber im Gegensatz zu vielen ängstlicheren Menschen war das für mich kein Hindernis auf dem Weg der intuitiven Führung. Im Gegenteil, es trieb mich voran. Ich habe den *normalen* Weg, seit meinen ersten Gedanken in diese Richtung, immer als sehr zweifelhaft betrachtet, und suchte eine eigene Richtung. Es gibt ja, so sagte ich mir, nichts zu verlieren.

Die Dämonen der Nacht hausten mehr in meinem Kopf und meinen Ängsten als in medialen Dimensionen. In der realen Welt mit Korruption, Dekadenz und Arroganz fürchte ich mich mehr als in den Schattenwelten der geistigen Sphären.

Sicherlich gibt es Krankheitssymptome, die dem Wahnsinn zugeordnet werden können, und Menschen, die an solch einer Krankheit leiden, brauchen ärztliche Hilfe. Es gibt aber auch sehr viele Menschen, die sich für verrückt halten, in Wirklichkeit aber medial oder zumindest sehr intuitiv veranlagt sind. Diese Menschen haben oft das Problem, dass sie ihre innere und ihre äußere Realität nicht verbinden können. Die Wahrnehmung der inneren Wirklichkeit ist ebenso stark oder sogar noch stärker als die äußere. Im Alltag hören sie Radio, sie sprechen mit Leuten oder nehmen die Geräusche des Verkehrs wahr. Gleichzeitig, und hier unterscheiden sie sich von *normalen* Menschen, hören und sehen sie den feinstofflichen oder geistigen Alltag. Auch in dieser Welt leben Wesen, die sprechen und Geräusche machen. Sie bemerken Bilder, die zu zeitlich und räumlich verschobenen Dimensionen gehören. Oder sie bekommen visionäre Bilder übermittelt. Der Neuling auf diesem Gebiet kann nur erahnen, wie schwierig das fur intuitive Menschen sein muss, der Erfahrene weiß genau, wovon ich spreche.

In meinen Seminaren, meinen Vorträgen oder Sitzungen treffe ich sie immer wieder, die medialen oder sensitiven

Menschen. Sie spüren und sehen vieles, aber sie wissen nicht, wie sie damit umgehen sollen. Zusätzlich gibt es immer wieder Eltern oder Ehepartner, die nicht wissen, wie sie mit der intuitiv veranlagten Person in ihrem Leben umgehen sollen. Dabei geht es jungen und alten Menschen gleich, wenn sie nicht wissen, wie sie mit dieser Kraft umgehen sollen. Da diese Kraft für den Unerfahrenen selbstzerstörerisch oder sogar zum realen respektive medizinischen Wahnsinn führen kann, braucht man jemanden, der einen auf den richtigen Weg führt. Es sollte ein verantwortungsbewusster Mensch sein mit viel Erfahrung, der den Schüler auf dem Wege seiner Intuition begleiten und ausbilden kann.

Verrückt heißt in diesem Fall nichts anderes als verrückt. Eine Person ist vom normalen Weg ver-rückt, abgerückt und fand einen neuen, individuellen Weg. Anders zu sein als normal kann auch als Kompliment verstanden werden. So zumindest sehe ich es. Wenn verrückt bedeutet, der inneren Stimme zuzuhören, auch wenn das als abnormal angesehen wird, so ist es mir eine Freude, diesen Weg zu gehen. Ohne Zweifel hat alles im Leben seinen Preis. Natürlich ist es um einiges bequemer, im kollektiven Meer der Masse zu schwimmen. Aber nichts im Leben ist so interessant, wie der Seele den Platz zu geben, sich auszudrücken.

Fühlt oder hört man plötzlich neue Wirklichkeiten, so ist es wichtig, nicht in Panik zu verfallen. Ruhe, zum Beispiel durch Meditationen, hilft, das Wirren der Bilder oder Stimmen zu verstehen. Bücher über intuitive oder mediale Themen und Begegnungen mit Profis auf diesem Gebiet sind auch hilfreich. Man erkennt dadurch, dass andere Menschen ähnliche Erfahrungen gemacht haben. Arbeitsgruppen, Seminare oder Vorträge geben Anstöße zu weiteren Schritten.

Leider ist die mediale oder intuitive Schule nicht wirklich fassbar. Auch wenn Parapsychologie zwar als Grenzwissenschaft anerkannt ist, ist sie sehr umstritten. Man begibt sich ohne Zweifel auf dünnes Eis. Verschwinden aber die Geister und Dämonen der Unwissenheit, so werden sie zu Engeln des Lichtes. Dem Menschen öffnen sich neue Türen in bis dahin unbekannte Dimensionen. Die Wirklichkeiten werden erweitert und erlauben es dem Schüler, aus einem unendlichen Reichtum zu schöpfen. Werden die schwachen Sträucher des intuitiven Wissens zu großen, starken Bäumen, so wächst auch das Selbstvertrauen des Suchenden. Der Adept lernt, mit der ihm eigenen Kraft umzugehen.

In Momenten des Kontrollverlustes gibt es verschiedene Möglichkeiten der Bearbeitung. Bei stark intuitiven Schüben kann es verschiedentlich zu solchen Kontrollverlusten kommen. Ausgelöst werden sie zumeist durch zu intensives Meditieren, durch halluzinogene Drogen oder durch sogenannte Energieschübe. Der Mensch erlebt es als ein Gefühl des Abgehobenseins, des Schwebens, man ist nicht mehr geerdet.

Dagegen helfen Sport oder andere starke körperliche Anstrengungen, damit man seinen Körper wieder spürt. Auch der Geschlechtsakt ist hierbei hilfreich. Fühlt sich der Energie-Aura-Körper aufgelöst oder abgehoben an, sollte man mit der Erdenergie meditieren. Dazu setzt oder legt man sich hin und verbindet sich mit der Kraft der Erde. Gutes Essen kann ebenso hilfreich sein. Von Alkohol rate ich in solchen Situationen eher ab. Als Flüssigkeit empfehle ich Kaffee oder starken Tee.

Am besten, man schreibt seine intuitiven Eingebungen auf und überprüft sie später, falls möglich. So erkennt man, dass man keinen Fantasiegespinsten unterliegt. Auch der Zauberlehrling in Goethes Ballade musste die Erfahrung machen, was passiert, wenn man sich auf falsche Kräfte einlässt. Schon bald merkte er, dass er den Kräften, die er freisetzte, nicht mehr gewachsen war. Zum Glück erscheint im letzten Augenblick der Lehrmeister und macht dem Spuk ein Ende. Solche Erfahrungen können glücklicherweise ohne Probleme verhindert werden. Ich muss allerdings gestehen, in manch einer Situation hätte ich auch fast die Kontrolle verloren, hätte mehr ver-rücken können als gesund ist für Körper und Geist. Gott oder meinen Engeln sei Dank, kam es nie so weit.

Heute begegnen mir immer wieder Wesen aus Welten, die bestimmt bei anderen Menschen Angst auslösen könnten. Oder ich sehe intuitive Bilder, die Albträumen gleichen. Ich habe inzwischen gelernt, mit diesen Welten und Bildern umzugehen und lasse mich nicht mehr davon beirren. Menschen, die das Gefühl haben, manchmal am Rande des Wahnsinns zu stehen, kann ich nur raten: Vertrauen Sie auf Ihre eigene Persönlichkeit und beobachten Sie sich selbstkritisch. Und sicherlich ist es besser, einmal zu viel Hilfe zu suchen, als einmal zu wenig. Allerdings sollte diese Hilfe Ihre Wahrnehmungen ernst nehmen und als mediale Intuition verstehen können.

Hurrikan in Miami

Vor mehreren Jahren machte ich auf einer meiner unzähligen Reisen einen dreiwöchigen Zwischenstopp in der Glamourstadt Miami, das mich mit seinem Glitzern und Glanz jedes Mal aufs Neue in seinen Bann zieht. Bereits vor meinem Abflug in Bolivien sah ich im Fernsehen die Hurrikanwarnungen für Florida. Aufmerksamkeitserregend war die Tatsache, dass diesmal einer dieser mörderischen Winde als einer der größten seiner Art beschrieben wurde. Im karibischen Raum hatte er bereits einen Durchmesser von der Fläche Europas. Er war ein Monster, das mit seiner tödlichen Kraft gnadenlos über die Inseln fegte und Zerstörung und Chaos hinterließ. Hurrikanwarnungen waren für mich nichts Neues. Die Größe dieses Sturmes aber faszinierte mich.

Der Meditierende kennt das Gefühl der Einheit mit dem Universum. In der Auflösung des *Ich-Seins* zum Ganzheitlichen hin erlebt der Adept der Meditation eine Art der Schwerelosigkeit. Eine Hingabe, die einer Aufgabe der Kontrolle gleicht, lässt uns in Welten tauchen, die hinter den Kenntnissen von Raum und Zeit sind, ähnlich wie bei manchen Extremsportarten wie Fallschirmspringen oder Bungee-Jumping.

Im Augenblick des freien Falls erlebt der Sportler ähnliche Momente wie der Meditierende. Es ist fast so, als ob in diesen Momenten der Mensch der Erleuchtung ein Stück näher kommt. Ich erlebe in kritischen oder gefährlichen Situationen genau diese Momente. Egal ob es sich dabei um Kriege, Unfälle oder Katastrophen handelt. In dem Augenblick, in dem ich erkenne, dass kommende Ereignisse nicht mehr von mir steuerbar sind, löst dies ein unbeschreibliches Gefühl der Hilflosigkeit aus, aber auch gleichzeitig eines der Hingabe.

Als ich von dem Hurrikan las, der auf uns zukommen würde, war mir klar, dass diese Erfahrung ebenso gewaltig wie tiefgründig sein würde. Kunden, Freunde und Bekannte in Miami riefen mich an, um mich um meine Meinung zum Hurrikan zu fragen. Getrost und mit gutem Wissen beruhigte ich die ängstlichen Menschen. Tausende von Menschen verbarrikadierten ihre Häuser und verließen die Stadt.

Ich lebte in Miami im Haus einer sehr guten Bekannten, die in Indien war. Freunde, die ich aus Bolivien kannte, luden mich zu sich nach Hause ein. Gegen Mittag fuhr ich los. Der Hurrikan wurde am späten Nachmittag erwartet. Bei den Freunden angekommen, aßen wir etwas und warteten. Die Straßen leerten sich. Fast hätte man das Gefühl haben können, die Menschheit sei ausgestorben. Plötzlich fing es an zu winden. Die Blätter tanzten im Wind, Plastiktaschen und Papier flogen durch die Luft. Alcides, der Ehemann des Paares, und ich stellten uns in einen toten Winkel der Terrasse, um den Sturm unter freiem Himmel zu beobachten.

Der Wind wurde immer stärker und wilder. Holzlatten flogen durch die Lüfte, und Dachziegel wurden weggerissen. Die ganze Erde schien zu vibrieren. Wir sahen uns an. Der Hurrikan war so wild und laut, dass wir uns nur schwer verständigen konnten. Aus dem schützenden Winkel zu treten, wäre Selbstmord gewesen. Da fühlte ich es wieder: das mir aus Meditationen, Kriegen oder einer der vielen anderen unkontrollierbaren Situationen bekannte Gefühl der Hilflosigkeit und gleichzeitigen Hingabe. Egal wie stark oder schwach der Hurrikan jetzt noch sein würde – wir waren mittendrin. Ein Entkommen gab es nicht mehr.

Ich schloss meine Augen. Alcides tat es genauso. Um uns rauschte, krachte und zischte es. Wir hatten vorbereitet, was wir konnten. Für zwei Tage hatten wir Essen und Wasser besorgt. Einige Tage vor dem Hurrikan waren die Supermärkte leergekauft. Die Regierung riet den Verbleibenden, Vorräte anzulegen. Wir besaßen Frischfleisch, Eiswürfel und Kerzen. Man musste damit rechnen, dass für ein oder zwei Tage die Stromversorgung ausfallen würde. In diesem Fall hätte man das Eis zum Kühlen der Nahrung gebraucht.

Trotz des wilden Getöses fühlte ich mich ruhig und entspannt. Ich merkte, wie der Lärm um mich abnahm. So schnell wie er zugenommen hatte, löste er sich auch wieder auf. Ich öffnete die Augen. Es war totenstill. Ich sah mich um. Nicht ein Blatt bewegte sich. Nichts! Ich sah Alcides erstaunt an. »Estamos en el ojo!« (Wir sind im Auge!). Natürlich, fuhr es mir durch den Kopf. Wir befanden uns jetzt im Zentrum des Hurrikans. Es war unglaublich. Nichts bewegte sich. So muss es sich im Magen eines Wales anfühlen, riefen wir uns im Scherz zu. Die Vorstellung, inmitten dieser Gewalt eingeschlossen zu sein, war faszinierend.

Hier zeigte sich einmal mehr die Dualität im Leben. Durchleben wir Momente der Gewalt, Zerstörung und Furcht, so folgt unausweichlich Ruhe, Frieden und Erleichterung. Alcides ging ins Haus. Ich hingegen wollte diesen Augenblick auskosten. Ich ging auf die Straße. Es wäre, so meinte Alcides, eine Frage von Minuten, bis wir ans andere Ende des Hurrikans kommen würden. Ich war das einzige Lebewesen auf der Straße. Kein Kind, keinen Hund, keine Katze und auch keinen Vogel konnte ich sehen.

Leichter Wind säuselte durch mein Haar. Ich sah mich um. Die Blätter an den Bäumen fingen an zu rascheln. Zeit, wieder ins Haus oder auf die Terrasse zu gehen. Alcides blieb im Wohnzimmer, ich stand allein im toten Winkel. Das Rauschen wurde lauter, wurde zu einem monströsen Getöse und verzog sich in wenigen Minuten wieder. Der über Wochen gefürchtete Hurrikan war in weniger als zwanzig Minuten an uns vorbeigezogen.

In der Wohnung versuchten meine Freunde, ihre Kinder zu erreichen, die bei Freunden waren. Es dauerte Stunden, bis die Leitungen wieder funktionierten, in manchen Stadtteilen sogar Tage, bis alles wieder normal lief. Ich übernachtete bei meinen Freunden.

Am nächsten Tag, nach dem Frühstück, fuhr ich wieder in meine Wohnung. Das Telefon bei meinen Freunden funktionierte immer noch nicht, ebenso das Internet. Ich wollte nach Hause, um zu sehen, wie es um das Haus meiner Bekannten stand. Als ich mit dem Auto durch die Straßen fuhr, war ich geschockt. Miami glich einer Kriegszone! Praktisch sämtliche Straßenlaternen waren aus der Erde gerissen. Kabel lagen überall auf den Straßen. Anwohner reparierten die Dächer, Gartenzäune und Fenster ihrer Häuser.

Als ich bei mir ankam, befürchtete ich das Schlimmste. Ich stellte das Auto vor der Tür ab und betrat den Vorgarten. Alles schien normal zu sein. Ich öffnete die Tür und trat ein. Die zwei Katzen begrüßten mich freundlich.

Erstaunt über die Sauberkeit drückte ich auf den Lichtschalter. Licht! Ich öffnete den Kühlschrank. Kälte! Ich trat an den Tisch zu meinem Laptop und schaltete ihn an. Internet! Ich war überwältigt. Während die meisten Anwohner der Umgebung für Tage keinen Strom hatten, funktionierte bei mir ausnahmslos alles.

Ich hätte die Stadt verlassen können, um mich in Sicherheit zu wägen. Dann hätte ich aber diese Erfahrung verpasst. Noch Monate später hörte ich in meinen Meditationen die Stimmen des Hurrikans. Ich spürte in meinem Herzen seine Kraft und in meiner Seele seine Göttlichkeit. Trotz der Gewalt und Zerstörung, die in diesem Treiben herrscht, findet sich dort auch eine unglaubliche Schönheit, die man nur verstehen kann, wenn man sie bewusst und beschützt erlebt hat.

Vorsicht?

Ein verantwortungsbewusster Umgang mit medial-intuitiven Aktivitäten ist problemlos. Viele der immer wieder angesprochenen Gefahren sind für psychisch stabile Personen ungefährlich. Etwas vorsichtiger sollte man sein, wenn es in der Familie Depressionen oder andere psychische Probleme gibt.

In meiner vieljährigen Arbeit hatte ich noch mit keinem meiner Teilnehmer in einem Seminar Probleme. Keiner hat die Kontrolle verloren oder ist auch nur annähernd Gefahr gelaufen, mit intuitiven Wahrnehmungen nicht umgehen zu können.

Hingegen kommt es immer wieder einmal vor, dass ich einen Klienten abweisen muss. Ich sehe in seiner Aura, spüre in seinem Verhalten oder merke im Gespräch, dass er labil sein könnte und vielleicht mit meinen Informationen nicht so gut umgehen kann. Wenn mir so etwas auffällt, erkläre ich der Person, dass es vermutlich besser wäre, einen Psychologen oder Therapeuten aufzusuchen, um mit gewissen Problemen umgehen zu können. Ich reise sehr viel und könnte so eine Person nicht über längere Zeit regelmäßig begleiten.

Ein etwas heikles Thema sind halluzinogene Drogen. In vielen Kulturen und Religionen werden sie eingesetzt, um bewusstseinserweiternde Zustände zu erreichen. Unter der Führung eines Schamanen oder eines in diesem Bereich ausgebildeten Therapeuten ist prinzipiell nichts gegen den Konsum solcher Hilfsmittel zu sagen. Es gibt viele gute Bücher, Ausbildungen, Rituale oder Seminare, um in einem geschützten Kreis auf Reisen zu gehen, und halluzinogene Pflanzen oder künstliche Stoffe können helfen, die Intuition zu erweitern. Ich kenne sehr viele Menschen, die inzwischen seit Jahren Drogen für spirituelle Erfahrungen konsumieren, und sehe das nicht als den richtigen Weg. Leider verfängt man sich leicht in der Sucht und damit in einer Sackgasse.

Eine weitere mögliche Gefahr ist religiöser Eifer. Viele intuitiv begabte Menschen haben das Gefühl, sie seien von Gott auserwählte Seelen. Sie verfallen der Illusion des Gurus, sie setzen sich auf einen Thron und lassen sich anbeten. Medial veranlagte Menschen haben ein Talent wie Wissenschaftler oder Künstler. Ein Talent zu besitzen, bedeutet nicht, ein besserer Mensch zu sein. Im Gegenteil: Viele Menschen mit Talent werden größenwahnsinnig und oft zu schlechteren Menschen.

Beim Meditieren sollten wir das Gleiche beachten wie beim Essen, Sport oder Geschlechtsverkehr – zu viel kann ungesund oder sogar schädlich sein. Anfänger sollten beim Meditieren Schritt für Schritt vorwärtsgehen und sich immer wieder kritisch beobachten. Ich kenne einige Menschen, die durch zu viel Meditation den Verstand verloren haben. Sie konnten inzwischen die Fantasie nicht mehr von der Realität unterscheiden. Tauchen Visionen auf, so sollte man sie immer überprüfen. Werden vorhergesehene Bilder bestätigt oder nicht? Gehören Visionen über Personen der Wirklichkeit an oder nicht?

Ein intuitiver Profiler oder ein Medium, dessen Informationen immer sehr positiv und vielversprechend klingen, muss hinterfragt werden. Ebenso Auskünfte, die das Medium oder den Empfänger nur in den höchsten Tönen loben. Qualitative Informationen sollten immer bodenständig sein. Auch sollten intuitive Hinweise nie als absolute Wahrheit angesehen werden. Jeder macht Fehler, und nichts und niemand ist perfekt. Daher ist es sehr empfehlenswert, die selbst empfangenen oder weitergeleiteten Informationen zu vergleichen. Handelt es sich um die Gesundheit, so vergleicht man die Hinweise mit den Analysen eines Arztes oder Therapeuten. Handelt es sich um wirtschaftliche oder politische Themen, kann man sie mit Hinweisen aus Zeitungen oder von Spezialisten vergleichen. Ich rate meinen Kunden immer, meine Informationen als Ergänzung anzusehen und sie nicht für bare Münze zu nehmen. In der Teamarbeit mit anderen Spezialisten ist meine Arbeit am effektivsten.

Sucht man einen intuitiven Spezialisten, also einen Hellseher oder Heiler auf, rate ich, auf Empfehlungen von Freunden oder Bekannten zu achten. Die beste Werbung ist immer noch die Von-Mund-zu-Mund-Propaganda. Das Internet ist auch eine wunderbare Plattform für Recherchen. Sind die vorgefundenen Informationen über ein Medium allerdings hauptsächlich schlecht oder zu gut, dann ist es besser, vorsichtig zu sein.

Egal ob man mit seinem Talent arbeitet oder einen Spezialisten aufsuchen möchte, ein ausgeglichenes Verhalten ist immer ausschlaggebend. Ich versuche, zu fünfzig Prozent auf dem Boden der mich umgebenden Realität zu stehen und zu fünfzig Prozent im Himmel zu sein. Ein wenig abgehoben zu sein, ist bestimmt nicht schlecht. Auf keinen Fall sollte man sich aber von totalen »Realisten« einschüchtern lassen. Sie sind genauso unausgeglichen wie ein kopfloser Träumer.

Seelenwanderung

In vielen Fällen kommen meine Klienten nicht allein zu den Einzelberatungen. Sie fühlen sich zumeist so, sind es aber nicht. Kein Ehemann, keine Freundin oder kein Kind begleitet sie. Vielmehr sind es für das normale Auge nicht wahrnehmbare Gestalten. Manchmal verstorbene Eltern, Geschwister oder Großeltern, es können aber auch Geistführer oder Schutzengel sein. Nicht selten sind es auch ungeborene Seelen, Kinder, die darauf warten, auf die Erde zu kommen. In solchen Fällen teile ich der anwesenden Person mit, dass sich im Raum ein Lichtwesen befindet (➤ Seiten 16, 95, 320 ff.).

Interessanterweise kann ich die Seele viel besser bei Müttern als bei Vätern sehen. Vielleicht hängt das auch damit zusammen, dass man bei der Mutter wirklich sicher sein kann, dass das Kind auch tatsächlich von ihr ist.

Die Seele wandert aus den geistigen Sphären in den Körper, um sich auf Erden zu verwirklichen. Wächst ein Kind in harmonischen und glücklichen Umständen auf, so hat es die Möglichkeit, seine Persönlichkeit frei zu entfalten. Über die Jahre entwickelt sich der Mensch, die Seele wandert über die Erde, um ihre Erfahrungen zu machen. Es ist für mich sehr interessant, Kunden nach einer längeren Zeitspanne plötzlich wiederzusehen. Obwohl ich unzählige Menschen vor mir sitzen habe, tauchen während einer Beratung plötzlich wieder Bilder einer vergangenen Sitzung auf. Selbst wenn diese Jahre zurückliegt. In einigen Fällen erkenne ich auf Anhieb Veränderungen zum Guten. Natürlich bestätigen sich solche Erkenntnisse im Verlauf der Beratung. Bei anderen Kunden muss ich leider feststellen, dass sie sich nur wenig weiterentwickelt haben oder gar nicht.

Die Seele spricht zu mir und gibt mir Eindrücke oder Verhaltensweisen des Menschen vor mir. Ich versuche, persönliche Wertungen und Vorstellungen aus den Sitzungen fernzuhalten, um einzig und allein das, was die Seele mir wiedergibt, dem Kunden zu vermitteln. Jede Seele kommt mit einem Grundwissen und einer Eigenschaft zur Welt. Natürlich möchte die Seele dieses Wissen zum Ausdruck bringen können. Menschen, die früh ein Talent entwickeln, stehen in direkter Verbindung mit ihrer Seele. Andere haben erst später die Möglichkeit, ihr Grundpotenzial auszuleben. Gott sei Dank ist es nie zu spät, um mit der Seele in Verbindung zu treten, und es ist ohne Zweifel besser, die eigene Kraft lieber spät als nie anzuzapfen.

Für Kinder ist es noch um einiges leichter, mit der Seelenkraft in Verbindung zu treten. Kinder werten weniger und vertrauen mehr. Sie sind unschuldiger und mutiger. Bei Erwachsenen fällt es Frauen einfacher, in Kontakt mit der Seelenkraft zu treten. Männer sind oft zu stur und dickköpfig. Dennoch beobachte ich immer wieder, dass gerade erfolgreiche Männer sehr direkt mit ihrer Seelenkraft in Verbindung stehen. Es ist vor allem oft der erfolglose oder mittelerfolgreiche Mann, der sich querstellt, wenn es darum geht, in Verbindung mit der Seelenkraft zu treten. Der Erfolgreiche hingegen weiß von der Mystik und der Kraft seiner Seele. Für den Suchenden kann ich Meditation nur empfehlen. Beim Meditieren öffnen wir die Türen zur Seelenkraft und können deren Symbole, Bilder und Sprachen verstehen und interpretieren. Es ist eigentlich der Mensch, der die Seele verstehen muss, und nicht umgekehrt.

Wir sind jene, die sich vom Urwissen abgewendet haben. Die Seele sucht immer wieder Wege, mit uns in Verbindung zu treten. Träume, Visionen oder sogenannte Zeichen sind nur einige der vielen Möglichkeiten, mit der Seele zu sprechen. Steht die Seele erst in Kontakt mit den Menschen, entsteht eine einzigartige Partnerschaft.

Die Seele setzt den Körper als *Transportmittel* ein, um über die Erde zu gleiten und sich auszudrücken. Der Körper seinerseits nutzt die Seele als *Radar,* um Hinweise über kommende Situationen oder kreative Handlungen zu bekommen. Während der Körper altert, bleibt die Seele als zeitloses Wesen immer gleich jung oder alt.

Sensitive Menschen, also jene Menschen, die in Verbindung mit ihrer Seele stehen, spüren in den meisten Fällen klar und eindeutig, um was es im Leben geht. Sie spüren auch das sich nahende Ende. Ich hatte schon öfter die Möglichkeit, mit jungen oder alten Menschen zu arbeiten, die kurz vor ihrem Ableben standen. In den meisten Fällen spürten die Menschen sehr genau, wo im Leben sie standen.

Ende der neunziger Jahre besuchte ich Freunde in Goa in Indien. An einem der Nachmittage fuhren wir an den Strand. Ein weißer Minibus kam uns entgegen und verschwand hinter der Kurve, um die wir eben fuhren. Ein lauter Knall durchschlug die Stille der Natur, wie ein unerwarteter Donnerschlag ein Gewitter ankündigt. Wir wussten alle, was dieser Krach bedeutete: ein Unfall! Wir drehten um und fuhren zurück. Der weiße Minibus war frontal gegen einen kleinen Personenwagen gekracht.

Wir hielten an und stiegen aus. Drei gingen zum Minibus. Die Insassen standen unter Schock, schienen aber soweit unverletzt. Ich rannte auf den Personenwagen zu. Die Fahrertür war aufgerissen, der Fahrer stammelte unverständliche Silben vor sich hin. Ein Fußgänger kam ebenfalls dazu. Die Augen des Fahrers sprachen von Furcht und Orientierungslosigkeit. Ihn aus dem Auto zu ziehen, war nicht möglich. Die Kühlerhaube war durch den Aufprall zusammengedrückt worden und zerquetschte die Beine des Fahrers. Die Windschutzscheibe auf der Beifahrerseite war zerbrochen. Ich sah mich um. Hinter dem Auto torkelte eine Person umher. Anhand der Blutspur war mir klar, dass das der Beifahrer sein musste. Durch den Unfall war er durch die Frontscheibe geflogen und auf das Pflaster geknallt. Ich rannte zu ihm hin. Als ich ihn fragen wollte, wie es ihm gehe, sah ich das große Stück Fensterglas, das aus seinem Hals ragte. Blut floss aus seiner Gurgel, der arme Mann konnte nicht mehr wirklich atmen. Ich wich zurück und sah ihn erschrocken an. Langsam fiel er zu Boden, auf den Rücken und röchelte. Ein israelischer Tourist kam hinzu und sagte, dass er Arzt sei.

Ich schaute mich um und sah, wie weitere Menschen dazukamen und halfen. Ich setzte mich vor den Mann am Boden hin und konzentrierte mich auf seine Aura.

Ein unglaublicher Kampf fand in diesem armen Menschen statt. Er wollte leben. Seine Seele hingegen schien zu wissen, wie es um ihn stand. Über mehrere Minuten rang der Mann hin und her. Irgendwann spürte er, dass der Kampf vorbei war. Er beruhigte sich. Sein Atmen wurde entspannt, und seine Aura kam zur Ruhe.

Die einzelnen Farben seiner Aura schienen sich aufzulösen. Aus Rot, Grün, Gelb, Blau und Orange wurde ein helles Leuchten. Dieses Licht löste sich langsam aus seinem Körper. Für einen kurzen Moment sah es aus wie ein Morgennebel über einer ruhigen Landschaft. Das Licht löste sich ganz vom Körper und verschwand. Ich sah dem Licht nach, bis es in geistige Gefilde verschwand. Ich schloss kurz die Augen, um für den Verstorbenen zu beten. Als ich die Augen wieder öffnete, sah ich mir seinen Körper an. Ruhig und entspannt lag er vor mir. Etwas abseits konnte ich einen Lichtschatten, die Seele des Verstorbenen, wahrnehmen. Ich sah mir beide Wirklichkeiten an und fühlte eine Erleichterung für die Seele nach diesem unglaublichen Ringen mit dem Tod.

Die Seele wanderte aus dem Körper und begab sich in die Gefilde zurück, aus der sie sich bereits vor der Geburt befand. Vielleicht gibt es auch eine weitere Zwischenwelt, in der sich die Seele für einen bestimmten oder unbestimmten Zeitabschnitt befindet, ehe sie sich weiterbewegt.

Ob die Seele sich weiter in unendlichen Gefilden auf Wanderschaft begibt oder ob sie sich wieder in einem menschlichen Körper inkarniert, steht hier nicht zur Diskussion. Ich möchte aber behaupten, dass die Seele sich in unserem Körper auf Wanderschaft befindet. Wir können es ihr um einiges einfacher machen, indem wir ihr helfen, sich im Körper wohlzufühlen.

Viele Menschen fühlen sich unwohl in ihrem Körper oder sehen keinen Sinn im Leben. Diesen Sinn kann ihnen die Seele geben. Natürlich gibt es auch die Möglichkeit, einen Sinn in irdischen Illusionen wie Drogen oder Arbeitswut zu suchen. Bestimmt, über eine kurze Zeitperiode, funktioniert diese Ablenkung. Über längere Zeit aber muss das zu einem unweigerlichen Versagen führen. Mit der Seelenkraft in Verbindung zu stehen, bedeutet auf keinen Fall, menschlichen Bedürfnissen zu entsagen. Es wird weiterhin gearbeitet, in Familien gelebt, gegessen, und Krankheiten gibt es auch. Der Unterschied ist lediglich, dass das Leben bewusst und in Einheit mit der Seele gelebt wird.

Der Fall Max Göldi

Als die Genfer Polizei im Sommer 2008 Hannibal Gaddafi, den Sohn des damaligen libyschen Staatschefs, und seine Ehefrau verhaftete, konnte niemand ahnen, welche politische Tragweite das mit sich bringen würde. Schon nach zwei Nächten wurden die beiden gegen Kaution wieder auf freien Fuß gesetzt. Kurz danach wurden in Libyen zwei Schweizer Geschäftsleute, einer davon war Max Göldi, zuerst nur festgehalten und dann sogar ins Gefängnis geworfen. Gaddafi wollte, dass sich die Schweiz bei ihm entschuldigt. Die Geschichte entwickelte sich zu einer politischen Schlammschlacht, in der es eigentlich nur noch darum ging zu zeigen, wer der Stärkere sei. Rachid Hamdani, die zweite Geisel, hatte das Glück, nach neunzehn Monaten Geiselhaft von Libyen in die Schweiz zurückzukehren. Ich erfuhr es über die Internetpresse. Als ich Ende Februar 2010 vom Nahen Osten in die Schweiz reiste, nahm ich mir fest vor, mich des Falles anzunehmen, vielleicht könnte ich etwas sehen.

Mein Hauptprojekt in diesem Frühling war ein Teil des vorliegenden Buches und die Buchpräsentationen. Verschiedene Auftritte und Interviews in der Schweizer Presse waren geplant. Wie so oft möchten die zuständigen Journalisten dann auch Fragen zu aktuellen Situationen stellen und erhoffen sich meine medialen Eindrücke dazu.

Am 4. März organisierte meine Verlegerin ein Interview im *Tele Züri*. Im Vorfeld des Interviews hatte ich ein Gesprach mit einer Produzentin des Kanals. Es gab mehrere Themen, die sie interessierte, wir einigten uns auf das Bankgeheimnis und den Fall Max Göldi. Ich saß im Zug von Köln nach Zürich, als ich das Gespräch mit ihr führte. Viel Zeit blieb mir also leider nicht, um die Fälle zu analysieren. Das Abteil war praktisch leer. Nur wenige Geschäftsleute saßen vor oder hinter mir, die meisten mit ihren Laptops oder Smartphones beschäftigt. Ideal, um mich medial zu konzentrieren. Ich öffnete meinen Laptop, um das Gesehene niederzuschreiben.

Ein Bild von Göldi brauchte ich nicht. Nur zu klar hatte ich sein Gesicht vor mir. Seine Bilder waren weltweit in der Presse zu sehen gewesen. Verschiedene Bilder tauchten in mir auf. Ich sah Göldis Aura. Die Farben schrieb ich mir auf. Ich stellte mir einzelne Fragen zum Fall und schrieb auch hier die Antworten nieder.

Natürlich interessierte mich auch die Beziehung zwischen den zwei Ländern. Ich visualisierte mir die Schweiz und daneben Libyen. Ich stellte mir die Frage, wie sich die Lage der zwei Länder weiterentwickeln würde. Dabei bildeten sich Farbenbrücken zwischen der Schweiz und dem Wüstenstaat. Die Farben zeigten mir die weitere Entwicklung. Brennend interessierte mich, ob Terroristen Gaddafis Ruf nach dem heiligen Krieg, dem Jihad, gegen die Schweiz folgen würden. Ich konzentrierte mich auf mögliche Anschläge und schrieb – erstaunt über das Gesehene – es nieder. Als ich spürte, dass nichts mehr kam, legte ich den Laptop zur Seite und meditierte. In Zürich angekommen, nahm ich ein Taxi und fuhr zum Fernsehstudio. Dort kümmerte sich als Erstes die Maskenbildnerin um mich. Der Moderator wurde mir vorgestellt, mit meiner Verlegerin besprachen wir kurz, was ich Wichtiges zum neuen Buch sagen könnte.

Das Interview war sehr flüssig und angenehm. Es dauerte nicht lange, und wir kamen zu den zwei vom Kanal angefragten Themen. Der Moderator bat mich um meine Visionen zur Situation Schweiz – Libyen.

Ich erklärte ihm, dass ich mir in meiner medialen Analyse die Schweiz vor meinem Dritten Auge vorgestellt hatte. Der nächste Schritt war eine imaginäre Zeittabelle und meine Frage, ob die Situation zwischen den zwei Ländern besser werden würde.

Hier unterbrach ich kurz und erzählte, dass ich mich natürlich auch stark auf die Geisel konzentriert hatte. Ich konnte sehen, dass sie bald freikommen würde. Der Moderator wollte wissen, wie ich das gesehen habe. Ich erklärte ihm, dass Entführte keine gute Aura hätten. Viele Farben der Angst und Unsicherheit seien in ihrer Aura. Ich hatte Göldis Bild vor mir im Kopf gehabt und auch hier wieder die Zeittabelle gebildet. Nur kurz nach der gegenwärtigen Situation konnte ich sehen, wie sich die Aura von Max Göldi verbesserte. Das war ganz klar ein Zeichen, dass er freikommen würde. Einen genauen zeitlichen Rahmen konnte ich leider nicht angeben, war mir aber sicher, dass dies schon bald der Fall sein würde.

Wir gingen jetzt wieder zurück zu den zwei Ländern. Ich erklärte, dass ich über längere Zeit keine größeren Schäden zwischen den zwei Ländern gesehen habe. Ich warf ein, dass es für mich auch wichtig war zu sehen, ob Terrorgefahr bestünde. Mit gutem Gewissen konnte ich dem Publikum garantieren, dass keine direkte Gefahr herrschte. Anschläge hatte ich in meiner Analyse nicht sehen können.

Die kommenden Wochen war ich in der Schweiz und in Deutschland unterwegs. Täglich verfolgte ich die Presse. Göldi war ganz klar Thema Nummer eins in der Schweizer Presse. Es gab die wildesten Spekulationen zum Fall. Verschiedenste Szenarien wurden durchgespielt, und Politiker warfen sich gegenseitig Fehlverhalten vor. In diesem ganzen Chaos der Informationen und Meinungen war für mich ganz klar, dass Göldi bald zu Hause sein würde.

In der ersten Juniwoche tauchten Gerüchte auf, dass eine mögliche Befreiung Göldis bevorstehe. EU-Politiker reisten nach Libyen, um bei Gaddafi vorzusprechen. Trotz der Neuigkeiten wusste niemand wirklich, was passieren würde. Für mich waren diese Ereignisse erste offizielle Schritte, die zur Befreiung Göldis führen würden. Offiziell saß Göldi seine Strafe bis Anfang Juli ab. Viele Politiker und Analysten glaubten an einen Wortbruch des libyschen Präsidenten. Es war daher umso erstaunlicher, dass Göldi am 10. Juli auf freien Fuß kam. Seine Kondition war gut, genauso, wie ich es in seiner Aura gesehen hatte. Auch die Tatsache, dass er vor dem offiziellen Datum freigelassen wurde, kann als Erfolg meiner Aussage, dass er schon bald auf freiem Fuß sein würde, gesehen werden.

Farben

Im vorherigen Abschnitt zum Fall Max Göldi habe ich erklärt, wie ich mithilfe von Farben seinen Zustand beschrieben habe oder Zeittabellen herstellen konnte. Die Grundsubstanz jedes existierenden Gegenstandes, egal ob Objekt oder lebendig, ist Energie. Es spielt auch keine Rolle, wo dieser Gegenstand ist, in dieser oder einer der vielen anderen Dimensionen. Diese Energien strahlen Schwingungen aus. Hellsichtige oder hellfühlende Menschen können diese Schwingungen bewusst wahrnehmen. Wie bereits beschrieben, haben alle Menschen die Möglichkeit, intuitive oder mediale Wahrnehmungen zu haben. Ohne sich bewusst mit dem Thema auseinanderzusetzen, passiert das oft unbewusst oder zufällig. Das geübte (mediale) Auge hingegen kennt die verschiedenen Wahrnehmungsmöglichkeiten.

Mediale Informationen können als Farben, Formen, Bilder, Symbole, Geräusche oder sogar Gerüche erkannt werden. Bei den meisten Menschen kommen diese Informationen über Bilder, Symbole oder Farben. Überflüssig zu erwähnen, dass auch Bilder oder Symbole in den meisten Fällen farbig und nur ganz selten schwarz-weiß sind. Wir können also mit gutem Gewissen sagen, dass der visuell wahrgenommene Grundausdruck fast aller Visionen Farben sind.

Der Betrachter gibt der jeweiligen Energie, die er sieht, die Farbe. Was wir also sehen, ist nicht eigentlich die Farbe, sondern unser Drittes Auge nimmt die Schwingung wahr.

Diese Schwingung wird im Gehirn in Farben und danach in Bilder oder Symbole übersetzt. Das Gesehene ist also eher einer subjektiven Wahrnehmung ähnlich. Aus diesem Grund kann es auch vorkommen, dass man zu mehreren hellsichtigen Menschen geht und zum selben Thema verschiedene Bilder oder Farben bekommt. Wichtig ist nur, dass die Grundaussage identisch ist. Es spielt zum Beispiel keine Rolle, ob der hellsichtige Mensch ein Krankheitsthema als braune oder blaue Aura oder als Stück Kohle sieht, solange er das kranke Organ richtig erkennen kann.

In meiner fast dreißigjährigen Ausübung als medialer Profiler und hellsichtiger Berater habe ich unzählige Seminare und Vorträge zum Thema gegeben. In den Gruppen erlebe ich immer wieder, dass ungefähr achtzig Prozent der visuellen Wahrnehmungen individuell und die restlichen zwanzig Prozent kollektiver Natur sind.

In Gruppenmeditationen führe ich die Teilnehmer durch die verschiedenen Farben und bitte sie, die jeweilige Bedeutung niederzuschreiben. Zum Schluss der Meditation bitte ich sämtliche Teilnehmer, die emotionalen oder visuellen Interpretationen zu den einzelnen Farben mit der Gruppe zu teilen. Bei einer Farbe wie zum Beispiel Rot sehen die meisten Wut, Aggression, Blut oder Trauer, aber auch Liebe oder Vertrauen. Ausschlaggebender als kollektive Interpretationen ist immer die persönliche Interpretation. Sie ist stark von Erfahrungen der Vergangenheit geprägt. Ähnlich verhält es sich mit Bildern. Symbole oder Filme, die in Meditationen gesehen werden, sind stark von persönlichen Erfahrungen bestimmt. Sieht jemand ein Rudel Hunde in einer Meditation, so spielt die persönliche Erfahrung mit Hunden eine große Rolle. Wurde jemand in der Kindheit von Hunden angefallen und fast zerfleischt, so löst das Bild Angst und Schrecken aus. Erlebte hingegen jemand eine Kindheit mit vielen Hunden, die Schutz bedeuteten, so ist der Hund mit größter Wahrscheinlichkeit mit einer positiven Interpretation verbunden.

Sieht man Bilder oder Farben und ist man sich deren Bedeutung nicht sicher, so rate ich immer, über das Gesehene zu meditieren. Man muss sich fragen, was die Bilder oder Farben für Gefühle und Erinnerungen auslösen. Es ist auf jeden Fall hilfreich, die einzelnen Interpretationen niederzuschreiben. Visionen wiederholen sich immer wieder, und kennt man die Bedeutung erst einmal, so kann man diese immer wieder einsetzen.

Das Verstehen der medialen Sprache ist wie das Erlernen einer neuen Sprache. Es ist nicht einfach, aber der Wortschatz ist begrenzt, und die gelernten Worte lassen sich immer wieder beliebig einsetzen. Hinzu kommt, dass die mediale Sprache mit der Traumsprache identisch ist. Kennt man die Symbole der Meditation, so erleichtert das automatisch das Interpretieren der Träume! Gerade weil die intuitive mediale Sprache sehr individuell ist, finde ich Traum- oder mediale Interpretationsbücher etwas schwierig. Die in solchen Büchern gegebenen Analysen von Bildern oder Farben sind stark vom kulturellen Hintergrund des Autors bestimmt und gehen weniger auf die Situation des Lesers ein.

An diesem Punkt möchte ich ein kleines, aber klares Beispiel anführen, welches diese Aussagen untermauert. Leite ich in einem christlich orientierten Land eine Meditation und bitte die Teilnehmer, den göttlichen Schutz oder die göttliche Kraft zu visualisieren, so sehen die meisten Meditierenden ein Kreuz, eine Jungfrau oder ein Jesusgesicht. Leite ich die gleiche Meditation im Iran oder im Jemen an, so sehen die Teilnehmer vielleicht einen Halbmond oder einen heiligen Schriftzug für Allah. In Israel hingegen sehen die Teilnehmer in der gleichen Meditation einen Davidstern oder hebräische Schriftzeichen. Wer meditiert jetzt richtig? Welche der Gruppen sieht den wirklichen Gott? Alle drei! Jeder sieht auf seine eigene Art und Weise seine medialen Bilder.

Als ich angefangen habe, meine medialen Fähigkeiten auszubilden, habe ich sämtliche Bücher über Auren oder Lichtwesen zur Seite gelegt. Ich habe von Anfang an gespürt, dass es eine ganz eigene Schrift in den Tiefen meiner Seele geben muss. In monatelangen Studien habe ich Schritt für Schritt gelernt, die verschiedenen Bilder und Farben zu interpretieren, und gelernt, sie einzusetzen. Arbeite ich an Fällen wie jenem von Göldi damals, so kombiniere ich Farben und Bilder. Ich setze die verschiedenen Komponenten zusammen und bilde riesige Türme, Räume, baue Tiefen oder zeichne Länder, Kontinente, Gesichter von Politikern, Vermissten oder Anwälten, um die gewünschten Resultate zu erzielen. Auch heute noch, auf den Tag genau fast dreißig Jahre nach meiner ersten starken Vision, lerne ich immer wieder neue Aspekte der Medialität kennen.

Gerade diese Vielfalt fasziniert mich Tag für Tag und regt mich immer wieder von Neuem an, tiefer und tiefer in die Mystik der Medialität einzutauchen. Ich weiß genau, dass es nie möglich sein wird, sämtliche Farben oder Bilder zu erkennen. Es gibt genauso viele Kombinationen an Farben, Bildern oder Formen, wie es Lebewesen in diesem und anderen Universen gibt. Ich bin dabei, diese zu ergründen, es wird aber bestimmt noch viele, viele Ewigkeiten benötigen, bis meine Seele auch nur einen Bruchteil des Ganzen verstehen kann!

Die Wüstenstadt

Die Aura Dubais ist die vermutlich interessanteste Kollektivaura, die ich je über einer Stadt sah. Mein erster Besuch in Dubai war ein Zwischenstopp auf dem Weg nach Teheran. Ich hatte bereits Kunden und Bekannte in Dubai. Eine dieser Bekannten holte mich am Flughafen ab. Wir besichtigten die Stadt. Wie an jedem neuen Ort, so konzentrierte ich mich auch hier auf die Energie der Stadt. Dubai ist eine sehr junge Stadt. Noch in den 1960er-Jahren war sie sehr klein und überschaubar. In wenigen Jahrzehnten wuchs oder besser wucherte diese Stadt zu einer Weltmetropole, die heute aus der internationalen Finanzwelt nicht mehr wegzudenken ist.

Die Aura Dubais ist jung, frisch und kreativ. Sie ist aber auch kalt, gewissenlos und beängstigend. Dubai ist extrem, entweder man liebt oder hasst die Stadt. Man fühlt sich von ihr angezogen und in den Bann gezogen oder man findet sie abstoßend und unromantisch. Viele sensitive Menschen behaupten, Dubai hätte keine Seele. Das stimmt natürlich nicht. Ein Ort wie Dubai, der so lebendig und schnell ist, kann unmöglich ohne Seele sein. Dubai kann sehr schwarz und kalt wirken. Daher kommt wahrscheinlich die Aussage, dass Dubai keine Seele hätte. Seit meinem ersten Besuch in Dubai hat mich die Stadt immer wieder in ihren Bann gezogen, sei es als Transitstopp auf meinen Reisen in den Nahen Osten oder nach Zentralasien oder um in Dubai Seminare und Sitzungen zu geben.

Von den über drei Millionen Einwohnern Dubais sind nur ganz wenige einheimisch. Wie das Licht die Mücken, so zieht Dubai Menschen aus sämtlichen Kontinenten an.

Die Vorreiter der Zuwanderer waren fast ohne Ausnahmen in der Finanzwelt tätig. Heute treffen wir Künstler, Galerieinhaber, Therapeuten, Rückführungstherapeuten, Meditationsleiter oder Schachlehrer an. Dubai ist fast so vielseitig und weltoffen wie London oder Paris. Für mich ist Dubai eine Herausforderung. In Ländern mit beispielsweise einer mehrheitlich christlichen, moslemischen oder jüdischen Kultur beschränkt sich der kulturelle Hintergrund und somit die Kollektivaura mit wenigen Ausnahmen auf eine kulturell/religiöse Hauptausrichtung. In Europa zum Beispiel haben die meisten Kunden entweder einen protestantischen oder katholischen Hintergrund. In vorwiegend arabischen Ländern sind meine Kunden Moslems, also orientalisch ausgerichtet. Eine etwas vielfältigere Durchmischung erlebe ich im Libanon. Meine Kunden können Sunniten, Schiiten oder Christen sein. Ohne Zweifel aber haben die meisten von ihnen eine eher orientalische Mentalität. Das Gleiche gilt für Israel. Auch hier gibt es eine starke Durchmischung westlicher und orientalischer Kulturen. Dennoch sind Israelis von ihrer Mentalität her und somit auch in ihrer Aura eher orientalisch ausgerichtet.

In den soeben genannten Ländern sehen sich die Auren der Menschen mehr oder weniger ähnlich. Die emotionalseelischen Farben der Aura mögen, wie zum Beispiel im Libanon, durch religiöse Unterschiede leicht verschieden sein; in ihrer Grundstruktur sind sie sich aber dennoch sehr ähnlich. Das ist übrigens nicht nur zwischen sich politisch verfeindeten Gruppen wie im Libanon bei den Sunnis und Sihas so, sondern interessanterweise auch zwischen verfeindeten Nationen wie Israel und dem Libanon. Es ist traurig, wie fanatische Extremisten auf beiden Seiten der Grenzen Terror, Hass und Wut schüren. Der moderne und weltoffene Bürger auf beiden Seiten der Grenze hingegen möchte in Frieden leben und ein gutes Leben haben.

Die Grundaura oder Lebenseinstellung eines moderaten und offenen Menschen in Teheran, Beirut oder Tel Aviv ist sich sehr ähnlich. Es ist erschreckend zu erleben, dass gerade diese Menschen einen großen Teil der Bevölkerung ausmachen, aber durch eine radikale Minderheit manipuliert werden.

Hätten die Menschen eine bessere Verbindung zur Seele des Gegenübers oder zur Seele der Mitmenschen auf der anderen Seite der Grenze, so wäre das Verständnis viel besser und die Manipulation einiger weniger nicht mehr so erfolgreich.

Dubai ist ganz anders! Genau aus diesem Grund ist diese Stadt eine Herausforderung. In Dubai beginne ich meinen Tag mit meiner gewohnten Meditation. Danach mache ich mich bereit für den kommenden Tag und gehe die Liste der Kunden durch. Diese liest sich kulturell so vielseitig, wie es in einem orientalischen Kochbuch Gewürze gibt. Mein erster Kunde ist ein Kanadier mit indisch-hinduistischen Wurzeln. Ihm folgt eine junge Frau aus dem schiitischen Iran. Ein Engländer folgt ihr, bevor ich in die Mittagspause gehe. Nach dem Essen und einer kurzen Siesta öffne ich die Tür einem Einheimischen, einem Sunni. Ein französischer Jude ist als vorletzter Kunde ebenso interessant wie die letzte Kundin, eine Buddhistin aus Singapur.

Katholiken, Protestanten, Maroniten, Sunniten, Schiiten, Juden und Atheisten – in weniger als achtundvierzig Stunden arbeite ich mich durch sämtliche Weltreligionen oder Philosophien. Interessant und vor allem sehr intensiv für meine Arbeit ist, dass jede Religion ein anderes Bild des freien Willens oder der Zukunftsgestaltung hat. Selbst unter gleichen Religionen verhält es sich ganz anders. Ein palästinensischer Christ aus dem Gazastreifen hat nicht dasselbe Bild seiner Zukunftsgestaltung wie ein armenischer Christ aus dem Libanon. Für einige Glaubensrichtungen ist das Wort Meditation bereits zu fremdartig. In diesem Fall spreche ich von Beten. Oder das Wort Gott wird durch Allah ersetzt und heilige oder inspirierende Schriften sind die Thora oder der Koran.

Der sprachliche Unterschied spielt sich auf mehreren Ebenen ab. Zum einen liest sich die Aura bei solch vielen Glaubensrichtungen unterschiedlich. Die Seele ist religionsfrei und unvoreingenommen. Durch die Jahre aber verändern sich Glaubensmuster, verfestigen sich Aurafarben und Formen. Ich muss mich also bei jeder Sitzung auf neue Farbstrukturen einstellen. Dann muss ich jedes Mal erspüren, welche Worte ich verwenden kann und welche nicht. Ich möchte meine Klienten nicht erschrecken oder missionieren. Unsere christlich orientierte Glaubensstruktur mit ihrem individuellen Entwicklungswert aus Mitteleuropa oder den USA ist vielen Menschen im Nahen Osten fremd und nicht nachahmungswert.

Stellt der Kunde Fragen, so muss ich in seine Aura tauchen, um zu spüren und zu sehen, wo die Antwort zu finden ist. Als Nächstes muss ich sehen, welche Antwort zur Glaubensstruktur des Kunden passt, um zu wissen, welche

Worte am besten eingesetzt werden können, um dem Kunden eine zufriedene und verständliche Antwort zu geben.

Ich bin kein Religionswissenschaftler. Ich berate nicht bei Fragen zum religiösen Glauben. Dafür gibt es Mullahs, Priester oder Rabbiner. Ich helfe den Menschen, die eigene Seele oder das persönliche Potenzial besser zu erspüren und zu erkennen. Ich werte die Religion nicht oder urteile über sie. Religionen sind Universitäten im Leben. Sie helfen uns, Spiritualität verstehen zu können.

Die für mich als Schweizer typische Neutralität macht es mir bestimmt einfacher, mit so vielen Kulturen und Religionen zu arbeiten. Neigt sich ein Tag in Dubai dem Ende zu, so bin ich müde. Es strengt mich unglaublich an, mit dieser Vielseitigkeit umzugehen. Auf der anderen Seite macht aber auch gerade sie meine Arbeit in Dubai so einmalig und interessant. In keiner anderen mir bekannten Gegend dieser Welt gibt es diese Vermischung und Vielfältigkeit.

Der Wüstenhimmel in Dubai ist romantisch und magisch. Sieht man die vielen Sterne und stellt sich vor, wie alt die Kulturen auf diesem Subkontinent sind, so verfällt man in Ehrfurcht. Es macht aber auch traurig zu sehen, wie viel Gewalt und Elend diese Kulturen durchleben müssen. Hoffentlich gelingt es uns Menschen bald, aus unseren Fehlern zu lernen, um in Zukunft das Schlimmste zu verhindern.

Jüngere Erlösungstheorien, wie beispielsweise 2012 die Mayaprophezeiung, kann ich leider nicht teilen. Es dürfte ganz allein an uns Menschen liegen, was mit unserem Planeten passiert. Dubai könnte ein Beispiel dafür sein, dass es geht. Eine gemeinsame Vision schweißt zusammen, und sei es »nur« die Vision, viel Geld zu verdienen!

Der Terrorist und seine Aura

Im Nahen Osten zu leben bedeutet, sich tagtäglich mit Terrorismus auseinanderzusetzen. Egal in welchem Land ich mich befinde, irgendwo sitzt immer ein Terrorist. Während die Presse in Europa oder den USA sehr einseitig berichtet und die Auslegung der Informationen in eine ganz klare Richtung indoktriniert, sieht im Nahen Osten die Situation oft ganz anders aus. Je nachdem, welche Zeitung in welchem Land man liest, ändert sich auch die Art der Terroristen. Zum Beispiel im Afghanistankrieg ist für die einen der Taliban der Böse, für die anderen der NATO-Soldat. Im Israel/Palästina-Konflikt ist für die Israelis der palästinensische Milizionär der Terrorist, für die palästinensische Zivilgesellschaft der israelische Soldat.

Hisbollah, Taliban, Hamas, Fatah, IDF, IS, Iranische Revolutionsgarde, US-Marine, Al Qaida – sämtliche Organisationen oder Armeen werden je nach Pressebericht und Land als Terroristen bezeichnet. Liest man die jeweiligen Artikel und spricht man mit den Menschen in den betroffenen Ländern, so muss man ihnen oft aus ihrer Sichtweise recht geben. Alle oben erwähnten Milizen oder Armeen haben gegen die Menschenrechte verstoßen und werden dies auch weiterhin tun.

Auf meinen Reisen hatte ich auch die Möglichkeit, »Terroristen« zu treffen und mit ihnen zu sprechen. Mit einigen sprach ich auf der Straße, andere traf ich in Restaurants oder bei privaten Anlässen. Keiner von ihnen jedoch hatte eine dämonische Aura. Keiner hatte schwarze Augen und eine furchteinflößende Ausstrahlung. Der Hisbollah im Süden Beiruts war genauso liebenswert wie der IDF-Soldat in Tel Aviv. Ich sah beiden in die Augen, sprach über das Leben, bat um Hilfe, um meinen Weg zu finden oder wollte über sein Leben lernen. Natürlich habe ich mir auch die Auren dieser Menschen angesehen.

Es war ein schöner sonniger Nachmittag, und wir fuhren zu viert nördlich von Kabul in die Berge. Wir kamen an einem Markt vorbei. Der Fahrer, ein Freund, hielt an. Wir sahen uns um. Er zeigte auf eine Gruppe von vier Männern. Siehst du, sagte er, das sind Taliban! Gespannt blickte ich zur Gruppe. Wo sie die Waffen hätten, wollte ich wissen. Diese, gab er zurück, seien natürlich versteckt. Die Männer würden auf dem Markt einkaufen, in der Nacht aber würden sie den Kampf fortsetzen. Ich war fasziniert. Vor wenigen Minuten hatten wir einen schwer bewaffneten Trupp amerikanischer Marines gekreuzt und jetzt die Taliban. Ich sah mir ihre Auren an. Die Farben waren ganz normal. Nichts deutete auf teuflische Energien hin. Hätte ich die Auren nicht sehen können, meine Angst vor ihnen wäre vermutlich gewachsen. Nachdem ich ihre Auren gesehen hatte, hätte ich mich auch nicht gefürchtet, mit ihnen zu sprechen. Ich stellte mir vor, wie diese Männer vermutlich Frauen und Kinder zu Hause hatten und mit diesen spielten, wie wir in Europa.

Sehe ich im Fernsehen Bilder von Terroristen, so achte ich immer auf ihre Aura. Ohne Zweifel haben viele von ihnen in der Aura Farben, die Gewalt, Aggression oder Gemeinheit zeigen. Dennoch sind die Auren nicht unbedingt *schlechter* als die Aura eines perfiden oder sadistischen Armeeangehörigen einer westlichen Armee. Egal ob Christ, Jude oder Moslem: in sämtlichen Kulturen und Religionen gibt es sehr gute und natürlich auch sehr schlechte Menschen. Bösartigkeit kann keiner Religion oder Kultur zugeschrieben werden. Der wirkliche Terrorist ist nicht der einfache Soldat und Bauer, der manipuliert wurde, bis er tötet. Das wirklich Böse sitzt in den Köpfen jener, die aus Kalkül Kriege anzetteln und Informationen für persönliche Interessen manipulieren.

Ich habe das große Glück, schon viel gelernt zu haben, und bin mir bewusst, dass es noch viel mehr zu lernen gibt. Eine der wichtigsten Erfahrungen ist bestimmt die Möglichkeit, in Menschen zu tauchen. Das erlaubt mir, durch Uniformen, Waffen, Feindbilder und Vorurteile zu dringen, um das wirkliche Wesen des Menschen sehen zu können. Dieses wirkliche Wesen ist es auch, mit dem ich mich auseinandersetze und mit dem ich kommuniziere. Egal welcher Religion der betroffene Mensch, welcher Fraktion oder Gruppe er angehört oder was er arbeitet.

Der Fall Syrien

… oder die Wichtigkeit exakter Auslegung medialer Visionen

Setzt man sich mit dem *Arabischen Frühling* auseinander, stolpert man automatisch über Syrien. Vor dem Ausbruch der Unruhen habe ich zweimal das Land besucht.

Mein erster Besuch war privat, mein zweiter beruflicher Natur. Ich war von einer westlichen Botschaft gebeten worden, eine vermisste Person zu suchen. Der Zweck dieser Reise war, mehr Informationen zum Verbleib der Person geben zu können. Ich logierte in der Residenz des Botschafters und gab meine medialen Eindrücke zum Verbleib der Person wieder. Leider hatte ich in diesem Fall, im Gegensatz zu vielen anderen Vermisstenfällen, nicht die Möglichkeit, den Fall aufzuklären.

Später, zu Beginn der Unruhen in Nordafrika, wurde ich im Interview für das Femme-Magazin neben den Ländern, die schon von Unruhen betroffen waren, auch zu den noch nicht so stark betroffenen Ländern befragt. Die Journalistin wollte wissen, wie ich die Situation in Syrien sehen würde.

Die Präsidenten von Tunesien und Ägypten waren zur Zeit des Interviews bereits gestürzt. Meine medialen Analysen sind meistens speziell auf die kommenden zwölf Monate ausgerichtet. Dennoch kommt es vor, dass von mir Gesehenes später als in der Frist eines Jahres passiert.

Als ich mich auf Syrien konzentrierte, war meine Frage, wie die Regierung von Präsident Bashar Assad das Jahr

2011 überstehen würde. Ich konnte sehen, dass die Regierung von Assad weit über das Jahr 2011 an der Macht bleiben würde, und für 2011 sah ich die Regierung stabil bleiben. Ich sah weder einen Sturz wie in Ägypten noch den Tod wie bei Gaddafi. Assad sah ich an seiner Macht festhalten und das Jahr 2011 ohne Probleme überstehen. Beim Niederschreiben meiner Visionen machte ich den Fehler, nicht exakt genug mit meinen Worten umzugehen. Anstatt zu schreiben, dass ich die Regierung (um die es in der Frage ging) im kommenden Jahr stabil sehen würde, schrieb ich für die Journalistin:

En Syrie, malgré les remous, la situation politique restera stable. Une alliance forte et profonde sera établie entre Damas et Beyrouth sur le plan économique. Les deux pays parviendront à instaurer une relation économique telle qu'ils parviendront à dépasser les problèmes qui les séparaient. (Trotz der Turbulenzen blieb in Syrien die politische Lage stabil. Eine neue starke wirtschaftliche Allianz wird zwischen Damaskus und Beirut entstehen. Die Beziehung wird vieles aus der Vergangenheit vergessen lassen.) Die politische Lage in Syrien blieb nicht stabil. Nur wenige hochrangige Politiker und Militärs wurden zu Verrätern und haben sich gegen die Regierung gewandt. Trotz der ständigen Demonstrationen und Kämpfe der Aufständischen hatte die Regierung das Land so weit unter Kontrolle.

Meine mir gestellte Frage zu Syrien war richtig: Wie geht es mit der Regierung 2011 weiter? Aber meine schriftliche Wiedergabe für die Zeitschrift war zu unpräzise. Meine Frage bezog sich auf die Regierung, meine Aussage auf das Land. Aus diesem Fehler gelernt, habe ich im Januar 2012 die Fragestellung und schriftliche Fixierung meiner

Analysen für die libanesische politische Zeitschrift L'Hebdo exakt aufeinander abgestimmt.

Informiert man sich in Beirut über die Lage in Syrien, sieht die Lage ganz anders aus, als sie im Westen dargestellt wird. Einmal mehr musste ich feststellen, dass vieles, was in Mitteleuropa in den Nachrichten wiedergegeben wird, nicht unbedingt der Wahrheit entspricht, sondern sehr oft ganz banale Kriegspropaganda ist. Unterdessen geht es in Syrien um viel mehr als um einen politischen Wechsel, den Arabischen Frühling oder Machtkämpfe zwischen Sunniten und Schiiten. Syrien wurde zum Machtkampf im offenen Krieg zwischen einer neuen Konstellation von Ost und West. Wer einen schnellen Regierungswechsel erwartet, wird Geduld haben müssen. Ich konnte damals keinen wirklich offenen Bürgerkrieg erkennen. Dank Verhandlungen wird die Regierung sich behaupten können. Auch wirtschaftlich wird das Land nicht zusammenbrechen.

Die heilige Stadt

Kein Ort, den ich kenne, hat so eine starke Energie wie die Altstadt Jerusalems. Viele Menschen kennen Jerusalem als Konfliktherd menschlicher Sturheit. Für Christen, Juden und Moslems ist sie eine heilige Stadt von großer Bedeutung. Wandelt man durch die Altstadt, spürt man förmlich die magische Kraft, die wie Wellen durch die Gassen und Straßen zieht. Fromme Menschen beten seit Tausenden von Jahren fast ohne Unterbrechung in vielerlei Sprachen an diesem Ort. Mein erster Besuch in Jerusalem war ein überwältigendes Erlebnis. In den engen Gassen begegnen sich Menschen und Geister aus vielen Jahrtausenden und aus ganz unterschiedlichen Kulturen. Der Geist eines Kreuzritters geht neben einem arabischen Verkäufer aus unserer Zeit die Via Dolorosa hoch. Ein orthodoxer Jude spricht mit einem christlichen Touristen neben dem Geist eines türkischen Soldaten aus der Zeit der großen Kriege. An jeder Ecke stehen prunkvolle Synagogen, Kirchen und Moscheen und bieten dem Suchenden einen Platz zur Meditation und des Friedens.

Von den vielen mystischen Orten auf der ganzen Welt, die ich bereits besucht habe, ist Jerusalem ohne Zweifel der stärkste. Dieses Privileg ist gleichzeitig auch ein Fluch dieser Stadt. Aus Mystik wurde Religion, aus Religion Politik und aus Politik werden Kriege.

Ich wandelte mit meiner Frau durch die Gassen Jerusalems, um die Bauten und das Treiben zu beobachten.

Manchmal setzten wir uns einfach hin, um die Menschen und die Geister zu beobachten. Wir hatten unseren ersten Besuch aufgeteilt. Am ersten Tag haben wir uns nur auf das optische Jerusalem konzentriert. Wie jeder andere Tourist sind wir durch die Gassen gewandert, sahen uns Kirchen, Moscheen und Synagogen an. Wir schlenderten die Via Dolorosa entlang, schlossen uns einem Touristenführer an, um uns die Denkmäler erklären zu lassen und den Ölberg zu besichtigen.

Am nächsten Tag wandelten und schlichen wir durch die Altstadt, beobachteten Geister (ich) und suchten Kraftorte auf, um dort zu meditieren (wir). Oder wir stiegen auf Dächer von Hotels, um diese unbeschreibliche Mystik aus der Höhe zu spüren.

Als Christ habe ich mich besonders für die Kirchen interessiert, meine Frau, als Jüdin, interessierten die Synagogen stark. Wir folgten unserer Intuition und wurden zu den unglaublichsten Heiligtümern geführt.

Die Altstadt von Jerusalem zu besuchen kommt einem nicht abbrechenden Gottesdienst oder Heiligenritual gleich. Vom frühen Morgen bis spät abends lebt, atmet und isst man zwischen Religion, Spiritualität und Mystik. Bei meinen Jerusalembesuchen habe ich alle möglichen Geister gesehen, aus sämtlichen Epochen, über alle Kulturen und Religionen hinweg. Leider war es mir bis jetzt noch nicht möglich, Jesus zu sehen. Ich kann mir überhaupt nicht vorstellen, wie das sein würde. In meinen Gedanken habe ich die Begegnung schon unzählige Male durchlebt und versuche immer wieder, mir vorzustellen, wie ich reagieren würde. Aber wenn es wirklich passiert, würde meine Reaktion bestimmt ganz anders ausfallen als in meinen Fantasien. Vielleicht habe ich ihn genau aus diesem Grund noch nicht gesehen. Ich werde bestimmt noch viele Möglichkeiten haben, Jerusalem zu besuchen, und wer weiß, vielleicht sehe ich ihn eines Tages doch noch!

Neben den historischen Sehenswürdigkeiten oder den religiösen Denkmälern bietet Jerusalem noch etwas ganz anderes. Durch die zentrierte, ja geballte Kraft der Spiritualität passiert – gewollt oder ungewollt – ganz viel in der Seele oder Aura des Besuchers. Die Chakren und die Aura werden gereinigt, gewaschen, inspiriert, geöffnet und gestärkt. Dieser unsichtbare, aber sehr wichtige Nebeneffekt macht einen Besuch zusätzlich interessant. Man verbindet Schönes (die Stadtbesichtigung) mit Nützlichem (der Seelenreinigung).

Ein Wort für den Skeptiker

Es gibt Kulturen, die offener sind für intuitive Themen als andere. Für Afrikaner und Südamerikaner gehört die Intuition zum größten Teil zum Alltag wie das Kochen oder das Atmen. Im Nahen Osten existiert neben der Religion eine starke Mystik oder Spiritualität. Nur leider wird in Saudi-Arabien das Ausüben intuitiver oder medialer Tätigkeiten mit dem Tod bestraft. In Ländern wie Iran oder Afghanistan sprechen die Menschen sehr vorsichtig über diese Themen. Die Mullahs verbieten sie offiziell, haben jedoch keine Chance, wirklich dagegen anzukämpfen. Zu sehr ist die Mystik in diesen Kulturen verhaftet. Afghanistan war vor dem Islam eine stark buddhistisch und mystisch geprägte Kultur. Mediale Beratungen und Magie gehörten damals zum Alltag. Diese starke Wurzel hat bis heute überlebt. In und um Kabul gibt es viele Schamanen und Heiler. Der Bürger sämtlicher Schichten besucht sie und bittet um Rat.

Im westlichen Europa oder in den USA ist der größte Teil der Bevölkerung sehr offen für diese Themen. Noch gibt es einzelne Institutionen oder Berufsgattungen, die versuchen, die Existenz mystischer Kräfte abzutun. Längst sind wir durch die globalen Strömungen so durchmischt, dass in der Religion und der Mystik nicht nur eine Glaubensrichtung ausgelebt wird. Die Menschen weltweit vermischen Glauben und Mystik wie Gemüse in einem gemischten Salat.

Natürlich gibt es auch heute noch Menschen, die sich vehement gegen die Existenz intuitiver Praktiken wehren. Als ich mich vor dreißig Jahren mit dem Thema zu beschäftigen begann, war es noch um einiges schwieriger, über Medialität zu sprechen. Die wenigsten Menschen wussten über Auren, Chakren oder Visualisieren Bescheid. Diejenigen, die Bescheid wussten, gehörten zur gesellschaftlichen Randgruppe der Esoteriker und Spinner. Heute ist das anders. Der radikale Skeptiker gehört, fast wie die Dinosaurier, eher der Vergangenheit an oder zumindest zu einer gesellschaftlichen Randgruppe. Die Tatsache, dass Wissen heute wie Würmer über das Netz in Sekundenschnelle über den Globus streift, macht es schwierig, Menschen in nur einem Denkmuster eingeschlossen zu lassen. Hinzu kommt, dass auch die Medizin und die Wissenschaft immer offener für alternative Denkweisen oder Weltanschauungen werden. Die Intuition lässt sich heute messen, und alternative Medizin und ihr positiver Einfluss auf Geist und Seele durch viele Heilungen belegen.

Die Menschen sind des fanatischen Predigens ihrer Priester, Rabbiner oder Mullahs müde und möchten in Frieden existieren und glücklich sein. Weltweit hat sich eine religiös androgyne Gesellschaft entwickelt, die weder einer einzelnen Kultur noch Religion angehört, sondern global und weltoffen, sprich: spirituell denkt und lebt. Diese Menschen reisen viel, lesen Bücher und sprechen oft mehrere Sprachen. Sie gehören nicht nur einer gesellschaftlichen Elite an, sondern sind aus sämtlichen Schichten. Egal ob der Pförtner aus Afrika in Dubai, die lokale Botschaftsangestellte in Teheran, die Künstlerin in Kabul, die Therapeutin in La Paz, der Student in Sana'a oder Tripoli, der Maler in

Panama City, der Lehrer in Zürich, der Grafiker in Jerusalem oder der pensionierte Staatsangestellte in Polynesien – sie alle folgen dem Ruf ihrer Seele.

Entwickelt sich der Trend so weiter wie in den letzten Jahren, wird der Skeptiker sicher eines Tages der Vergangenheit angehören.

Der Intuition im Leben Platz zu geben, ist keine Religion oder Heilslehre. Es ist vielmehr eine Einstellung, die dem offenen Menschen ohne Druck zufällt. Für Intuition muss man nicht kämpfen, man muss sich höchstens gegen sie wehren, wenn man sie nicht will im Leben. Dem offenen Menschen fällt die Intuition zu wie der Apfel, der uns vom Baum in den Schoß fällt!

Das schwarze Gold

Drei- bis viermal pro Jahr schreibe ich Newsletter zu verschiedensten Themen, die direkt oder indirekt mit meiner Arbeit zusammenhängen. Ende März 2011 veröffentlichte ich zum Beispiel einen Newsletter zum Thema Börse. Ich beschrieb einen Fall, bei dem ich meine medialen Informationen an der Börse konkret einsetzen konnte und damit Geld verdiente.

Die Reaktionen darauf waren zumeist sehr aufgeschlossen. Wie zu erwarten, gab es den einen oder anderen Möchtegernmoralisten, der es nicht ethisch fand, mit medialen Informationen Geld zu verdienen. Unabhängig davon, dass ich diese Ansicht etwas eingeschränkt finde, kann ich sagen, dass durch solche Investitionen nichts ausgelöst wird, was nicht so oder so passiert. Zudem hat man später die Möglichkeit, das Geld in etwas Gutes zu investieren. Fast wie ein Politkrimi liest sich die folgende Geschichte. Sie zeigt, wie mit medial-intuitiver Technik global gearbeitet und Geld verdient werden kann.

In den ersten Dezembertagen 2010 hatte ich ein Treffen mit dem führenden Diplomaten einer europäischen Botschaft in Tel Aviv. Wenige Tage vor dem Treffen hatte ich eine intuitive Eingebung, die mich aufhorchen ließ und mich stark verunsicherte. Bilder von Gewalt und Zerstörung zogen an meinen Augen vorbei. Für mich stand ohne Zweifel fest, dass diese Gewalt regional war und ein politisches Erdbeben auslösen könnte.

Ich wusste, dass der Diplomat ein offenes Ohr für meine Arbeit hatte, und teilte ihm meine Visionen mit. Interessiert hörte mir mein Gegenüber in einem Café ganz in der Nähe des Strandes zu und stellte auch Fragen, die ich so gut es mir möglich war beantwortete.

Einige Wochen später begannen die Unruhen in Tunesien. Noch bevor die ersten Opfer beerdigt werden konnten, wusste ich, dass dies die von mir gesehenen Unruhen waren. Ich wusste instinktiv, dass noch viel mehr Gewalt entstehen würde. Wäre es nur bei Tunesien geblieben, wären die Bilder, die ich hatte, nicht so stark gewesen. Tunesien ist dafür geografisch zu weit vom Nahen Osten entfernt und, was noch wichtiger war, emotional nicht mit mir verbunden. Die Bilder, die ich gesehen hatte, waren aber stark und klar. Das hieß, sie mussten mich direkt betreffen. Das ist normalerweise der Fall, wenn es sich um ein Land handelt, in dem ich lebe oder das ich zumindest schon besucht hatte. Bei Tunesien war beides nicht der Fall.

Ich schrieb mehreren Journalisten im Libanon und in Dubai. Meine intuitiven Bilder kurz erwähnend, bot ich ihnen an, weitere Analysen zu den einzelnen Ländern im Nahen Osten und Nordafrika zu machen. Ich teilte ihnen mit, dass dies nur der Anfang sei und noch viel mehr Probleme entstehen würden.

Ohne Zweifel mussten die Unruhen auch Auswirkungen auf die Wirtschaft haben. Ich überlegte mir, wie diese Auswirkungen wohl aussehen könnten. Mein erster Gedanke war Öl. Politische Unruhen in größerem Umfang in dieser Region der Erde mussten den Ölpreis steigen lassen. Ich suchte an der Börse Mini Futures mit Hebelwirkung auf Öl und investierte auf den steigenden Ölpreis.

Nach Tunesien gab es zu Beginn des Jahres 2011 die ersten Unruhen in Algerien. In der dritten Januarwoche fingen ernsthafte Krawalle in Ägypten an. Gewalt überzog das Land. Als die Probleme in Ägypten begannen, meditierte ich über die Zukunft des Landes. Ich wollte sehen, ob die Probleme andauern würden oder, wie von vielen Experten angenommen, die Situation bald wieder unter Kontrolle gebracht werden könnte.

Die Weltwirtschaft erkannte bald die Gefahr für den Ölhandel bei größeren Unruhen in Ägypten. Der Suezkanal wird von Ölfrachtern befahren, die das schwarze Gold nach Europa schiffen. Es ist ein Schifffahrtskanal zwischen den Hafenstädten Port Said und Port Taufiq. Der Kanal verbindet das Mittelmeer über den Isthmus von Suez mit dem Roten Meer. Der Seeschifffahrt wird dadurch der Weg um Afrika erspart. Der Kanal wurde am 17. November 1869 eröffnet. Im Jahr 2009 wurden täglich rund eine Million Barrel Öl und raffinierte Ölprodukte in Richtung Mittelmeer durch den Kanal geschleust. Unruhen in Ägypten könnten den Verkehr im Kanal zum Erliegen bringen.

Wie erwartet stieg der Ölpreis überdurchschnittlich an. Im richtigen Moment verkaufte ich meine Anteile. Wenige Tage danach sank der Preis wieder, fast bis zu seinem Preis vor den Unruhen in Ägypten. Die Börsen gingen davon aus, dass Mubarak wieder Ruhe und Ordnung in sein Land bringen würde. Dass dem nicht so sein würde, war mir dank meiner Visionen klar. Daher investierte ich erneut in den gleichen Öltitel und wartete gespannt ab. Jeden Tag las ich politische und wirtschaftliche Zeitungen. An gewissen Tagen machte ich mehrere Analysen, um kurzfristige Entwicklungen vorhersehen zu können.

Die Unruhen in Ägypten wurden nicht weniger. Im Gegenteil, sie drohten in einen Flächenbrand auszuarten. Die Gefahr, dass der Suezkanal doch noch geschlossen oder blockiert würde, stieg und somit auch der Ölpreis. Wieder hatten sich meine intuitiven Bilder bestätigt. Erneut verkaufte ich meine Wertpapiere mit einer sehr zufriedenstellenden Gewinnmarge.

Präsident Mubarak floh nach Sharm el Sheikh und verschanzte sich in einem seiner Paläste. Am 11. Februar trat der langjährige Präsident zurück, ein Militärrat übernahm die Macht. Dieser versprach freie und demokratische Wahlen sowie die Aufhebung der seit dreißig Jahren geltenden Notstandsgesetze. Nur wenige Tage nach Ägypten schwappten die Unruhen auf mehrere umliegende Staaten über.

Eine Journalistin aus Beirut wollte wissen, wie ich die Zukunft in Ägypten sehen würde. In der Februarausgabe 2011 der Zeitschrift *Femme Magazin* wurde ein langer Artikel mit meinen Vorhersagen zu den betroffenen Ländern veröffentlicht.

Ich sah für Ägypten weitere bevorstehende Unruhen. Trotz der Abdankung Mubaraks und dem Militär an der Macht war für mich ersichtlich, dass damit das Problem noch lange nicht gelöst war. Um den Zeitraum der Parlamentswahlen herum sah ich neue Wellen der Gewalt mit viel Blut. Eine wirkliche Änderung konnte ich jedoch nicht feststellen. Ich sah eine pro-westliche Regierung, die Gefahr einer wirklichen Abwendung vom bestehenden Kurs konnte ich nicht feststellen.

Ägypten war für mich eine neue Erfahrung. Bis dahin hatte ich entweder media-politisch oder medial-wirtschaftlich gearbeitet. Für Kunden oder aus persönlichem Interesse hatte ich bisher viele politische und wirtschaftliche Situationen analysiert.

Es war für mich daher sehr interessant, diese zwei Gebiete miteinander zu verschmelzen. Mediale Analysen, geopolitisches Wissen und Recherchen der wirtschaftlichen Umstände haben mir erlaubt, bestehende Situationen zu nutzen.

Der offene Geist hat, wie dieser Fall eindeutig zeigt, die Möglichkeit, die Macht der Intuition nicht nur für spirituelles Wachstum einzusetzen. Es ist auch ein offenes Geheimnis, dass viele führende Köpfe der Wirtschaft und der Politik sehr intuitiv sind. Viele meiner Kunden sind erfolgreiche Geschäftsleute und setzen ihre Intuition täglich ein.

Die Griechenland-Tragödie

In der griechischen Mythologie gibt es viele Tragödien. Götter, Halbgötter und Menschen schlugen sich um Frauen, Macht und Land. Auch in der modernen Geschichte Hellas' nahmen die Kämpfe nicht ab, nur die Statisten wurden modernisiert. Götter wurden ersetzt durch Politiker, Halbgötter durch Banker, nur das »Menschlein« blieb sich gleich. Fußvolk ist Fußvolk, daran hat sich in den letzten zweitausend Jahren nichts geändert, und daran wird sich auch in den nächsten zehntausend Jahren nichts ändern.

Anfang April 2012, einen Monat vor den ersten Parlamentswahlen in Griechenland, fragte mich eine Schweizerin, die in Griechenland wohnte, ob ich gewillt sei, etwaige Prognosen über die kommenden Wahlen zu erstellen. Sie würde, so versprach sie mir, meine Vorhersagen an die griechische Presse weiterleiten.

Seit meiner Kindheit war ich fasziniert von Griechenland. Homer habe ich bücherweise verschlungen, meine Griechenland-Besuche sind in meine Erinnerungen gemeißelt wie Fresken in den Tempeln Spartas. Verständlicherweise war daher die Anfrage eine berufliche Herausforderung und mit viel persönlichem Interesse verbunden! Mich faszinierte es, die Rolle des modernen Orakels von Delphi zu übernehmen, das zu jeder guten griechischen Tragödie gehört. Ich bat die Dame um Fotos der modernen hellenischen Götter und um eine Beschreibung der momentanen Situation. Ich hatte mich mit aktueller griechischer Politik bis zu diesem Zeitpunkt noch nicht auseinandergesetzt. Im Internet recherchierte ich erst einmal die verschiedenen Parteien, um die es hier ging, und machte mich mit den kommenden Abstimmungsdaten vertraut.

An einem der letzten Apriltage setzte ich mich vor meinen Computer. Das Wetter war wechselhaft. Die teilweise dicken Wolken am Himmel über Basel leisteten ihren Teil, um der Stimmung einen sehr mystischen Anstrich zu geben. Medial versetzte ich mich Richtung Olymp, um mich in die Wogen hellenischer Gegenwartsgeschichte zu stürzen.

Ich konzentrierte mich auf die zwei Hauptstatisten, die Führer der Pasok- und der Nea-Dimokratia (ND)-Partei. Stichdatum war der 6. Mai. An diesem Tag ging das griechische Volk wählen. Ein neues Parlament musste zusammengestellt werden. Eine klare Mehrheit hätte dann den neuen Ministerpräsidenten wählen müssen. Vor mir lagen die Fotos der zwei Parteiführer Antonis Samaras von der ND und Evangelos Venizelos von der Pasok. An der Macht war damals die Pasok. Eine Wiederwahl war aber so gut wie ausgeschlossen. Das war die einzige Analyse, die von Journalisten und Politologen gewagt wurde. Alles andere war ungewiss. Meine Arbeit bestand darin, Wissen in das große Ungewisse zu bringen. Meine erste mediale Analyse konzentrierte sich daher auf den 6. Mai. Ich sah die Pasok im ersten Schritt in einer guten Position, dann aber fallende Werte. Klar führend war die ND. Ich konnte sehen, dass der 6. Mai keine konkrete Regierung hervorbringen würde. Als Nächstes sah ich die beiden großen Parteien in der neuen Regierung, mit der ND in stärkerer Position.

Dann konzentrierte ich mich auf Griechenland nach den Wahlen. Hier sah ich Folgendes:

Das Jahr 2012 würde für Griechenland sehr schwierig bleiben, die Situation nicht besser. Die Regierung sah ich bis zu den nächsten Wahlen 2016 an der Macht bleiben.

In der Verbindung mit der EU sah ich es sehr schwierig werden. Im Jahr 2013 kommt es zu einem großen Streit zwischen Griechenland und der EU. Dennoch sehe ich Griechenland weiterhin in der EU verbleiben. Das Jahr 2013 wird für das Volk keine großen Veränderungen bringen, sehr schwierig wird es im Sommer 2013. Griechenland wird den Kampf gegen die EU aufgeben müssen. Ich konnte zwischen 2012 und 2016 keinen Staatsbankrott sehen, aber auch keinen Austritt aus der EU. Meine Vorhersagen schickte ich nach Griechenland. Die Dame gab meine Analysen an die Presse weiter.

Zusätzlich veröffentlichte ich meine Vorhersagen bei Visions auf meiner Webseite und auf Facebook (womit die Daten durch die Veröffentlichung belegbar sind).

Kurz vor dem Wahlgang schickte ich meine Analysen noch an verschiedene Journalisten und Freunde, die in Griechenland lebten oder Griechen sind. Für die meisten war meine Vorhersage einer Allianz zwischen der ND und Pasok ein Ding der Unmöglichkeit.

Am 6. Mai stand ich früh auf, um mich auf den großen Tag vorzubereiten. Am Abend standen die Resultate bereits fest. Nicht ganz richtig war meine Vorhersage, dass die Pasok zu Beginn in einer besseren Position stehen würde. Des Weiteren waren meine Vorhersagen bis zu diesem Punkt richtig. Die ND war Gewinner der Wahlen.

In den folgenden Tagen wurde die Welt Zeuge eines weiteren Aktes moderner griechischer Tragödien. Dank meiner Vorhersagen war ich mir sicher, dass die Wahlen keine neue Regierung hervorbringen würden. Die große Überraschung dieser Wahlen, Alexis Tsipras und seine Sirisa Partei, waren für mich als zukünftige Führer Griechenlands keine Alternative. In meiner Analyse sah ich die ND an der Macht und nicht die Sirisa.

Tsipras war mir überhaupt nicht sympathisch. Seine Aura zeigte viel Falschheit, Frustration und Hinterhältigkeit. Ihn wünschte ich mir nicht an der Macht eines Landes wie Griechenland. Die Griechen verdienen einen besseren Staatsführer. Zwischen dem 9. Mai und dem 16. Juni wurde in der Weltpresse viel spekuliert. Die Börsen spielten verrückt, weltweit schoben sich die Politiker gegenseitig die Schuld für die griechische Tragödie in die Schuhe.

Während die Welt rätselte, spekulierte und Hypothesen über den Ausgang der Wahlen anstellte, sah ich dem Spektakel amüsiert zu. Für mich war klar, wie der Gewinner heißen würde und wie schnell nach den Wahlen der aktuelle Superstar griechischer Politik, zumindest für den Moment, wieder verschwinden würde. Am Sonntag, dem 17. Juni, war der zweite Wahlgang. Fast gelangweilt verfolgte ich die Spekulationen der Weltpresse. Für mich und die Leser meiner Webseite stand der Gewinner bereits fest.

Am Abend wusste auch die Welt, wie der Gewinner der Wahlen hieß. Antonis Samaras und seine ND gewannen die Wahlen mit gut zwei Prozent Vorsprung. Pasok war an dritter Stelle, die Sirisa an zweiter. Eine weitere Prophezeiung hat sich damit erfüllt, die ND war (wieder) Gewinner. Die Welt, allen voran die EU, war erleichtert.

In den folgenden zwei Tagen verhandelten die griechischen Götter im Olymp der nationalen Politik, um eine neue Regierung zusammenzustellen. Parteichef Venizelos stieg vom Pantheon hinab in die Welt der Sterblichen und gab bekannt, was die Welt sehnsüchtig erwartete. Eine neue Regierung wartete darauf, das Zepter im Land zu übernehmen. Geführt von der ND mit Samaras an der Macht, integrierte sich die Pasok in die Allianz der neuen Führung. Auch in diesem Punkt erfüllte sich meine Vorhersage.

Delphische Orakel mischen heute noch genauso wie zur Zeit Trojas und Spartas in der Geschichte mit und erfüllen manchmal wichtige Aufgaben.

Prophezeiungen

Prophezeiungen sind so alt wie die Menschheit und ziehen jeden Menschen in ihren Bann. »Als Prophezeiung – auch Weissagung oder Verheißung – bezeichnet man in religiösen Kontexten eine Voraussage von Ereignissen in der Zukunft. Der Oberbegriff für gesammelte mündliche oder schriftliche Prophezeiungen, meist einer Einzelperson, ist Prophetie. Dieser Ausdruck stammt vom altgriechischen propheteía für ›aussprechen‹, ›aussagen‹ oder ›für jemanden sprechen‹ (φημί phēmí = ich spreche; pro = für, heraus, anstelle). Prophezeiungen kommen in vielen Religionen in unterschiedlichsten Zusammenhängen, aus verschiedenen Anlässen und aufgrund verschiedener Empfangsweisen der prophezeiten Botschaft vor. Die altorientalischen Kulte kennen vielfältige Arten von Orakeln, regelmäßigen Befragungen an Opferstätten oder vor Schlachten, ekstatischen Ausnahmebotschaften, Traumvisionen, als Prophezeiung gedeuteten Medien wie Tierorganen, Vogelflug, Verzückung oder Audition usw.« (Wikipedia)

Generäle, Hausfrauen, Könige, Geschäftsleute, Studenten, Minister, Menschen sämtlicher Kulturen und Zeitperioden haben sich Prophezeiungen bedient, um mögliche Ereignisse der Zukunft rechtzeitig erahnen zu können. Prophezeiungen können ein Kollektiv oder auch nur eine einzelne Person betreffen. Es gibt Vorhersagen, die gewollt gesucht werden, und andere, die sich *ungewollt* oder *ungesucht* manifestieren.

Bereits in der Bibel wird beschrieben, wie Traumdeuter und Propheten Visionen oder Träume als Prophezeiungen deuteten. Die Geschichte ist voll von Erzählungen vergangener Staatsmänner, die sich von Prophezeiungen leiten ließen. In Legenden und Märchen finden sich unzählige Helden, die so geleitet wurden, um ein Dorf, ein Königreich oder die ganze Menschheit zu retten.

Weltweit bedient sich die Filmindustrie des Phänomens der Vorhersagen, um nervenkribbelnde Kassenschlager zu produzieren. Egal ob in der Geschichte, in Legenden, Filmen und Büchern, überall begegnen uns Prophezeiungen. Manche sind eher banal, andere spektakulär. Beliebte Daten für Prophezeiungen sind Jahrhundert- oder Jahrtausendwenden. Bis zum heutigen Datum waren diese, wie wir wissen, eher unbedeutend. Dafür kennen wir Vorhersagen von begnadeten Visionären wie Nostradamus oder Edgar Cayce. Während Ersterer den meisten durch Bücher und Filme ein Begriff ist, kennen Cayce noch nicht so viele Menschen. Und das, obwohl er ohne Zweifel ebenso gut war wie Nostradamus.

Geboren wurde er am 18. März 1877 in Hopkinsville, Kentucky, USA. Er starb am 3. Januar 1945 in Virginia, USA. In Trance gab er Antworten zu Fragen über Themen wie Gesundheit, Astrologie, Reinkarnation und Atlantis.

»Die heute dafür bekannte Bezeichnung ist *Channeln*. Da er in Trance arbeitete, wurde er als der ›schlafende Prophet‹ bekannt. Er arbeitete anfangs als Buchhändler und Fotograf. Seine Publikationen in englischer Sprache umfassen 300 Bände. Heute gibt es Edgar-Cayce-Center in den USA und 25 weiteren Ländern.

Cayce wurde zu Lebzeiten als ›Prophet‹, als Mystiker, Seher und hellsichtig bezeichnet. Ihm wurden Fragen von

Ratsuchenden gestellt, die gewöhnlich nicht mit im Raum waren. Am Beginn von Cayces Karriere als Medium ging es ausschließlich um Fragen zu Gesundheit und Krankheit. Später bezog er Antworten auf Fragen nach früheren Leben und Karma mit ein. Cayce wollte mit seinen Antworten nach eigener Aussage den Ratsuchenden helfen, ein ‚besseres Leben' zu führen. Außerdem rief er dazu auf, seine Aussagen zu prüfen, statt sie als unumstößliche Wahrheit anzusehen. Cayce wurden von seinen Anhängern auch die Fähigkeiten des Wahrsagens, der Kontaktaufnahme mit Verstorbenen und des Aurasehens zugeschrieben.« (Wikipedia)

Neben Einzelberatungen machte er auch viele Vorhersagen zu zukünftigen Ereignissen. Wichtig finde ich seine Aussage, dass Prophezeiungen auch verändert werden können.

Ich komme mit meiner Erfahrung zu einer ähnlichen Schlussfolgerung. Im Einzelfall ist es ohne Zweifel sehr oft möglich, Prophezeiungen zu verändern. Wird in einer Sitzung eine schwierige oder gar gravierende Situation erkannt, so hat der Betroffene oft die Möglichkeit, durch aktives Handeln diese zu verändern. Sehe ich bei einer Person, dass sich in ihrer Partnerschaft ein großes Problem ankündigt, so wäre die nackte Vorhersage des Problems die Prophezeiung. Mit dem freien Willen hat der oder die Betroffene jetzt die Möglichkeit, die Situation zu beeinflussen. Man kann natürlich auch wieder medial die Ursache der Probleme analysieren. Der Kunde hat dann die Möglichkeit, zu einem Therapeuten zu gehen, um dort die Situation zu bearbeiten. Um die Probleme effizient verändern zu können, ist es in so einem Fall natürlich wichtig, dass beide Partner an einer Veränderung interessiert sind.

Etwas schwieriger verhält es sich mit kollektiven Vorhersagen wie politischen Unruhen oder Naturkatastrophen. Obwohl rechtzeitig erkannt, ist es in den meisten Fällen unmöglich, positiven Einfluss zu nehmen.

Wie sollte man einen Bürgerkrieg oder einen Tsunami beeinflussen oder verhindern können? Bürgerkriege werden politisch und in den meisten Fällen aus dem Ausland gesteuert und finanziert. Dutzende oder gar Hunderte von Menschen sind involviert, organisieren und ziehen Drähte im Hintergrund. Multinationale Konzerne mit scharfsinnigen Werbefirmen und Anwälten orchestrieren Pressekampagnen, um im betroffenen Land, aber auch im Ausland eine Stimmung der Wut und des Hasses zu erzeugen.

Bei einem Tsunami schieben sich Kontinentalplatten gegeneinander oder speien Vulkane im Meer ihre Lava in die unendlichen Wassermassen der Ozeane und provozieren so Riesenfluten. Es ist unmöglich, auf Ereignisse solcher Gewalt und Größenordnungen Einfluss zu nehmen.

Vorhersagen oder Prophezeiungen gehören zu meinem Alltag wie die Malpalette zum Künstler. Tag für Tag sehe ich Bilder von Einzel- und Kollektivschicksalen. Manche kommen bewusst, angeregt durch Fragen, andere unerwartet, ungewollt und überraschen selbst mich.

Bei Einzelberatungen analysiere ich die Bilder mit meinem Kunden, und wir besprechen dann, was damit erreicht werden kann. Wir arbeiten mit der Situation wie ein Bäcker mit dem Teig, um ein schmackhaftes und gesundes Brot herzustellen.

Kollektive Visionen veröffentliche ich entweder im Internet oder in den Medien. Journalisten aus verschiedenen Ländern und Kontinenten kommen immer wieder auf mich zu und bitten mich um Vorhersagen zu wirtschaftlichen oder politischen Situationen. Unter diesen Vorhersagen waren viele sehr positive, aber auch etliche sehr negative und traurige. In keiner der tragischen Vorhersagen war es mir möglich gewesen, auch nur im Geringsten Einfluss zu nehmen.

Ich werde immer wieder gefragt, warum ich nach meinen Vorhersagen zum Beispiel zu einem Konflikt nicht an die Öffentlichkeit appelliere, etwas zu verändern. Leider hat die Öffentlichkeit in den meisten Fällen überhaupt kein Interesse daran, einen Konflikt zu verhindern. Entweder ist die Masse durch die Medien bereits so manipuliert, dass sie den Politikern und Wirtschaftsmogulen glaubt, oder sie ist an einer Lösung nicht interessiert, weil davon der zukünftige Preis eines Rohstoffes abhängt. Ich sehe oft, wie schwierig es bereits ist, in einer kleinen Gruppe eine Vorhersage zu ändern. Jedes kleine Ego hat seine Interessen und Vorstellungen, möchte sich durchsetzen und Vorteile daraus ziehen. Nur ganz selten ziehen alle Individuen am gleichen Strang, offen und ehrlich im Interesse des Kollektivs.

Religiöse Vorhersagen sind ein anderes und ebenfalls sehr beliebtes Thema. So zum Beispiel 2012. Bereits in den Neunzigerjahren hörte ich zum ersten Mal von den berühmt-berüchtigten Maya-Prophezeiungen. Bei mehreren Anlässen lernte ich später José Argüelles kennen. Er hat viel über den Mayakalender und die damit zusammenhängenden Prophezeiungen geschrieben. Vor allem ihm ist die Bekanntmachung dieser Vorhersagen zu verdanken. In den Neunzigerjahren war die Menschheit aber erst noch mit einem anderen Stichdatum beschäftigt. Die Jahrtausendwende stand bevor. Auch dieses Datum war mit den unterschiedlichsten Prophezeiungen verbunden, nicht nur spiritueller, sondern auch technischer Natur. Aber weder fielen Flugzeuge vom Himmel noch wurden wir Opfer größerer Naturkatastrophen.

Nach dem 1. Januar 2001, als die Welt noch stand, war der Blick frei in Richtung nächstes Stichdatum, dem 21. Dezember 2011. Seit der Zeit jagte eine Theorie die nächste. Jeder, der etwas auf sich hielt, musste zumindest eine Vorhersage zum Jahr 2012 machen. Auch ich blieb nicht davon verschont und ertappte mich dabei, wie ich meine Ideen in Vorträgen oder Seminaren mitteilte. Im Gegensatz zu den meisten anderen Analysen waren meine unspektakulär.

Die vielen Vorhersagen gingen von einem Weltuntergang aus, wie in Roland Emmerichs Film 2012, bis zu feinstofflichen Erhöhungen spiritueller Schwingungen. Seitdem ist jede Naturkatastrophe, jeder Krieg oder jede wirtschaftliche Misere ein Vorbote der totalen Vernichtung oder der feinstofflichen Veränderung, je nachdem, an welche der Prophezeiung man glauben möchte. Nicht nur Hollywood entdeckte die Maya-Prophezeiungen, auch Buchhandlungen wurden mit Büchern, DVDs und CDs zum Thema geradezu überschwemmt.

Je näher das Jahr rückte, umso vorsichtiger wurden die Prognosen. Heute wissen wir, dass keine dieser Prophezeiungen eingetroffen ist. Egal was passiert oder auch nicht passiert, es kann immer behauptet werden, dass irgendwelche Schwingungen sich verändert haben. Da diese erst in zweihundert Jahren sichtbare Resultate zeigen würden, müsse man halt noch geduldig warten. Interessanterweise sahen die Mayas das Thema viel gelassener als der Rest der Welt. Es scheint, sie waren sich auch nicht einig, was genau passieren würde. Veränderungen können richtig oder falsch genutzt werden. Das jedoch hängt nur von uns Menschen ab. Prophezeiungen, mediale Führungen oder Vorhersagen sind hilfreich, unterstützend und ergänzend. Sie können aber nie verallgemeinert werden. Jede Situation muss extra analysiert werden. Prophezeiungen sollten Anregungen sein und nicht Entschuldigungen!

Es liegt dem Menschen im Blut oder in den Genen, dass er in einer speziellen Zeit leben muss, in einem speziellen Land, sich der richtigen Religion zuwendet oder zu den Auserwählten gehört. Absonderungen und Hervorhebungen aus der Masse gehören zur Individualisierung. Jede Kultur benötigt ihre Einzigartigkeit, egal ob in Religion, Politik oder Wissenschaft. Religionen und Prophezeiungen werden von der Zeit überrollt, ebenso wie technische Errungenschaften oder Weltmächte.

Medialität im Fernsehen

Das Fernsehen hat wie so vieles auch die Kreativität der Medialität sehr stark verändert und beeinflusst. Wurde Medialität vor dem Zeitalter des Fernsehens hauptsächlich hinter verschlossenen Türen praktiziert, so gab das Fernsehen dem Hellseher die Möglichkeit, mit seiner Arbeit die Massen zu erreichen.

Ich erkannte sehr früh die Vorteile der Massenmedien und lernte sie schätzen. Zu Beginn meiner medialen Laufbahn konnte ich hauptsächlich in Hotel-Konferenzräumen oder auf Messegeländen die Vorteile der Medialität aufzeigen. Vorträge waren und sind immer noch eine wunderbare Möglichkeit, den Menschen die Kraft der Intuition näherzubringen.

Momentos Misticos

Im Jahr 2004 fragte mich Unitel in Bolivien, ob ich Interesse hätte, eine Fernsehsendung zu gestalten. Ähnlich wie in den USA strahlen die meisten Fernsehkanäle morgens ein Programm mit den verschiedensten Segmenten aus. Der Kanal wollte ein spirituelles Segment einbringen, suchte den dafür geeigneten Moderator und stieß auf mich.

Ich war von der Idee begeistert und sagte zu, ohne lange zu überlegen. Nach kurzen Verhandlungen waren wir uns einig, unterschrieben den Vertrag und stellten das Konzept zusammen. Der Produzentin gab ich eine Liste mit den nötigen Utensilien, die ich für die Sendung benötigte. Der Name stand schnell fest: *Momentos Misticos* oder auf Deutsch *mystische Momente*.

Ich überlegte mir vorher genau, was ich in der Sendung zeigen wollte. Sehr wichtig war mir zu zeigen, dass Intuition und Medialität für jedermann erlernbar sei. Die Meditation ist in Südamerika noch nicht so stark verbreitet wie in Europa oder den USA. Also wollte ich verschiedene Meditationspraktiken anbieten. Ebenso gehörten natürlich theoretische Themen dazu. Hier konnte ich über Träume, Auren, Chakras oder die verschiedenen Hilfsmodule wie Karten oder Astrologie sprechen. Das Publikum sollte die Möglichkeit haben, Fragen zu stellen. Ich nahm mir vor, jede Woche Anrufe entgegenzunehmen, um Hilfestellung zu geben.

Die Tarotkarten sind für mich ein Hilfsmittel, um schnell intuitive Bilder zu erhalten. Zudem ist der Druck vor laufender Kamera größer als in einer Einzelsitzung. Die Karten sind für mich klar, sachlich und einfach zu interpretieren.

Die Möglichkeit, medial aktuelle Vorkommnisse zu analysieren, erschien mir sehr interessant. Wir drehten in Bolivien, strahlten aber in verschiedene Länder aus. Zudem war Unitel via Satellit und Internet weltweit empfangbar. Bolivien war politisch das vermutlich instabilste Land in Südamerika, also bestens geeignet für politische oder wirtschaftliche Analysen.

Die Produzentin stand hundertprozentig hinter mir. Benötigte ich etwas, so musste ich nur anrufen und meine Wünsche äußern. Kamerateams und Reporter standen mir jederzeit zur Verfügung. Wollte ich irgendwo außerhalb etwas drehen, brauchte ich nur rechtzeitig Bescheid zu geben.

Ausgestrahlt wurde einmal pro Woche. Ich hatte knapp eine Stunde Sendezeit. Ich stellte meine Themen monatsweise zusammen. Kam unerwartet ein aktuelles Thema dazu, waren wir so flexibel, das bestehende Programm anzupassen. Obwohl das Budget im Vergleich zu Sendungen in Europa oder in den USA sehr bescheiden war, konnten wir sehr vieles und Interessantes produzieren. Und vom kreativen Standpunkt aus gesehen, waren die Produktionen in Bolivien jenen in Europa um Welten voraus.

Der Südamerikaner ist von Natur aus emotionaler als der Europäer. Zudem hat der Latino eine sehr mystische Ader, die den meisten Europäern vermutlich durch die Inquisition verloren ging. Die Kirche benötigt heute keine Folterknechte und Söldnerbanden mehr, um ihren Krieg gegen das Mystische zu führen. Die rationelle und fast nur auf Logik ausgerichtete Erziehung übernimmt in modernen Zeiten diese Aufgabe.

In meinen Büchern habe ich mehrere Fälle aus meinem TV-Programm vorgestellt. Wer sich Teile daraus ansehen möchte, findet verschiedene Ausschnitte auf YouTube oder auf meiner Webseite.

In Deutschland haben Freunde von mir, die ebenfalls im Fernsehbereich tätig sind, die bolivianischen Produktionen belächelt und fast mitleidig darüber geurteilt. Heute, nachdem ich Dreherfahrungen in Bolivien und Deutschland habe, kann ich den Kritikern mit Überzeugung sagen, dass die Produktion in Bolivien zwar technisch bestimmt einfacher und billiger ist, dafür ist sie jedoch kreativer und inhaltlich um einiges wertvoller als in Deutschland.

Spätestens nach meinem ersten TV-Interview und der daraus entstandenen Reaktion wusste ich, wie vielseitig das Potenzial vor der Kamera sein kann. Es ging mir nie darum, bei einem der vielen Privatsender die Zukunft zu lesen, um Geld zu verdienen. Für mich bestand die wirkliche Macht des Fernsehens in der Präsentation meiner Arbeitsweise. Ich wollte den Menschen zeigen, dass Medialität mehr ist, als nur die Zukunft aus Tarotkarten zu lesen. Natürlich bot ich in meinem TV-Programm *Momentos Misticos* auch die Möglichkeit an, über die Karten oder die Aura Hinweise über mögliche Lebenssituationen zu geben. Ich machte das jedoch hauptsächlich, weil ich wusste, dass der Zuschauer es sehen wollte.

Viel interessanter und vielseitiger jedoch war es, mit Kamerateams alte Ruinen zu besuchen oder auf die Suche nach vermissten Menschen zu gehen. In meiner Sendung in Bolivien wollte ich verschiedene Segmente anbieten. Manchmal sprach ich über interessante Themen wie die Aura, Träume, Geistwesen oder Magie. Oder ich analysierte Bürgerkriege, Wahlen oder wirtschaftliche Entwicklungen. Wir gingen auch auf die Straße und interviewten Menschen zu den verschiedensten Themen oder luden Angehörige von Vermissten ein, um den Fall zu analysieren.

So reizvoll diese Sendungen auch waren, so gefährlich konnten sie sein. Nur selten waren meine Programme nicht live. Ich machte Analysen über schicksalsträchtige Situationen oder einflussreiche und oft nicht ungefährliche Persönlichkeiten.

Aussagen, die vor laufender Kamera gemacht werden, können nicht zurückgenommen werden, und genau das machte meine Arbeit so wertvoll. Man konnte mir nicht vorwerfen, meine Analysen seien betrügerisch. Noch heute kann man auf meiner Webseite und anderen Internetseiten Filme von mir und meinen Analysen ansehen. Den Skeptiker lade ich gern dazu ein, meine Aussagen mit den damaligen Situationen zu vergleichen, um sich ein besseres Bild zu machen.

Meine Sendung war erfolgreich und wurde von vielen Menschen gesehen. Viele, so wurde mir gesagt, entschieden anhand meiner Aussagen, ob sie zum Beispiel das Land verlassen oder bleiben wollten. Und das nicht nur bei Kriegen oder Revolutionen, sondern auch bei Naturkatastrophen.

Ein guter Moderator, der sich in den Alltag eines Landes einmischt, sollte in meinen Augen versuchen, objektiv zu bleiben. Leider habe ich diese Regel eines Tages überschritten und bezog Stellung. Nicht für die falsche Seite, dennoch wurde die Situation für mich an einem bestimmten Punkt in Bolivien doch sehr kritisch, sodass dies einer der Gründe war, warum ich mich entschlossen habe, das Land zu verlassen und erst nach drei Jahren Absenz wieder zurückzukommen.

Meine nächste Erfahrung mit dem Fernsehen machte ich in den USA. In Miami, Los Angeles und New York hatte ich mehrere Fernsehauftritte. Obwohl die USA in vielen Aspekten sehr konservativ sind, waren die Auftritte sehr entspannt und interessant. Ich durfte in seriösen Sendungen, die von Millionen von Menschen gesehen wurden, auftreten, um zu zeigen, wie effizient Medialität sein kann. Während des Angriffs Israels auf den Libanon, 2006, machte ich live Analysen zum Krieg, die, wie sich nachträglich zeigte, sehr zutreffend waren. Die zuständigen Redakteure waren zwar skeptisch, aber dennoch offen und unterstützten mich. Es ist daher auch nicht weiter erstaunlich, dass praktisch alle interessanten Konzepte, die Hellsehen und Medialität behandeln, in den USA entworfen wurden.

Als ich in den Nahen Osten zog, ließ ich die USA und damit meine Auftritte vor der Kamera in diesem Land hinter mir. Im Nahen Osten sind meiner Erfahrung nach Libanon und Israel die liberalsten Länder, die auch immer wieder Sendungen zu medialen Themen ausstrahlen.

In beiden Ländern habe ich längere Zeit gelebt, hatte aber wegen der Sprachbarriere nie die Möglichkeit, im Fernsehen aufzutreten. Dafür hatte ich in mehreren Ländern des Nahen Ostens Presseauftritte, die ohne Ausnahme veröffentlicht wurden.

Durch die Veröffentlichungen meiner Bücher im deutschen Sprachraum wurden die dortigen Sender auf mich aufmerksam. In der Schweiz wurde ich von verschiedenen Fernsehsendern interviewt, und in Deutschland produzierten wir mit *Sony Film Production* für RTL eine Miniserie (➤ Seite 349 ff.). In dieser gab ich mögliche Hinweise zu Vermisstenfällen. Leider wurde mit meinen Hinweisen nicht richtig gearbeitet, und die Sendereihe wurde nach der ersten Staffel wieder eingestellt. Während ich in Südamerika Hilfe von öffentlichen Stellen bekam, die meine Hinweise ernst nahmen, war das in Europa leider nicht der Fall.

Jenes Europa, das sich oft so fortgeschritten, hoch entwickelt, ja überheblich benimmt, zeigte sich an diesem Punkt als sehr rückständig. Die Produzenten und Moderatoren der jeweiligen Sender waren ohne Ausnahme offen und interessiert. Die Probleme lagen interessanterweise bei den führenden Entscheidungsstellen und dem Publikum. Gerade Letzteres zeigte eine sehr beschränkte Offenheit neuen Ideen gegenüber.

Erfolgsgeprägt sind in Europa hauptsächlich die teuren Beratungssendungen, bei denen medial beraten wird. Ich muss wohl nicht erwähnen, dass diese Sendungen keine gute Plattform bilden, um mit meinen Konzepten aufzutreten.

Mein nächster Schritt, den ich mithilfe erfahrener Profis entwickelte, ist der Fernsehauftritt im Internet. Während mit Ausnahme der wirklich ganz großen Fernsehsender fast alle Stationen regional oder national gebunden sind, bietet das Internet eine weltweite Plattform mit einem Millionenpublikum. Ist man sprachlich gewandt, so kann man sich ohne Weiteres einen eigenen, kleinen TV-Sender zusammenstellen und weltweit auf Sendung gehen.

Kraftorte, Tempel für die Seele

»My home is my castle!« Man könnte auch sagen: »Mein Heim ist mein Tempel!« Leider vergessen wir nur allzu oft, dass unser Körper der Tempel unserer Seele ist.

Um sich kreativ und in voller Blüte zu entfalten, benötigt unsere Seele einen gesunden Körper. Für die meisten von uns ist es glücklicherweise normal, dass unser Körper gesund und richtig entwickelt ist. Dennoch ist es für eine Seele ohne Zweifel auch möglich, sich in einem gesundheitlich eingeschränkten Körper zu bewegen. Viele große Genies der Wissenschaft, Kunst oder der Kraft der Medialität hatten oder haben körperliche Einschränkungen.

Der Begriff *gesunder Körper* bezieht sich nicht unbedingt auf die Funktion sämtlicher Körperteile, sondern vielmehr auf unser tägliches Umgehen mit dem Körper. Falsche Ernährung, der Missbrauch von Genussmitteln oder eine unsaubere und verschmutzte Umgebung sind für den Körper schädlicher als ein einschränkender Geburtsfehler.

Um jeglicher Kritik zuvorzukommen, möchte ich an dieser Stelle betonen, dass ich absolut kein Gegner von Genussmitteln bin und nicht nur gesund lebe. Ich halte mich sehr oft in Großstädten mit überdurchschnittlicher Umweltverschmutzung auf. Mein Essen ist nicht nur biologisch, ich nehme Fleisch, Süßigkeiten und bei Krankheiten chemische Medizin zu mir. Auch den Konsum von Alkohol genieße ich sehr und möchte ihn auf keinen Fall missen.

Ich passe demnach ganz und gar nicht zu dem Prototyp eines sogenannten spirituellen Menschen. Im Gegenteil, in Südamerika kannte man mich als das *Enfant terrible* der Hellseher. Andere gaben mir den Übernamen *El Rasputin moderno,* auf Deutsch »Der moderne Rasputin«.

Heiligkeit war für mich immer mit Scheinheiligkeit verbunden, und ich war der Überzeugung, dass ich lieber mit offenen Karten spiele (oder lebe) und dafür nicht plötzlich in Skandale verwickelt werde (wurde ich aber) und man mir Falschheit vorwerfen könnte. Skandale oder Exzesse können passieren. Schlimm wird es erst, wenn sich in solchen Situationen zeigt, dass man selbst scheinheilig und falsch war. Gegen Skandale habe ich nichts. Dumm ist es nur, wenn man gegen seine eigenen Werte verstößt. Da ich nie irgendwelche Handlungen als böse oder verwerflich bezeichnete, kann man mir, sollte ich bei etwas Unpassendem erwischt werden, auch keine Vorwürfe der Falschheit machen. Bei einem Skandal sagte mir einmal meine damalige Managerin aus Peru, dass ich mir keine Sorgen machen soll, wenn die Leute (schlecht) über mich sprechen sollten. Schlimm wird es erst, wenn man nicht mehr wahrgenommen wird.

Trotzdem ist es für mich immer wichtig, dass ich mich in meinem Tempel oder Körper wohlfühle. Wie schon erwähnt, meditiere ich jeden Tag, reinige nicht nur meinen Körper, sondern auch meine Aura und meine Chakras. Diese täglichen Reinigungen nenne ich meine spirituelle Hygiene.

Viele vergessen hingegen oft, dass sie neben dem physischen Körper auch einen Lichtkörper haben, der ebenfalls verunreinigt werden kann und gereinigt werden möchte. Reinigt man seine Aura nicht, so ist das vergleichbar mit einem Körper, den man nicht reinigt und schützt. Tagtäglich reinigen wir den physischen Körper, putzen unsere Zähne, waschen die Haare und wechseln die Kleider. Warum sollte es sich mit dem Lichtkörper anders verhalten? Warum hat es dieser nicht auch verdient, gereinigt zu werden?

In Großstädten trifft man oft auf Menschen, die nicht gereinigt und deren Kleider zerlumpt sind. Auf den ersten Eindruck fühlen sich die meisten Menschen von solchen Personen eher befremdet. Für eine hellsichtige Person verhält es sich nicht anders, wenn man eine Person sieht, die nicht auf ihre spirituelle Hygiene achtet. Da wir uns dessen nicht so bewusst sind, vergessen viele diese wichtige Reinigung.

Meditationen, tägliche Abwechslungen von der Arbeit und dem damit verbundenen Stress sind bereits sehr wertvolle Aktivitäten, um sich und den feinstofflichen Körper sauber zu halten. In meiner Meditations-CD *Die Kraft der Intuition* führe ich verschiedene Meditationen durch, um solche Reinigungen vorzunehmen.

Empfehlenswert ist eine Morgenmeditation, um den Lichtkörper ein erstes Mal zu reinigen. In meinen Kursen und Vorträgen wird mir immer wieder gesagt, dass dafür die nötige Zeit fehlen würde. Aber das sind reine Ausreden!

Es reicht, vor dem Aufstehen drei bis fünf Minuten zu meditieren. Oder man kann während der Dusche kurz die Augen schließen und meditieren. In diesem Fall entsteht nicht einmal ein zusätzlicher Zeitaufwand. Schließlich befindet man sich ja bereits in einem entspannten Zustand. Auch hier reichen drei bis vier Minuten.

Vergisst man, im Bett oder unter der Dusche zu meditieren, so kann man es kurz in der Tram, im Bus, Zug, Taxi oder notfalls sogar auf dem Örtchen nachholen!

Während des Tages kann man ebenfalls immer wieder kurz meditieren, um sich zu reinigen. Fühlt man sich gestresst, unruhig oder, um einen hygienischen Begriff zu benutzen, energetisch unsauber, so kann man gegebenenfalls am Arbeitsplatz ein bis zwei Minuten die Augen schließen, um sich zu entspannen und zu reinigen. Oder man geht kurz hinaus und meditiert.

Eine Kundin, die öfter Kurse bei mir besucht hatte, erzählte bei einem Seminar, dass sie sich manchmal in einer Geschäftsbesprechung damit entschuldigt, dass sie aufs Klo müsse. Dort setzt sie sich hin, schließt die Augen und führt die innere Reinigung durch. Dies ist eine gute Möglichkeit, sogar unter Druck kurz zu entspannen! Sie erzählte, dass ihr diese kurzen Reinigungen helfen, sich wieder besser zu fühlen. Es muss nicht erwähnt werden, dass sie somit wieder einsatzfähig wird und besser weiterarbeiten kann. Nicht nur ihr ist geholfen, sondern auch ihren Vorgesetzten und der Arbeit, weil die Aufmerksamkeit wieder präziser wird. Ich möchte Ihnen an diesem Punkt eine kurze Reinigungsmeditation mit auf den Weg geben.

Reinigungsmeditation

Setzen Sie sich für einen Moment ruhig hin. Egal ob auf einen Stuhl, ein Sofa oder die Kloschüssel. Schließen Sie Ihre Augen und entspannen Sie sich. Atmen Sie drei- bis viermal tief ein und aus, und entspannen Sie Ihre Schultern, Arme und Hände. Visualisieren Sie, wie eine gelbe oder goldene Lichtdusche über Ihre Aura fällt und sie reinigt.

Sie können sich vorstellen, wie diese Dusche ganz konkrete Stressfaktoren aus Ihrer Aura spült. Wurden Sie von einer Person verbal angegriffen und verletzt, so stellen Sie sich vor, wie die Wut, die in Ihnen steckt, ebenfalls abgewaschen wird.
Gereinigt und gleichzeitig distanziert zum Thema, können Sie wieder Ihre Augen öffnen.
Atmen Sie jetzt mit offenen Augen drei- oder viermal tief durch und bleiben Sie entspannt.
Erheben Sie sich dann und machen Sie mit Ihrem Alltag weiter. Führen Sie diese Reinigungsmeditation effizient durch, dauert sie nicht länger als zwei Minuten!

Der nächste wichtige Kraftort für den Körper ist das eigene Zuhause. Physische Ordnung und Sauberkeit ist hier ein sehr wichtiger Faktor, um diesen Tempel rein zu halten.

Daneben ist es empfehlenswert, immer wieder spirituelle Reinigungen durchzuführen. In etlichen Kulturen gehören diese Reinigungen ebenso wie die physische zum Alltag. Es gibt viele Rituale mit verschiedensten Hilfsmitteln, um eine energetische Raumreinigung durchzuführen.

In mitteleuropäischen Kulturen kennt man dafür heute noch den Weihrauch. Im Fernen Osten zünden Praktizierende Räucherstäbchen an, im Nahen Osten und Nordafrika gibt es ganze Wachs- und Kräutermischungen für Reinigungen. In Südamerika wird oft das Holz *palo santo* eingesetzt, um nur eines der Reinigungsmittel zwischen Mexiko und dem Süden Argentiniens zu nennen.

In Europa kannte man in vorchristlichen Kulturen ebenfalls verschiedene Reinigungsmittel. So diente unter anderem die Distel dazu, negative Kräfte fernzuhalten, um das Heim zu schützen.

Die Lehre des Feng-Shui hat das Ziel, eine Harmonisierung des Menschen mit seiner Umgebung zu erreichen. Durch besondere Gestaltung der Lebensräume soll Harmonie und energetische Sauberkeit erreicht werden. Der ursprüngliche Begriff ist *Kan Yu,* eine Kurzform für den Begriff »Den Himmel und die Erde beobachten«.

Nicht nur Raumenergien können mit Feng-Shui gereinigt werden, sondern auch die Geister der verschiedenen Elemente können damit befriedigt werden. Es gibt zahlreiche Möglichkeiten, die privaten und beruflichen Räume mit Feng-Shui zu gestalten. Neben dem traditionellen Feng-Shui gibt es viele individuelle, intuitive Feng-Shuis. Diese benötigen nur wenig technische Grunderfahrung, viel wichtiger ist hier eine gesunde Intuition.

Möchte man seine Räume säubern und sauber halten, so ist es empfehlenswert, in den verschiedenen Räumen zu meditieren. In den Meditationen versucht man zu spüren, was in den Räumen fehlen könnte, um die Harmonie herzustellen. Komme ich zum Beispiel in ein Haus, so sehe ich sofort, ob der Bewohner seine Räumlichkeiten sauber hält oder nicht.

Von Kunden werde ich immer wieder gebeten, Räume oder ganze Häuser zu reinigen und bei der Einrichtung zu helfen. Dem interessierten Kunden erkläre ich von Anfang an, dass ich nicht mit dem ursprünglichen Feng-Shui arbeite, sondern ein eigenes, intuitives Feng-Shui einsetze. Ich sehe mir dafür die Aura meines Klienten an, schaue mich in den Räumen um und kombiniere daraus die bestmögliche Ein- oder Ausrichtung der Raumgestaltung.

Wie schon erwähnt, kann jeder seine eigenen Räume intuitiv gestalten. Macht man diese Arbeit selbst, ist der finanzielle Aufwand eher bescheiden. Mit Bildern, Tüchern, Pflanzen, Möbeln und Teppichen kann man ohne Probleme gemütliche und energetisch saubere Räume einrichten.

Sind die Räume harmonisch gestaltet und ausgerichtet, so ist es wichtig, diese von Zeit zu Zeit wieder zu reinigen. Vielleicht kann man sogar im gleichen Rhythmus, wie die Zimmer physisch gereinigt werden, spirituelle Reinigungen vornehmen.

Diese können jedoch nicht gleichzeitig zur physischen Reinigung durchgeführt werden. Trotzdem ist der Zeitaufwand auch hier bescheiden. Reinigt man die Räumlichkeiten regelmäßig spirituell, so sind fünf Minuten für ein durchschnittliches Zimmer genug.

Nach einer Reinigung ist es empfehlenswert, die Fenster und Türen für einige Minuten offen zu lassen, um die Räume gut durchzulüften.

Dem sehr sensiblen Leser würde ich empfehlen, einen Raum einzurichten, der einem Tempel gleichkommt und der nur sehr wenig oder gar nicht von fremden Personen aufgesucht wird. Dieser Raum kann als Rückzugsort wichtig sein.

Jeden Tag frische Luft, wenn möglich umgeben von unberührter Natur, ist Balsam für die Seele. Ist das nicht möglich, ist es ohne Zweifel besser, in einem Stadtpark zu spazieren, als sich überhaupt nicht in der freien Natur aufzuhalten.

Und dann gibt es noch Plätze, die speziell sehr kraftgeladen sind für Leib und Seele. Viele solcher Orte sind schon seit Urzeiten mit Heiligtümern überbaut worden. Feinfühlige Menschen wie Schamanen, Priester, Medizinmänner oder Druiden haben schon früh diese Orte ausfindig gemacht und für Rituale oder als Rückzugsorte eingerichtet. Es wurden Tempel gebaut, um an bestimmten Tagen Zeremonien durchzuführen. Solche Orte kennt man heute allgemein als Kraftorte (➛ siehe Seiten 14, 18, 258 ff., 270 ff.).

Einige sind von weltbekannter Berühmtheit, wie zum Beispiel Stonehenge in England, Lourdes in Frankreich, Machu Picchu und der Titicacasee in den Anden Perus und Boliviens, Jerusalem, die Blaue Moschee in Istanbul, das Orakel von Delphi, Bali, der Fudschijama in Japan oder der Kilimandscharo in Afrika. Aber auch regional gibt es weltweit unzählige Kraftorte mit den unterschiedlichsten Energien.

Ich habe viele solcher Plätze besucht. Interessanterweise findet man auf den meisten dieser Plätze religiöse Überreste mehrerer Kulturen. Oft hatten zu antiker Zeit oder noch älter damals bestehende Kulturen bereits ihre Heiligtümer auf diesen Plätzen. Wurden die ersten Kulturen erobert oder starben anderweitig aus, so kam die nächste Kultur und baute einen neuen Tempel. Heute stehen oft Wellness-Hotels an solchen Orten. In Bolivien oder Peru zum Beispiel findet man an Kraftorten oft Überreste von Tempeln aus Kulturen vor den Inkas, darüber Inkaruinen und auf diesen wiederum steht heute eine Kirche.

Im Nahen Osten finden sich in Syrien, dem Libanon oder Israel Tempelstätten mit Überresten aus damals existierenden Urkulturen, danach christliche oder moslemische oder jüdische Kulturen, die sich, je nachdem, wer gerade über das Land herrschte, einen neuen Tempel hinstellten. Manchmal machte man sich nicht einmal die Mühe, die Tempel erst niederzureißen, sondern ersetzte das Kreuz einfach durch den Halbmond oder den Davidstern. Nicht selten wechselte sich mit den Jahrhunderten und Kriegen das religiöse Symbol ab. Unabhängig davon, welches Banner über dem Tempel wehte und welche Götter oder Schriftzeichen verehrt wurden, die Energie blieb bestehen.

Kommt der Suchende an einen Kraftort, so spürt er normalerweise ohne große Schwierigkeiten die Energien. Für die Seele und die Aura sind solche Orte, was der Kurort für den Körper ist. Komme ich an einen Kraftort, so bereite ich mich bereits auf der Hinreise darauf vor. Ich informiere mich über den Ort, um zu wissen, was mich erwartet. Vor Ort sehe ich mir neben den physischen Schönheiten auch die Energiefelder an. Was die Chakras in der menschlichen Aura sind, wären Kraftorte in der Aura der Erde.

Wie wir Menschen, so hat auch die Erde eine Aura, auch morphisches Feld genannt. Als morphisches oder ursprünglich morphogenetisches Feld bezeichnete der britische Biologe Rupert Sheldrake ein hypothetisches Feld. Dieses soll als »formbildende Verursachung« für die Entwicklung von Strukturen verantwortlich sein. Bereits in vielen Experimenten wurde versucht, dieses Feld zu beweisen. Während viele Naturwissenschaftler diese Hypothese als pseudowissenschaftlich ablehnen, gibt es inzwischen immer mehr, die sie ernsthaft diskutieren. Nicht, dass wir von der Meinung verschiedener Wissenschaftler abhängig wären, dennoch ist es interessant zu beobachten, wie die Wissenschaft über komplizierte und meist hochteure Untersuchungen zu Schlüssen kommt, die eigentlich gar nicht neu sind. Durch das Einklinken in die Energie eines Kraftortes kann der Empfänger das Urwissen des Ortes anzapfen und sogar verstehen.

Nach meinen ersten Eindrücken an einem Kraftort suche ich nach Geistwesen, die zum Ort gehören. Obwohl für das menschliche Auge nicht sichtbar, wimmelt es an diesen Orten geradezu von Wesen, Geistern und Energiespiralen. Interessanterweise können uns diese Wesen konkrete Hinweise zu den Orten geben, nicht nur bezogen auf die Energien des Platzes, sondern auch zu historischen Fakten. Viele dieser Wesen sind bereits seit Jahrtausenden an diesen Orten und haben die Geschichte vor Ort miterlebt.

Meditationen gerade an solchen Orten sind immer sehr kraftvoll und inspirierend. Was der Louvre oder das MoMA dem Kunstliebhaber, Künstler oder Galeristen bedeutet, ist der Kraftort für den medial veranlagten Menschen. An Kraftorten komme ich in Ekstase, sehe ich ein Farbenmeer in ständiger Bewegung, spüre ich Wesen unterschiedlichster Herkünfte, fließen Energien, wie sie nur an diesen Orten spürbar sind. Spaziere ich durch ein Kunstmuseum oder eine Galerie, passiert mir etwas Ähnliches. Neben den visuellen Eindrücken spüre ich die Emotionen in den Kunstwerken, erlebe ich den Künstler in den Momenten des Erschaffens seiner Lebenswerke. Nicht selten sprechen die Bilder oder Skulpturen zu mir. Natürlich handelt es sich dabei nicht um eine Fachdiskussion, vielmehr ist es ein Empfangen von Gefühlen und Visionen, die mit dem Kunstwerk zusammenhängen, genauso wie ich auch mit der Aura eines Kunden *spreche*, um die Person lesen zu können.

An Kraftorten sehe ich mir Opfersteine an, wandle durch Tempelhallen, atme die Aura der umherstehenden oder liegenden Kulturen ein, um deren Hintergrund zu spüren, oder setze ich mich auf den Boden, um medial-intuitiv visuelle Eindrücke, die mit dem Ort zusammenhängen, durch mich hindurchfließen zu lassen.

Manchmal reisen wir in kleinen Gruppen zu diesen Orten, um gemeinsam zu meditieren. Ich habe auch schon während Seminaren mit Gruppen Kraftorte besucht, um die Teilnehmer an diesen Erfahrungen teilhaben zu lassen. Es gibt, soweit mir bekannt ist, in nahezu jeder Gegend zumindest einen kleinen Kraftort. Oft findet man Quellen an den Orten. Alte, kleine Kapellen stehen ebenfalls meistens an energetisch starken Plätzen.

Im Internet gibt es unzählige Webseiten zu Kraftorten, und spezialisierte Reiseagenturen bieten Erlebnisreisen an diese Orte an. Dem Suchenden bieten sich so unzählige Möglichkeiten, um Kraftorte aufzusuchen.

An Leib und Seele zufrieden, verlasse ich den Energieort und nehme mir dann immer etwas Zeit, um das Erlebte nachwirken zu lassen. Befindet man sich nicht im Urlaub und muss zurück in den Alltag, so würde ich auf jeden Fall empfehlen, ungefähr zwei oder drei Stunden nach dem Besuch ruhig und entspannt zu bleiben und nicht an einen Ort mit zu vielen Leuten zu gehen.

Nicht nur, dass die Aura bei diesen Besuchen gereinigt wird, automatisch wird man sensibler und offener, auch für schwere Energien und Emotionen. Mischt man sich direkt nach dem Besuch eines Kraftortes unter Menschen, besteht die Gefahr, dass man zu vieles aufnimmt und somit der gewünschte Effekt nicht nur zerstört, sondern das eigene Aurafeld wieder verunreinigt wird.

Kraftorte gibt es viele. Der stärkste und wichtigste ist in der eigenen Seele. Kein noch so starker, externer Kraftort kann ohne gesunde Seele die Aura, die Chakras und den Geist reinigen. Ein kurzer Blick in die eigene Seele zeigt umgehend, wie gut man in sich ruht und ausgerichtet man ist.

Kraftorte: Machu Picchu und Titicacasee

Es gibt vermutlich nur wenige Orte, die dem spirituell offenen Menschen so bekannt sind wie Machu Picchu in Peru. In der Chakra-Theorie spricht man von den Erden-Chakras. Sie sind über den Globus verteilt und ähnlich wie die Chakras im Menschen Kraftorte mit bestimmten Energien.

Eines dieser Chakras ist der Titicacasee im Hochland der Anden. Er liegt im Grenzgebiet zwischen Peru und Bolivien. Mit einer Größe von insgesamt circa 8288 Quadratkilometern ist er der zweitgrößte See Südamerikas, nur der in Venezuela gelegene Maracaibo-See ist noch größer. Der Titicacasee liegt etwa 3810 Meter über dem Meeresspiegel und ist damit der höchstgelegene, kommerziell schiffbare See der Erde. Die größte Tiefe erreicht der Titicacasee mit 284 Metern in seinem nordöstlichen Abschnitt. Er ist 194 Kilometer lang und 65 Kilometer breit.

Als Epizentrum des Erden-Chakras strahlt der See seine Kräfte in die Umgebung aus, woraus sich auch erklären lässt, warum so viele magische Orte in dieser Umgebung zu finden sind: Tiwanacu, Samaipata, die Nazca-Linien und natürlich Machu Picchu sind nur die wichtigsten davon.

Den See, der sich in einen Nord- und Südteil gliedert, umgeben mehrere Halbinseln. Mehr als 25 Flüsse fließen in den See, der aber nur einen Abfluss, den Río Desaguadero, hat. Es gibt viele Inseln, einige von ihnen beherbergen alte

Tempel der Inkakultur. Die wohl bekanntesten davon sind die Isla de la Luna und die Isla del Sol.

Der genaue Ursprung des Namens Titicaca, ursprünglich eine Bezeichnung für die Sonneninsel, ist nicht bekannt. Vermutet wird, dass der Begriff aus zwei Aymara-Wörtern besteht: titi heißt so viel wie *Große Katze* und kaka heißt *grau*. Nach einer Legende soll der erste Inka, Manco Capac, über einen Stein auf der Sonneninsel die Erde betreten haben. Besichtigt man die Insel, so glauben die Touristenführer und Einheimischen in diesem Felsen ein Katzengesicht erkennen zu können. Um den See herum gibt es viele schöne Orte, die ich auf jeden Fall empfehlen kann. Touristisch schon sehr gut erschlossen, sind die vielen Sehenswürdigkeiten sehr leicht zu besuchen.

»Heutzutage leben ungefähr zwei Millionen Menschen in unmittelbarer Nähe des Sees, das hat eine starke Inanspruchnahme aller Ressourcen des Sees und seiner Uferzonen sowie der angrenzenden Landflächen zur Folge. Der Siedlungsdruck in den vergangenen Jahren hat extrem zugenommen. Allein der Wasserbedarf und die -entnahme an den größeren Zuflüssen (Ramis, Ilave, Coata, Huancane, Suchez und Catari) sind drastisch gestiegen, sodass der Wasserpegel des Sees seit Jahren stetig sinkt. Viele Uferzonen sind trocken, zahlreiche Tierarten verlieren somit ihren Lebensraum, ihre Laichplätze und Nistmöglichkeiten.« (www.globalnature.org/20075/Kampagnen/Bedrohter-See-des-Jahres-2012/02_vorlage.asp, Zugriff 30. 5. 2012)

Fliegt man La Paz an, kann man den Titicacasee nicht übersehen. Aus dem Flugzeug fallen dem aufmerksamen Touristen sofort zwei Naturobjekte ins Auge: der Illimani-Berg und der Titicacasee.

Der Illimani ist mit 6439 Metern der zweithöchste Berg Boliviens und der höchste Berg der Cordillera Real. Er hat vier Gipfel mit über 6000 Metern, deren höchster der Pico Sur ist. Für die Einwohner von La Paz ist der Illimani ein heiliges Wahrzeichen. Die Aymara-Indianer nennen ihn Illemana, zu Deutsch *Wo die Sonne geboren wurde* oder auch Jilir Mamani, *der älteste Sohn*.

Der linke Gipfel heißt Khunu Urucuncu, *Schneebär*. Die Legende sagt, dass der Berg (Apu) Mururata versuche, den Illimani an Größe zu übertrumpfen. Das erzürnte den Illimani, und er schlug ihm das schneebedeckte Haupt ab. Der abgetrennte Kopf, so sagt die Legende, befinde sich seither 200 Kilometer weiter westlich in Gestalt des erloschenen Vulkans Sajama. Vom Flugzeug aus sieht der Titicacasee aus wie ein Meer. Endlos scheint er den Altiplano auszufüllen. Fliege ich La Paz an, freue ich mich besonders, den See beim Anflug von oben sehen zu können.

Mystiker behaupten, dass der Titicacasee eines der Erden-Chakras sei. Ohne Zweifel ist der See ein Kraftort. Die Reise von La Paz zum See ist bereits fantastisch. Man steigt vom 3500 Meter über dem Meer gelegenen Stadtzentrum auf 4000 Meter hoch, um die Hochebene zu erreichen. Auf dieser übersieht man die endlos wirkende Stadt. Riesige Slums erstrecken sich auf und unterhalb des Altiplanos.

Schön anzusehen und attraktiv wirkt eigentlich nur der südliche Teil der Stadt. Von der Hochebene aus hat man jedoch den einzigartigen Blick auf die Berge, die offene Ebene und das Siedlungsmeer, in welchem sich der internationale Flughafen befindet.

Touristen können in La Paz in bequemen Bussen zum See fahren. Wer billiger reisen möchte, kann die meistens sehr unbequemen öffentlichen Busse nehmen. Sind die Straßen aus der Stadt heraus nicht durch einen der immer wiederkehrenden Streiks blockiert, so kommt man relativ gut voran. Bolivien ist Weltrekordhalter in Staatsstreichen! Politische Unruhen gehören fast zum Alltag wie der Sonnenauf- oder -untergang.

Hinter der Stadt öffnet sich der fast menschenleere Altiplano vor den Augen des Reisenden. Indios sitzen am Straßenrand und bieten ihre Waren an. Oder kleine Kinder hüten stolz den Besitz der Familie: zwei oder drei Lamas.

Hauptziel am See ist in den meisten Fällen Copacabana. Boliviens Copacabana hat nichts vom Glamour, dem Nachtleben und den attraktiven Frauen, die es an Brasiliens Copacabana gibt. Einzig den Namen teilt man sich, obwohl Boliviens Copacabana älter ist als der Ort in Brasilien.

Vor der Küste Copacabanas liegen die berühmten Inseln mit ihren magischen Kraftorten. Diese dienten zur Inkazeit als Rückzugsorte für Hohepriester, um Rituale durchzuführen.

Auch die Inseln auf der peruanischen Seite können gut über Copacabana besucht werden. Reisenden, die von La Paz nach Cusco über den Landweg fahren, stehen zwei Landstraßen zur Verfügung. Die beliebtere verläuft ebenfalls via Copacabana. Verlässt man La Paz, dauert es je nach Fahrzeug zwischen drei und fünf Stunden, um Copacabana zu erreichen. Wer mit einem privaten Fahrzeug unterwegs ist, kann hier anhalten und einen ersten faszinierenden Blick auf den See werfen oder in einem der Restaurants die berühmten Forellen des Sees speisen.

Hat man keine Möglichkeit anzuhalten, so verpasst man nicht viel. Es gibt noch unzählige Aussichtspunkte, um die

Schönheiten des Sees zu genießen. Der sensibel oder intuitiv veranlagte Tourist nimmt sehr schnell die besondere Ausstrahlung des Sees wahr. Wer nicht so offen ist für die feinstofflichen Wahrnehmungen wird dennoch sprach- und atemlos sein beim Blick auf den See. In Kombination mit der Natur, indigenen Dörfern und den für das westliche Auge exotisch wirkenden Lamas bietet die Umgebung einen einzigartigen Blick.

Viele, zum Teil sehr alte, aber auch moderne Legenden verleihen dem Titicacasee eine mystische Aura. Bereits zur Prä-Inkazeit diente die Umgebung als mystischer Ort. Eine der Inkalegenden besagt, dass auf einer der Seeinseln der erste Inka auf die Erde kam. Moderne Legenden erzählen von unterirdischen Städten im See, UFO-Sichtungen und vielen transzendenten Erfahrungen einzelner Suchender.

Nach etwa drei Viertel der Strecke erreicht man die *Straße von Tiquina*. Auf großen Flößen werden hier Passagiere und Fahrzeuge über den See gebracht. Hat man diese Überquerung noch nicht gemacht, ist sie ohne Zweifel ein kleines Abenteuer. Auf der anderen Seite angekommen, steigt man wieder in die Fahrzeuge, um den letzten Abschnitt hinter sich zu bringen.

Einer Pilgerreise gleichend, nähert man sich Copacabana und wartet sehnsüchtig darauf, die ersten Häuser des Städtchens zu sehen. Nicht nur für Mystiker ist Copacabana von großer Bedeutung. Gläubige Katholiken reisen jährlich dorthin, um den Heiligen in der Kathedrale Wünsche vorzutragen. Der Marienfigur von Copacabana werden viele Wunder und Heilungen zugesprochen.

Ich hatte öfter die Gelegenheit, den See zu besuchen. Bei jedem meiner Besuche machte ich – gesucht und ungesucht – immer sehr mystische Erfahrungen. Ende der Neunzigerjahre, auf meiner zweiten Reise, fuhr ich mit einer Gruppe von Freunden zum See. Unser Ziel war die Sonneninsel.

Diesmal bestiegen wir von Copacabana aus ein Boot und fuhren zur berühmten Sonneninsel oder *Isla del Sol*. Auf dieser soll nach einer Legende der Sonnengott seine Kinder auf die Welt gebracht haben. Noch heute werden dort alte Inkarituale durchgeführt. Ohne Zweifel fehlt es der Insel nicht an Mystik. Nicht weit von der Sonneninsel entfernt liegt die ebenfalls sehr wichtige Mondinsel oder *Isla de la Luna*.

In verschiedenen Meditationen verbanden wir uns mit den Kräften der Insel. Es gibt auch dort noch speziellere Orte, an denen das Meditieren und Beten dank der vorhandenen Kräfte sehr leichtfällt.

Auf dieser Reise habe ich eine Erfahrung gemacht, die ich mir bis heute nicht erklären kann. Ich könnte Vermutungen zur Natur des Ereignisses anstellen, mit Sicherheit lässt sich jedoch nichts erklären: Wir übernachteten in einem der kleinen Hostels auf der Insel. Ich wollte für mich sein und ging spazieren. Auf einem Stein sitzend, sah ich über den See und genoss die Geräusche der Natur. Plötzlich tauchte ein helles Licht auf. Ich konnte schon damals nicht mit Sicherheit sagen, ob das Licht aus dem See kam oder in den See stieß. Auf jeden Fall sah das Licht aus wie ein Strahl, der vom Himmel in den See kam oder umgekehrt. Die Erscheinung dürfte nicht länger als ein paar Sekunden gedauert haben.

Fasziniert von dieser Erscheinung, stand ich auf, um meine Freunde zu suchen. Keiner hatte Mühe zu glauben, dass sich das von mir Beschriebene tatsächlich ereignet hat.

Bei einem späteren Besuch nach der Jahrtausendwende fuhren wir zu viert nach Copacabana, um eine Erfahrung mit dem San Pedro Kaktus zu machen. Beim San Pedro Kaktus (*Echinopsis pachanoi*) handelt es sich um eine Kakteenart, die besonders in den peruanischen Anden, aber auch in Bolivien, Chile und Brasilien wächst. Der Kaktus wird oft für traditionelle medizinische Zwecke eingesetzt, in den Anden auch seit über 3000 Jahren (wie auch Peyote) für religiös/mystische Rituale und Heilpraktiken genutzt.

Vor dieser Reise hatte ich mehrere Erfahrungen mit dem San Pedro machen dürfen. Jede der psychedelischen Reisen war für mich lehrreich. Sie öffneten mir Zugänge zu Welten, die ich dank meiner stark ausgeprägten Intuition auch so hatte, aber um ein Vielfaches potenzierter. Psychedelische Erfahrungen sind für den respektvollen Adepten eine einmalige Möglichkeit, besondere spirituelle Momente zu erleben. Wir hatten uns den Kaktus in La Paz besorgt und zubereitet. Nach dem Einchecken im Hotel trank jeder ein Gläschen und begab sich auf seine ganz persönliche Reise.

Nur wer solche Erfahrungen machen durfte, kann nachvollziehen, wie nahe man der Natur, Gott und der Einheit kommen kann. Meine persönliche Erfahrung auf dieser Reise war die tiefste Verbundenheit mit der Natur. Wir besuchten diesmal keine der Inseln, sondern blieben in der Umgebung Copacabanas.

Die dritte Reise in die Region unternahm ich mit meiner Mutter und Rolf, meinem Stiefvater. Wir besuchten das Städtchen – aßen dort gut – sowie die Kathedrale. Unser eigentliches Ziel war Cusco.

2011 besuchte ich mit meiner Frau den See. Wir waren ebenfalls auf dem Weg nach Cusco. Am zweiten Tag fuhren wir mit einer Lancha (Boot) auf die Sonneninsel. Ein Führer zeigte uns die Insel und ihre Sehenswürdigkeiten. Bei jedem der Tempel nahm ich mir etwas Zeit, um zu meditieren. Erinnerungen an meine erste Reise kamen hoch. So viele Jahre sind vergangen, aber die Kraft des Ortes fasziniert noch genauso wie beim ersten Besuch. Wir blieben zwei Nächte in Copacabana. Verändert haben sich dort vor allem das Nachtleben und die gastronomischen Angebote. Copacabana ist heute ein sympathisches Örtchen mit vielen Sehenswürdigkeiten.

Als wir den Ort und später die Landesgrenze hinter uns ließen, spürte ich, wie auch ein Teil meiner Seele zurückblieb. Nicht nur die Magie und die Kraft auf diesem Stück Erde haben mich in seinen Bann gezogen. Die Kultur Boliviens, seine atemraubenden Landschaften und liebevollen Menschen sind Teil meines Herzens geworden.

Mein erster Besuch in dieser kraftvollen Umgebung fand 1992 statt. Damals reiste ich durch Südamerika, um Spanisch zu lernen und den Kontinent, der mich faszinierte, kennenzulernen. Meine Abreise von Lima nach Cusco war übereilt und für mich über Jahre hinweg traumatisierend.

Ich genoss Lima, besuchte die vielen Sehenswürdigkeiten der Stadt und war vom einmaligen Essen ganz begeistert. Lima ist in ganz Südamerika für seine Küche bekannt. Weltberühmt ist vor allem Ceviche, von dem behauptet wird, das beste gäbe es nur in Lima.

Wie so oft war ich in Lima wieder einmal im Kriegsgebiet gelandet. Der *Leuchtende Pfad* verübte im ganzen Land

Anschläge aus Vergeltung für die Verhaftung ihres Anführers, des Philosophieprofessors Abimael Guzmán. Die Stadt glich einer großen Kaserne, überall standen Panzer und Militärfahrzeuge, und schwer bewaffnete Militärpolizei patrouillierte in den Straßen. In einer Straße wurde ich Zeuge von Schießereien. Es wurde von zwei Seiten geschossen, und ich musste mich zu Boden werfen.

Ich las von Bomben, die in öffentlichen Mülleimern versteckt worden waren, um unschuldige Menschen in den Tod zu reißen. Das gab mir und meinen Bekannten, die ich dort kennenlernte, das Gefühl, bei jedem Spaziergang russisches Roulette zu spielen.

Der einzige Ort, an dem ich mich wirklich sicher fühlte, waren Kirchen. Es hieß, dass die Rebellen heilige Orte nicht angreifen würden. Kirchen bekamen für mich durch diese Besuche eine ganz neue Bedeutung.

Mein eigentliches Verhängnis damals waren nicht die Guerillas, sondern korrupte Polizisten. Ich beging den Fehler, einem Einheimischen zu vertrauen, der sich mir als Führer anbot. Wir schlenderten durch die Straßen, um – so wurde mir gesagt – ein Museum zu besuchen. Plötzlich blieb eine Person vor meinem vermeintlichen Touristenführer stehen und sprach mit ihm. Ich ging davon aus, dass dies ein Bekannter von ihm wäre. Die zwei drehten sich zu mir um, während der Fremde ein kleines Plastiksäckchen mit – wie ich erst später sah – einem weißen Pulver aus seiner Tasche zog. Dann traten sie auf mich zu und gaben sich als Polizisten in Zivil zu erkennen. Mein »Führer« gab mir zu verstehen, dass in dem Säckchen Kokain sei und die zwei die Drogen bei mir gefunden hätten. Ich hatte schon sehr viel über die korrupten Polizisten (noch korrupter ist angeblich die

Polizei in Paraguay) gehört, und mir war sofort klar, dass das kein schlechter Scherz war. Meine neuen »Bekannten« erklärten in grobem Ton, dass ich mich für tausend US-Dollar freikaufen könnte. Umgehend gab ich zu verstehen, dass ich auf keinen Fall bezahlen würde. Meine mutige Antwort hatte zur Folge, dass ich mich in einem wie aus dem nichts aufgetauchten Taxi wiederfand und von links und rechts auf mich eingeschlagen wurde. Nach den ersten Schlägen gab es eine Pause. Der eine Polizist sah mich scharf an und drohte, mich auf den nächsten Posten mitzunehmen. Sie seien zu zweit und würden mich ohne Skrupel einsperren. Drogenbesitz und -konsum würden in Peru sehr hart bestraft.

Ich war mir meiner Lage bewusst und beschloss, das Spiel mitzumachen, zumindest für den Moment. Ich gab klein bei und versprach, das Geld zu besorgen. Ich teilte den Polizisten mit, dass ich am nächsten Tag das Geld besorgen könne. Vermutlich nur, um mir den Ernst der Lage erneut vor Augen zu führen, hagelte es plötzlich wieder Schläge.

Dann wurde ich aus dem Taxi geworfen, das daraufhin mit den beiden Polizisten davonfuhr. Auf solche Fälle vorbereitet, holte ich aus meiner Brieftasche die Telefonnummer der Schweizer Botschaft und rief dort an. Ich beschrieb meine Situation und wurde aufgefordert, in die Botschaft zu kommen. Der zuständige Beamte war sehr freundlich und überhaupt nicht überrascht. So etwas komme in Lima täglich vor, und das Beste wäre, wenn ich das Land verlassen würde. Der Diplomat gab mir zum Abschied eine Notfallnummer.

Am nächsten Tag ging ich zum Kreditkartenbüro, um meine Schecks einzulösen und abzureisen. Die Polizisten mussten mir gefolgt sein. Einer von ihnen tauchte plötzlich im Büro auf und wollte wissen, was ich dort machen würde.

Schnell gab ich zur Antwort, dass ich auf sein Geld warten würde. Beruhigt setzte er sich neben mich und wartete.

Eine neue Strategie musste entwickelt werden. Mit dem Vorwand, dass ich aufs Klo müsse, stand ich auf und entfernte mich von dem Polizisten. Als er mich nicht mehr sehen konnte, ging ich auf einen der Angestellten zu und sagte ihm, dass ich unbedingt meine Botschaft anrufen müsse. Dem Diplomaten teilte ich mit, wo ich sei und was passiert wäre. Jetzt, so sagte er, solle ich Zeit gewinnen und auf ihn warten.

Zurück beim Polizisten meinte ich, dass wir auf das Geld warten müssten. Es dauerte keine zwanzig Minuten, dann parkte ein schwarzes Auto mit Botschaftsnummer vor dem Geschäft. Zwei Sicherheitsbeamte der Botschaft und der Diplomat stiegen aus. Mein Polizist sah mich wutentbrannt an und verschwand so plötzlich, wie er aufgetaucht war.

Mit der Botschaftslimousine fuhren wir zu meinem Hotel und holten meine Sachen. Die Botschaft brachte mich in einem anderen Hotel unter und half mir mit einem Ticket. Einen internationalen Flug konnte ich nicht mehr nehmen. Mein Name konnte bereits registriert sein. Der Diplomat erklärte mir, dass ich nach Cusco fliegen und über den Landweg nach Bolivien gehen sollte. Die Grenzwachen am Titicacasee seien technisch sehr veraltet, und die Computersysteme dort würden sehr schlecht funktionieren.

So kam es, dass ich aus Lima fliehen musste und zum ersten Mal Cusco betrat.

Trotz meines Abenteuers in Lima blieb ich mehrere Tage in Cusco und suchte nach Möglichkeiten, um Machu Picchu zu besuchen. Ich wusste von den Kräften dieses Ortes und wollte mir die Möglichkeit, in den Ruinen zu meditieren, auf keinen Fall entgehen lassen.

Ich schloss mich einer kleinen Gruppe von Touristen in meinem Alter an. Mehr von meiner Abenteuerlust als von meinem Instinkt geleitet, den langen und fast unerschlossenen Inkaweg zu gehen, geriet ich, ohne es zu ahnen, fast in ein größeres Abenteuer als in Lima!

Wir vertrauten einem Kanadier, der behauptete, er sei ein erfahrener Wanderer. Die Wanderung hätte fünf Tage dauern sollen. Am dritten Tag stellte sich heraus, dass der Kanadier keine Ahnung von Wanderführung hatte und seine Karten veraltet und daher nutzlos waren. Am Ende des fünften Tages hatten wir keine Nahrung mehr, befanden uns mitten in den Bergen und hatten keine Ahnung, wo wir eigentlich waren. Wir meuterten und entzogen dem Kanadier die Führung. Ganze drei Tage irrten wir dann durch die Berge, wurden von wütenden Indios angegriffen, mussten fliehen und über einen verschneiten Pass wandern, tranken Wasser aus einem Tümpel, in dem wir später verweste Schafe fanden, und ernährten uns nur noch von Kokablättern, bis wir endlich wieder auf dem richtigen Weg waren. Am achten Morgen kamen wir in Machu Picchu an. Hungrig, total übermüdet und bis auf die Unterwäsche verschmutzt, blieben wir nur ganz kurz in den Tempelruinen. Keiner von uns hatte die geringste Lust, auch nur eine Minute länger über alte Tempel zu wandern.

Wir nahmen am Ausgang der Ruinen einen Bus nach Aguas Calientes, einem Ort unterhalb von Machu Picchu, und besuchten dort die Thermalbäder. Wir wuschen uns, aßen kräftig und fühlten uns endlich wieder wie zivilisierte Menschen.

Kurz vor der Jahrtausendwende bot sich mir eine neue Möglichkeit, wieder in das Energiefeld des Erdchakras zu kommen. Mit einer Gruppe von Freunden besuchten wir Tiawanacu, einen der kleineren Kraftorte zwischen La Paz und dem Titicacasee. Die Ortschaft mit den Ruinen liegt auf 3860 Meter über dem Meer. Die Ruinen zählen zu den wichtigsten archäologischen Stätten in Bolivien. Seit dem Jahr 2000 gehören sie zum Weltkulturerbe der UNESCO. Der Begriff bedeutet sinngemäß »Setz dich nieder, kleines Lama«. Das historische Tiwanacu war das religiöse und administrative Zentrum der damaligen Aymaras. Die ersten Siedlungen sind aus dem 15. Jahrhundert vor Christus. Ansässig waren diese Kulturen bis 1200 nach Christus. Ihren Höhepunkt erreichte die Kultur zwischen 600 bis 900 nach Christus.

Zur Sonnenwende im Juni besuchten wir die Ruinen. Jedes Jahr feiern die einheimischen Indianer Rituale um die berühmte *Puerta del Sol*. Tausende von Menschen aus der ganzen Welt reisen für diese mystischen Momente an.

Wir übernachteten in Zelten und standen am nächsten Morgen sehr früh auf, um die eindrucksvollen Geschehnisse mitzuerleben. Schamanen führten ihre Rituale durch, Indianer tanzten zur Musik, um sich mit ihren Göttern in Verbindung zu setzen. Während der Rituale meditierte ich und konzentrierte mich auf die Auren der heiligen Männer.

Es war für mich doppelt spannend, diese Momente zu erleben. Zum einen, um die jahrhundertealten Rituale zu beobachten, und zum anderen, um die Energien, die dabei freigesetzt werden, in mich einzusaugen. Eine etwas traurige Nebenerscheinung ist der übermäßige Alkoholkonsum vieler Indianer, aber auch der der Ausländer. Abseits der magischen Rituale erinnerten die Bilder stark an das größte Volksfest der Welt, das Oktoberfest in München auf der Theresienwiese.

Im Jahr 2001 besuchten mich meine Mutter und mein Stiefvater Rolf für einen Monat. Um ihnen Land und Leute zu zeigen, zogen wir mit dem Rucksack durch Bolivien und den Südosten Perus. Wenige Tage vor Weihnachten erreichten wir Cusco und bereiteten uns auf Machu Picchu vor. Machu Picchu bedeutet auf Deutsch so viel wie »alter Gipfel«. Machu Picchu ist eine sehr gut erhaltene Ruinenstadt. Die Inkas erbauten die Stadt im 15. Jahrhundert. Sie befindet sich auf 2360 Meter über dem Meer. Die Ruinen liegen zwischen dem Gipfel des Huayna Picchu und des Berges, der ebenfalls den Namen Machu Picchu trägt. Die Ruinen stehen 75 Kilometer nordwestlich von Cusco. Früher war Machu Picchu durch Inkapfade bis nach Cusco verbunden.

Meine Mutter und Rolf meditierten sehr gern und freuten sich wie ich auf das, was uns erwarten würde. In Cusco organisierten wir uns einen Führer und schlossen uns einem schwedischen Pärchen an. Unsere kleine Gruppe bestieg den Zug in Cusco und fuhr bis Kilometer 88. Dort stiegen wir aus, und es ging zu Fuß weiter. Seit meinem letzten Besuch in Cusco hatte sich viel verändert. Der Krieg war zu Ende, die Tourismusbranche boomte. Mit gemischten Gefühlen nahm ich diese Veränderung wahr. Ich fand es schön, dass jetzt neben einigen wenigen verrückten Abenteurern auch *normale* Menschen sicher durch Peru reisen konnten. Auf der anderen Seite stört der Massentourismus die mystische Einsamkeit.

Unsere Führerin war eine junge Studentin. Gleich zu Beginn unserer Wanderung, die zwei Tage dauern sollte, hatte ich die Idee, mich vorher zu informieren, wann und wo ungefähr Ruinen zu erwarten seien. Ich wollte mich immer zuerst und allein in die Ruinen begeben, um nach Geistwesen Ausschau zu halten. Meine Erwartung war, dass die Wesen mir Einzelheiten verraten könnten, die sich später durch die Führung bestätigen ließen. Ich wollte mich somit selbst testen.

An jedem der Orte fand ich tatsächlich Geistwesen. Es handelte sich dabei immer um die Seelen verstorbener Indios. Die meisten von ihnen waren seit geraumer Zeit tot. Es fiel mir auf, dass es überall sehr viele Wesen gab. Das erstaunte mich, ging ich doch bis dahin davon aus, dass nur verirrte Seelen an Orten hängen blieben. Den wirklichen Grund dafür erfuhr ich erst später, bei der Führung durch die Ruinen von Machu Picchu.

Plötzlich genoss ich diese solide geführte Wanderung. Ohne Angst vor Guerillas, erbosten Indianern und unzurechnungsfähigen Rucksackreisenden konnte ich mich ganz auf meine mystischen Erfahrungen konzentrieren. Die Wesen erklärten mir, wie sie lebten und teilweise sogar, was wo früher gemacht wurde. Diese Erklärungen deckten sich zum größten Teil mit dem, was uns unsere Führerin erzählte.

Wir wanderten Hügel hoch und runter, bestaunten Orchideen, Wasserfälle und dschungelartige Wälder. Am letzten Abend übernachteten wir in einem Hotel und bereiteten uns auf den großen Tag vor. Kurz vor vier Uhr mussten wir aufstehen. Vor Machu Picchu steht das berühmte Sonnentor. Dort wollten wir uns mit den anderen Touristen zum Sonnenaufgang einfinden. Voller Erwartungen standen wir verschlafen auf, kleideten uns an und wanderten dem Tor entgegen. Zur Enttäuschung aller Anwesenden war es an diesem Morgen bewölkt. Die Sonne mussten wir uns in unserer Fantasie vorstellen. Leicht enttäuscht wanderten wir weiter zu den Ruinen von Machu Picchu. Unsere Führerin übergab uns hier einem anderen Führer. Sehr schnell wurde mir klar, dass dieser mehr wusste. Nicht nur, weil er älter war, sondern auch wegen seiner Ausstrahlung.

Nach der obligatorischen Führung löste sich die Gruppe auf. Die Touristen waren sich selbst überlassen. Ich nahm die Gelegenheit wahr, ging auf den Führer zu und stellte ihm viele Fragen, die mir im Gespräch mit den Geistern eingefallen waren. Unter anderem wollte ich wissen, warum überall so viele Verstorbene an diesem Ort anwesend waren.

Plötzlich wechselte der Mann seine Stimme und öffnete sich uns. Er sei, so erzählte er, ein Schamane der Indianer. Noch heute würden sie Rituale durchführen, auch auf Machu Picchu. Zufälligerweise fände gerade in der kommenden Woche ein wichtiges Ritual statt, bei dem die anwesenden Schamanen Engelstrompete (Brugmansia) konsumieren würden. Die Engelstrompete ist eine Pflanze aus der Familie der Nachtschattengewächse. Sie gilt als giftig, führt jedoch bei dosierter Menge zu psychedelischen Erfahrungen. Ich hatte schon Erfahrungen mit der Engelstrompete gemacht und auf jeder Reise sehr eindrückliche Erlebnisse gehabt. Mir war bereits bei der Führung in Machu Picchu aufgefallen, dass es dort viele Engelstrompetenbäume gab. Ich sprach den Schamanen darauf an, woraufhin dieser nur schelmisch lächelte.

Bei einem späteren Besuch in Copacabana am Titicacasee fand ich übrigens auf dem Tor der Kathedrale Holzschnitzereien mit Engelstrompeten als Heiligenschein. Der interessierte Leser kann sich davon überzeugen, sollte er eines Tages den See besuchen.

Der Schamane fragte mich, wie ich überhaupt auf die Idee käme, dass so viele Seelen in den Ruinen seien. Ich erzählte ihm von meiner Veranlagung. Wieder lächelte er mich an und gab mir die Hand. Ich sei herzlich zu dem Ritual eingeladen, ließ er mich umgehend wissen. Beeindruckt sah ich ihm in die Augen und sah dann zu meiner Mutter und Rolf. Ich bedankte mich für die Einladung, musste sie aber leider ablehnen, da wir bereits das Zugticket zurück nach Bolivien gelöst hatten.

Für die Inkas, so erklärte mir nun der Schamane, sei es anders als für uns. Nach dem Verlassen des Körpers würden sie oft freiwillig vor Ort bleiben, um diesen zu schützen. So erklärte sich, warum ich so viele anwesende Geister spürte.

Rolf tauschte mit dem Schamanen einen Anhänger aus. Sie umarmten sich, und wir verabschiedeten uns. Tief beeindruckt gingen wir unserer Wege. Noch war der Besuch auf Machu Picchu nicht zu Ende. Ich war begeistert von den vielen Tempeln, kleineren und größeren Kraftorten, die überall verteilt waren, und den vielen Wesen, die herumspukten.

Hinter Machu Picchu befindet sich ein hoher Hügel, der Huayna Picchu. In Quechua heißt das »junger Gipfel«. Dieser Gipfel kann in drei Abschnitte unterteilt werden. Der größte und unterste Abschnitt besteht aus dichtester Vegetation und Gestein. Der mittlere ist schroffes Felsgestein mit etwas Vegetation. Der obere Teil besteht fast nur aus Felsen. Auf der Spitze des Berges finden sich alte Anlagen. Auf dem Weg nach oben läuft man durch die Feldterrassen, die früher für die Landwirtschaft genutzt wurden.

Unterdessen war es kurz vor Mittag und heiß. Die ungefähr fünfundvierzigminütige Wanderung, um auf die Spitze zu gelangen, ist sehr anstrengend, aber auf jeden Fall lohnenswert. Oben angekommen hatten wir eine unglaubliche Sicht auf Machu Picchu. Wir hatten das Gefühl, einem Märchenbuch entsprungen zu sein. Die 360-Grad-Sicht auf die Berge ist atemberaubend!

Wir entschlossen uns, vor Ort zu meditieren. Wir setzten uns hin, entspannten uns und schlossen die Augen, und ich führte die Meditation.

Sehr schnell verfiel ich in eine Art Trance. Ich sprach, hörte aber gar nicht richtig zu. Ich hatte das Gefühl, wie ein Adler über die Berge zu fliegen. Unter mir war das Grün des Dschungels, die kahlen Berge der Anden und über mir das unendliche Blau des Himmels. Auch hatte ich das Gefühl, Musik zu hören, und nahm die Umrisse von Gestalten war, die in den astralen Gefilden herumschwirrten.

Als ich die Augen öffnete, sah ich plötzlich weitere Menschen im Kreis sitzen. Sie hatten gesehen, dass wir meditierten und sich spontan dazugesetzt. Meine Mutter, Rolf und ich waren uns einig, dass dies eine der intensivsten Meditationen war, die jeder von uns bis zu diesem Zeitpunkt gemacht hatte. Noch heute läuft es mir kalt den Rücken hinunter, wenn ich an diesen Moment denke. Wir erlebten Magie an einem der kräftigsten und mystischsten Orte der Welt. Es dauerte eine ganze Weile, bis wir uns in der Verfassung fühlten, den steilen Weg nach unten wieder anzutreten.

Es ist kein Wunder, dass sich viele der Kraftorte dieser Welt in den Bergen befinden, egal ob in den Anden, im Himalaja oder in den Alpen. Weit weg von der menschlichen

Zivilisation, nahe dem Himmel und durch die gewaltigen Bergmassive immer wieder auf sich zurückgeworfen.

Mit dem Bus fuhren wir abends talwärts nach Aguas Calientes. Erinnerungen an meine vorherigen Besuche kamen in mir hoch. Keine der beiden Reisen möchte ich missen. So unterschiedlich sie auch waren, lehrreich waren sie beide ohne Zweifel.

Mein nächster Besuch auf den Höhen des Machu Picchu war im Juli 2011. Wieder unter ganz anderen Umständen, wieder sehr einzigartig. Ein Jahr nach unserer Hochzeit gingen meine Frau und ich auf Hochzeitsreise. Fünf Monate reisten wir von Argentinien bis nach Kolumbien. In Argentinien, Uruguay und Bolivien hielt ich Vorträge und Seminare. Von La Paz aus besuchten wir Tiahuanaco, fuhren zum Titicacasee, übernachteten in Copacabana und besuchten die Isla del Sol.

Wir ließen den See hinter uns und überquerten die Grenze nach Peru und hatten Glück. Wir reisten sehr instinktiv, genau an jenem Tag, an dem die Einheimischen öffentliche Transportmittel durchfahren ließen. Seit Wochen herrschte um den See Ausnahmezustand. Die Grenze war größtenteils geschlossen, immer wieder gab es bei Auseinandersetzungen Tote und Verletzte. Die Lage war leicht bedrohlich, als wir mit dem Bus durch die Reihen der mit Steinen und Stöcken bewaffneten Indios fuhren. Den Hass in ihren Augen konnten auch nicht intuitiv veranlagte Menschen ohne Weiteres spüren.

In Cusco angekommen, stellten wir zu unserer Freude fest, dass das Sonnenfest Inti Raymi (Quechua für Inti »Sonne«, Raymi »Fest«) anstand. Das Fest ist eine religiöse Zeremonie der Inkas. Sie zelebrieren dabei die

Sonne. Wie bereits vor Jahren in Tiahuanaco war ich auch hier wieder zum Fest der Sonnenwende, gewöhnlich am 21. Juni, vor Ort.

Das Spektakel findet auf dem Waqayapata Plaz (Platz der Tränen) statt. In der Inkazeit soll das Fest das wichtigste für die Inkas gewesen sein. In Tänzen und Prozessionen geben die Inkas ihren mystischen Ursprung wieder. Die Feierlichkeiten dauerten neun Tage, gebetet wird für gute Ernte, Tiere werden geopfert, und es wird viel gegessen und getrunken. Das letzte echte Inti Raymi fand 1535 statt. Die Spanier verboten anschließend das Fest.

Seit 1944 findet das Fest wieder offiziell statt, hauptsächlich für Touristen organisiert. Wir waren sehr beeindruckt von den Kostümen, den Tänzen und der Musik. Gleichzeitig um Inti Raymi feierte Cusco als Stadt sein hundertjähriges Jubiläum. Fast zwei Wochen wurde gefeiert. Es gab Konzerte, Lichtshows auf der Kathedrale, gigantische Umzüge der Einheimischen und nachts überall Partys mit viel Musik und Tanz. Zwischen den Feiertagen fuhren wir mit dem Zug nach Machu Picchu. Gemütlich und sehr komfortabel reisten wir erster Klasse bis nach Aguas Calientes und nahmen dort den Bus zu den Ruinen hoch.

In der Ruinenstadt schlossen wir uns einer Führung an. Während meine erste Führung 2001 mystischer Natur war, erlebte ich diesmal eine historische Erkundungsreise. Wir lernten viel über die Geschichte der Inkas und die Siedlung. Nach Beendigung der Führung ließ meine Frau mich allein. Sie spürte, dass ich meditieren wollte. Während sie zum Ausgang spazierte, erkundete ich allein die Ruinen. Ich fand in den zwei Stunden mehrere Plätze, um zu meditieren.

Es ist unglaublich interessant, wie unterschiedlich die Erlebnisse an einem Ort sein können. Machu Picchu präsentierte sich mir bei jedem meiner Besuche von einer ganz neuen Seite. Jeder dieser Aspekte war einmalig und hat sich in nichts wiederholt.

Ich saß ganz allein, in mich gekehrt, und blickte über die Ruinen und Berglandschaften vor mir. Ich fühlte mich irgendwie sehr vertraut an diesem Ort und war mir sehr sicher, dass ich bald wieder zu Besuch sein würde.

Im Herbst 2012 organisierten wir eine erste geführte Reise nach Mexiko. Ich gab viele Meditationen und hielt bei den weltberühmten Mayaruinen von Palenque ein zweitägiges Seminar ab. Neben Meditationen besuchten wir Heiler, Höhlen, verschiedene Mayatempel, koloniale Städtchen, wunderbare Strände mit Tauchmöglichkeiten und einsame Nationalparks. Die Mystik, Schönheit und Einmaligkeit des Kraftortes um den Titicacasee ist für mich eine zweite Heimat. Vierzehn Jahre habe ich in Südamerika gelebt, besitze Land in Bolivien und verbringe auch heute noch mehrere Monate im Jahr auf diesem einzigartigen Stück Erde unseres Planeten. Dies ist für Rolf, den wir alle sehr vermissen und mit vielen Erinnerungen weiterhin in uns tragen!

Kraftort: Kloster Mar Thekla

Weniger als zwei Jahre vor den Unruhen in Syrien konnte ich, wie beschrieben (➛ Seite 225 ff.), das Land besuchen. Die erste Reise unternahm ich mit einer guten Bekannten, die ebenfalls in Beirut wohnte. Die Dame, eine Französin, lebt schon über dreißig Jahre im Libanon. Ich war in Damaskus zu einer Hochzeit eingeladen. Daniele, meine Bekannte, wollte schon lange wieder einmal nach Syrien, nahm die Gelegenheit meiner Reise wahr und schloss sich mir an. Wir mieteten in Beirut ein Taxi und fuhren sehr früh am Morgen los. Unser Ziel waren verschiedene Klöster und Kraftorte auf dem Weg nach Damaskus.

Von Beirut auf Meereshöhe überquerten wir die Berge des Libanongebirges und gelangten in die berühmte Bekaa-Ebene. Die Hochebene liegt zwischen den Gebirgszügen des Libanongebirges und dem Antilibanon. Auf der Ebene wachsen einige der besten Weine des Landes, und sie ist übersät mit Obst- und Gemüseplantagen. Die Cannabis-Sorte *Roter Libanese* kommt aus dieser Gegend, und Hisbollah, libanesische Clans und die reguläre Armee tragen hier immer wieder Scharmützel aus.

Quer über die Ebene gelangten wir schließlich an die Grenze zu Syrien. Nach kurzem Aufenthalt, um die Zollformalitäten zu erledigen, fuhren wir nach Syrien. Das Land, rau und wild, beeindruckte mich. Im Gegensatz zur grünen Bekaa-Ebene lagen die syrischen Gebirgszüge wie eine Mondlandschaft vor uns. Je tiefer wir in das Landesinnere eindrangen, umso magischer wirkte die Gegend. Wir besuchten drei verschiedene Klöster und Kraftorte. Jeder der Orte hatte seine eigene Magie, keiner jedoch faszinierte mich so wie das Kloster Mar Thekla! In der Gegend um das Kloster herum sprechen die Einheimischen noch Aramäisch. Es heißt, dass dies die Sprache Jesu gewesen sei. Das Kloster liegt auf circa 1400 Meter über dem Meer und 56 Kilometer nordöstlich von Damaskus. Heute wäre es zu gefährlich, diese Gegend zu besuchen. Der Ort, in dem das Kloster steht, heißt Maalula und erweckt den Anschein, mindestens 500 Jahre in der Vergangenheit zu liegen.

Im Kloster von Mar Thekla befinden sich die Reliquien der heiligen Thekla. Sie war eine Anhängerin des heiligen Paulus. Eine der Legenden besagt, dass Thekla ihres Glaubens wegen verfolgt und vor den Soldaten nur gerettet wurde, weil sich vor ihr die Felsen öffneten. Tatsächlich muss man, um zum Kloster zu gelangen, einen langen Felsenweg durchwandern, der links und rechts von steilen Felswänden gesäumt ist.

Bereits dieser Weg ist eine Form der Weihung. Plötzlich öffnet sich der Fels, und man steht – einer mystischen Erscheinung gleich – vor dem Kloster. Der Bau wirkte, als sei er einer vergangenen Zeit entsprungen.

Die Kraft des Ortes ließ mich erschauern. Ich stand vor den Klosterwänden und schaute in die Höhe. Der Wind wehte warm um mein Gesicht. Ein klarer blauer Himmel, nur von wenigen Wolken durchzogen, über meinem Haupt. Vor mir der Eingang zum Heiligtum. Erinnerungen stiegen in mir hoch. Ich sah mich vor fünfzehn Jahren im Himalaja vor einem der alten, energetisch kräftigen buddhistischen Klöster stehen. Die Kraft, die Verbundenheit zum Göttlichen, spürte ich jetzt wieder so stark wie damals. Warum, so fuhr es mir durch den Kopf, bist du eigentlich so weit zu so fernen Kulturen gereist? Nie hätte ich geglaubt, eine so starke Verbindung zum Christentum spüren zu können.

Nachträglich sehe ich diese Erfahrung als eine Art Einweihung. Ich wurde, ohne es zu suchen, zu den Wurzeln des Christentums geführt. Die Erfahrung war wichtig für mich, um endlich meinen Frieden mit der Religion machen zu können, in der ich aufgewachsen bin. Der Unterschied – so wurde mir klar – war, dass ich bis zu diesem Zeitpunkt die mystische Wurzel des Christentums noch nie gespürt hatte. Auf der anderen Seite zeigte mir dieses Erlebnis auch, wie egal es eigentlich ist, welche Religion an einem dieser Kraftorte ihre Tempel gebaut hatte. Bisher betete ich an Kraftorten in Heiligtümern mit einem Kreuz, einem Halbmond, dem Davidstern, Buddha oder Hinduzeichen oder Indianersymbolen am Amazonas. Gott war das egal, davon bin ich überzeugt. Dem Göttlichen ist es vor allem wichtig, dass wir mit ihm verbunden sind.

Wir stiegen die Treppen zum Kloster hoch. Die Einrichtung wirkte sauber. Plötzlich tauchte eine Nonne vor uns auf. Sie verkaufte Weihrauch und Heiligenbilder. Wir kauften uns je eine CD mit aramäischen Kirchenliedern.

Unser nächstes Ziel war die Heiligengrotte. Dort sollen sich die Überreste der heiligen Thekla befinden. Außerhalb des Klosters spielte eine Schulklasse einheimischer Kinder. Im Kloster sahen wir neben den Nonnen nur einen Mann herumspazieren. Wir vermuteten in ihm einen einheimischen Pilger.

Daniele und ich spazierten gemeinsam durch das Kloster. Dennoch war jeder für sich. Als ich die Grotte betrat, war ich von ihrer Schönheit und Kraft ganz erschlagen. Ich setzte mich hin und schloss meine Augen. Keine Wesen, keine mediale Durchsage. Einfach sein, offen sein und empfangen. Ich genoss die Ruhe und Tiefe dieser Erfahrung.

Der Besuch des Klosters war vom ersten Schritt an ein endloses Gebet, eine Zelebration des Göttlichen. Irgendwann öffnete ich meine Augen. Daniele war nicht mehr zu sehen. Vermutlich war sie bereits wieder im Kloster, so dachte ich. Ich stand auf und spazierte die Treppe zum Hauptkloster hinauf. Tatsächlich fand ich sie und erkannte am Leuchten in ihren Augen, dass es ihr nicht anders ergangen war als mir. Ohne große Worte spazierten wir zum Klosterausgang und zum Dorf zurück. Unser Fahrer wartete bereits auf uns. Erst im Auto fanden wir Worte und bereiteten uns darauf vor, wieder in die irdische Welt einzutauchen.

In Damaskus angekommen, besuchten wir die Altstadt. Moscheen liegen neben Kirchen und Synagogen. Moslems lebten neben Christen und Juden, tauschten, kauften, plauderten und lachten zusammen. Es wirkte so unrealistisch inmitten einer Region, die von Religionskriegen so zerrissen wird. Es weckte Hoffnung, dass es vielleicht gehen kann, gehen muss!

Kraftort: Istanbul

Kraftorte erwartet man meistens in wilder Natur, umgeben von mystischen Wäldern oder hohen Bergen. Wohl in den meisten Fällen ist dem auch so. Machu Picchu befindet sich in den Anden Südamerikas, Stonehenge in England auf grüner Fläche, umgeben von viel Natur. Delphi liegt nicht so weit entfernt von menschlicher Zivilisation wie Machu Picchu, dennoch ist die Natur um das ehemalige Orakel wild und ursprünglich.

Besucher der Sultan-Ahmed-Moschee am Bosporus, mitten im von Verkehr und Massentourismus gelegenen Heiligtum, haben vermutlich mehr Mühe, ihre Kraft und Magie zu spüren. Der sensitive Besucher Istanbuls merkt jedoch sofort, dass er sich an einem speziellen Ort befindet. Obwohl umgeben von Millionen von Autos, Häusern, Menschen, Tieren, mit Umweltverschmutzung, Gewalt und Intrigen, befindet sich hier ein Kraftort, der leider von vielen Menschen übersehen wird. Wie üblich bei Kraftorten, liegt auch dieser nicht nur in der Moschee, sondern in der größeren Umgebung. Vermutlich steht das Bauwerk im *Epizentrum* des Kraftortes am Marmarameer.

Die Sultan-Ahmed-Moschee wurde 1609 von Sultan Ahmed I. in Auftrag gegeben. Nach der kaum 500 Meter entfernten Hagia Sophia ist sie heute Istanbuls Hauptmoschee. In Europa kennt man sie wegen ihres Reichtums an blau-weißen Fliesen, die die Kuppel und den oberen Teil der Mauern zieren, als Blaue Moschee. Diese Moschee ist eines der wenigen islamischen Gotteshäuser mit sechs Minaretten. Nur die Hauptmoschee in Mekka hat mit neun Minaretten mehr als die Blaue Moschee.

Der unvoreingenommene Besucher der Moschee wird umgehend die Kraft und Stille spüren. *Stille* mag unter den Tausenden von Besuchern nur schwer zu spüren sein, dennoch wird sie dem bewussten Besucher nicht entgehen.

Schon von Weitem spürte ich die Anziehungskraft des Bauwerks. Ich stand vor der Moschee und sah mich um. Ich befand mich auf dem Hauptplatz, meine drei Augen geöffnet: die zwei *physischen* und mein Drittes Auge. Es war schwierig, von den vielen Eindrücken physischer und metaphysischer Realitäten nicht überflutet zu werden.

Etwas links von der Moschee befindet sich die ehemalige Sophienkirche, die Hagia Sophia. Diese ehemalige byzantinische Kirche und spätere Moschee ist heute ein Museum. Der Blauen Moschee um nichts nachstehend, strahlt auch dieses Gebäude eine Kraft aus, die nicht beschrieben werden kann.

Ohne zu übertreiben, kann ich mit gutem Gewissen sagen, dass ich mitten in diesem Tumult von Menschen und Blechlawinen die gleiche Kraft spüren konnte wie an den anderen von mir besuchten Kraftorten. Als ich die Moschee betrat, hatte ich das Gefühl, in einen Krafttunnel zu treten. Obwohl ich umgeben war von Menschen aus der ganzen Welt, hatte ich das Gefühl, allein zu sein.

Im ersten Raum muss man die Schuhe ausziehen. Ich setzte mich hin, um zu meditieren. Bilder aus vergangenen Zeiten tauchten auf. Ich genoss die Überlappungen verschiedener Jahrhunderte. Ähnlich einem doppelt belichteten Film kreuzten sich Menschen aus vier Jahrhunderten. Viele von ihnen liefen ineinander über. Sie kreuzten sich, ohne es zu merken, obwohl es für einige Seelen der Vergangenheit offensichtlich möglich war, die Gegenwart zu sehen.

Fasziniert stand ich auf und betrat den nächsten Raum, die Haupthalle. Die Weite, die sich vor mir öffnete, faszinierte mich. Riesige Säulen stützen die massive Decke. Der Hauptgebetsplatz war durch eine Holztrennung geschützt. Sprachen aus der ganzen Welt schwirrten einem Mantra gleich durch die Lüfte. Ich setzte mich an eine der Säulen, um erneut zu meditieren. Obwohl die Sicht weniger monumental ist als in Machu Picchu, steht dieser Ort an Kraft Machu Picchu in nichts nach. Die Augen geschlossen, meditierte ich, um den Moment zu genießen. Ich wollte die Kraft des Ortes festhalten.

Meiner Facebook-Studentengruppe gebe ich immer wieder Meditations- oder Remote-Viewing-Übungen. Dabei veröffentliche ich in der Gruppe einen RV-Code. Dieser repräsentiert ein Bild oder beschreibt eine Situation, und die Gruppe muss spüren, worum es sich handelt. Ich schoss mehrere Fotos, um später eines davon als Remote-Viewing-Übung zu veröffentlichen.

Fasziniert beobachtete ich die betenden Männer im Hintergrund des Gebetssaales. Betende Menschen strahlen fast ohne Ausnahme eine schöne und kraftvolle Energie aus – unabhängig davon, ob an einem Ort wie dieser Moschee, der Klagemauer in Jerusalem, vor dem Petersdom in Rom oder in einer kleinen Kapelle in den Anden.

Die Verbindung zu Gott kennt keine Religion, diskriminiert nicht zwischen Hautfarben oder geografischen Örtlichkeiten.

Das Bild vor mir erinnerte mich an ein Freitagsgebet, das ich vor vielen Jahren in Teheran besucht hatte. Konzentrierte Männer richteten ihren spirituellen Blick nach Mekka, genauso, wie der Jude seinen Blick nach Jerusalem richtet. Komisch, so überlegte ich, dass wir Christen keinen fixen Punkt haben, an den wir uns ausrichten können. Ist dies ein Vorteil? Vielleicht, weil wir damit nicht an eine Himmelsrichtung gebunden sind. Und welchen Nachteil hat dies? Vielleicht, weil uns dadurch ein Fixierungspunkt fehlt. Ich verließ die Moschee und genoss jeden Schritt. Offensichtlich spürt man die Kraft des Ortes nicht nur in der Moschee. Trotzdem hilft es, die Mauern der Moschee, ihre monumentale Schönheit als Fixierungspunkt einzusetzen.

Mein nächstes Ziel in diesem Ballungszentrum der Kraft war die Cisterna Basilica. Die Anlage ist eine der beeindruckendsten Sehenswürdigkeiten der Stadt und wird auch versunkener Palast genannt.

Die 138 Meter lange und 65 Meter breite unterirdische Zisterne wurde in ihrem heutigen Zustand zwischen 532 und etwa 542 unter Kaiser Justinian als Wasserspeicher für den Großen Palast angelegt. Über der Zisterne befand sich früher eine Basilika. Daher auch ihr heutiger Name. Imposant sind die zwölf Reihen von 28, insgesamt also 336 jeweils acht Meter hohen Säulen mit überwiegend korinthischen Spolienkapitellen. Das Wasser bester Qualität kam aus dem Belgrader Wald im Hochland westlich von Istanbul und diente zur Versorgung des kaiserlichen Haushaltes.

Um den Lärm der Millionenstadt hinter sich zu lassen und dem Kraftort nahe zu sein, ist dies der beste Ort. Man kann hier sehr gut meditieren und die Kraft genießen. Befindet man sich in der Cisterna, kann man sich mit etwas

Fantasie gut vorstellen, wie mystische Fabelwesen den Tiefen des Wassers entspringen. Ich wandelte über den Steg aus Stahl und ließ mich von den Säulen und der im Hintergrund laufenden Meditationsmusik beeindrucken und in andere Sphären versetzen.

Als mich die Zisterne wieder ausspuckte und ich mich auf den Straßen Istanbuls wiederfand, war es bereits zu spät für mein nächstes Ziel, die Hagia Sophia. Traurig darüber war ich nicht. Erst musste ich die bis dahin gesammelten Eindrücke und vielen Erlebnisse verdauen. In einer der vielen Seitengassen auf der anderen Seite der Galatabrücke suchte ich mir ein kleines Café und setze mich. Einen guten Mokka vor mir, genoss ich die Abendstimmung und war dankbar für die vielen eindrücklichen Momente, die ich erleben durfte.

Früh am nächsten Morgen nahm ich vom Haus der Freunde, bei denen ich übernachtete, die Metro ins Zentrum der Stadt. Mein Ziel war die Hagia Sophia. Ich ließ mich von der Schlange wartender Touristen nicht entmutigen und stellte mich brav an. Im Inneren erwartete mich eine einzigartige Architektur, Freskenkunst, ein Farbenmeer und natürlich eine unglaubliche Energie. Vermutlich wäre diese noch viel eindrücklicher gewesen, hätte ich am Tag zuvor nicht bereits die Moschee und die Zisterne besucht. Dennoch kam ich aus dem Staunen nicht heraus. Durch die vielen Menschen fiel es mir hier etwas schwerer, zu meditieren. Trotzdem genoss ich die Kraft, die mich umgab und die durch mich hindurchdrang.

Obwohl in einer Weltmetropole, fand ich auch hier wieder Momente der Stille. Während meines Besuches im ehemaligen Konstantinopel und heutigen Istanbul fand ein

Kongress der syrischen Oppositionspolitiker statt. Die Unruhen in der Region waren also auch hier, wenn auch nur bescheiden, zu spüren. Trotz dieses und vieler anderer Gründe der Spannung und auch Gewalt ist es möglich, an Orten der Gegensätze zu meditieren und Ruhe zu finden.

Ich konnte in der Hagia Sophia nur ganz wenige Wesen sehen, im Gegensatz zur Blauen Moschee, die stark *besetzt* war mit Seelen der Vergangenheit. Ich blieb ungefähr eine halbe Stunde im Museumstempel. Dann fuhr ich mit einem Touristenbus durch die Stadt und besuchte die eher irdischen Sehenswürdigkeiten Istanbuls.

Drei Tage verbrachte ich am Kraftort Istanbul. Viel zu wenig, um einen richtigen Eindruck zu bekommen. Bewusst überquerte ich nicht den Bosporus, um die asiatische Seite der Stadt zu besuchen. Das und weitere Ausdrucksformen dieser Energiequelle wollte ich mir für einen der nächsten Besuch aufsparen. Istanbul, ich komme wieder!

Im Zweistromland Mesopotamien

Ich befand mich im Zug von Basel nach Genf und war leicht nervös und voller Tatendrang. Keine andere Reise, die ich in den Jahren davor unternommen hatte, benötigte so eine lange Vorbereitungszeit und Organisation, um überhaupt durchgeführt werden zu können.

Fast auf den Monat zwei Jahre davor, hatte ich über das Internet Laith Muhammad (➛ Seite 60 ff.) kennengelernt. Damals recherchierte ich über *Remote Viewing* im Nahen Osten und Zentralasien. Ich war überrascht, als ich las, dass es in Bagdad eine Person gebe, die intuitiv arbeiten würde. Umgehend schrieb ich an Laith, worauf sich sehr schnell eine interessante Freundschaft entwickelte. Wir tauschten uns aus und erzählten uns von unseren Arbeiten in verschiedenen Kulturen. Ich erfuhr dabei, dass Laith in seinem Heimatland für das Olympische Komitee arbeitet. Medial analysiert er Sportler, um ihre Leistungen zu fördern.

Der Irak interessierte mich schon sehr lange. Seit meiner Kindheit wurden uns Märchen aus dem *Land der Tausendundeiner Nacht* erzählt, ich sah Filme über die Hängenden Gärten oder über Aladin. Später las ich viel über den Iran/Irak-Krieg und fühlte Mitleid mit einem Volk, das so viel Wissen in sich trägt und durch Kriege und Diktatur in die Steinzeit zurückgeworfen wurde. Dank Laith wurde mir das Land wieder nähergebracht. Nicht wie früher durch Märchen oder die Politik, sondern durch die Spiritualität und die Kraft der Intuition, die mich und Laith zusammengeführt hatte.

Bereits 2011 hatten wir die Idee, eines Tages meine Arbeit in Bagdad zu präsentieren. Leider wurde dieses Vorhaben durch die politische Lage immer wieder zunichtegemacht. Dennoch spürten wir beide, dass es wichtig war, am Ball zu bleiben. Eines Tages würde es bestimmt möglich werden, so waren wir überzeugt.

Als ich Ende 2011 für die libanesische Zeitschrift L'Hebdo eine Analyse für das kommende Jahr machte, kam der Irak auch als Thema vor. Die Journalistin wollte wissen, ob ich den Irak 2012 in einem Bürgerkrieg sehe. Die Veröffentlichung sprach gut über den Irak. Ich sah die politische Lage stabil(er) bleiben, und wirtschaftlich beschrieb ich den Irak als Goldmine.

Meine Analysen regten Laith und mich an, einen weiteren Versuch zu unternehmen. Laith sprach mit seinem Arbeitgeber, dem Olympischen Komitee, und der Stadtregierung. Beide Stellen waren an meiner Arbeit interessiert und wollten, dass ich Vorträge für Athleten und Lehrer an Universitäten gebe. Obwohl der Irak politisch stabiler ist als zum Beispiel Afghanistan, war es um einiges komplizierter, diese Reise zu organisieren als meine Reise nach Kabul. Die nächste Hürde war meine Sicherheit. Obwohl Entführungen nicht wie in Afghanistan täglich vorkommen, wollten wir kein Risiko eingehen. Laith arbeitete Wochen und Monate an den Vorbereitungen.

Es galt, mein Visum zu bekommen, Leibwächter zu organisieren, sicherzustellen, dass während meines Besuches nicht irgendwelche Wahlen stattfinden, die wiederum Terroristen nutzen könnten, um Chaos zu veranstalten. Zudem musste mit den Verantwortlichen an Universitäten gesprochen werden, um ihnen meine Arbeit näherzubringen. Plötzlich ging dann alles Schlag auf Schlag. Der erhoffte Durchbruch war geschafft! Knapp zehn Tage nachdem sämtliche Sicherheitsfragen geklärt waren, saß ich im Zug von Basel nach Genf.

Geplant waren mehrere Vorträge in Bagdad und Babylon, vielleicht auch ein Seminar. Organisatorisch waren die Vorbereitungen eine Herausforderung. Laith spricht nur sehr wenig Englisch, und mein Arabisch beschränkt sich auf weniger als zehn Wörter. Unsere bisherige Kommunikation geschah mithilfe von Übersetzungsprogrammen im Internet.

Ich war sehr gespannt auf die kommenden fünf Tage im ehemaligen Mesopotamien. Mein Flug nach Bagdad ging über Abu Dhabi in den Arabischen Emiraten. Der Pilot mit spanischem Akzent teilte kurz vor der Landung Wetter und lokale Zeit im Irak mit. Wie üblich hatte ich einen Fensterplatz und sah gespannt hinaus. Die Landschaft sah ernüchternd sandig und trocken aus. Hängende Gärten konnte ich mir in dieser Wüste nur schwer vorstellen.

Gleich nach dem Verlassen des Flugzeugs sprach mich ein etwa fünfzigjähriger Mann an. Ob ich Martin Zoller sei, wollte er wissen, und stellte sich als Freund Laiths und Mitglied der Lokalregierung vor. Sein Englisch war perfekt, ich war erleichtert. Kareen, so hieß der Mann, führte mich zur Immigrationsstelle und besorgte mir das Einreisevisum.

Kurz darauf kam Laith. Wie alte Bekannte umarmten wir uns, fuchtelten mit Armen, Händen und Fingern durch die Luft und verständigten uns mit den wenigen Worten, die wir beherrschten. Viele Worte brauchten wir auch nicht, unsere Kommunikation funktionierte auch so sehr gut. Nach zwei Jahren E-Mails und Skypen standen wir uns endlich gegenüber.

Der Flughafen ist klein und schien mir relativ ruhig und sicher. Erst bei der Rückreise verstand ich warum. Hermetisch abgeriegelt, gleicht der Flughafen einem Hochsicherheitsgefängnis oder einer Festung.

Wir fuhren zur Universität. Dies, so wurde mir versichert, sei sicherer als in einem Hotel. Tatsächlich wird die Universität strengstens bewacht. Zudem ist die Möglichkeit eines Anschlages in einem Hotel mit Ausländern größer als in der Universität. Das Guesthouse der Universität war sauber und ordentlich. Wir trafen uns dort mit zwei Professoren der Universität und gingen mit ihnen irakisch essen. Das Essen war reichhaltig und sehr gut.

Meine ersten Eindrücke vom Land waren sehr positiv. Ich fühlte mich sicher und gut aufgehoben. Die Menschen waren sehr freundlich, aufmerksam und gebildet.

Am zweiten Tag hielt ich an der Universität für Sportstudenten und Professoren einen Vortrag über Intuition im Sport. Auch die Presse war vor Ort und berichtete über den Anlass. Zum Schluss des Vortrages gab es über eine Stunde Fragen und Antworten. Teilweise waren die Fragen sehr kritisch, die meisten Teilnehmer aber waren offen und sehr interessiert.

Am Abend besuchten wir einen Bekannten meiner neuen Freunde. Dieser, so wurde mir gesagt, habe lange in Deutschland gewohnt. Tatsächlich sprach er perfekt Deutsch. Beide waren wir froh, Deutsch zu sprechen, und gemeinsam sahen wir auf ARD in deutscher Sprache das Länderspiel Schweiz gegen Deutschland. Lustigerweise fand dieses in Basel statt. Die Schweiz gewann, womit der Tag für mich einen glorreichen Abschluss nahm.

Am nächsten Tag wurde ich abgeholt. Laith, Kareen und bewaffnete Leibwächter fuhren mich zum Girls College of Physical Education. Die Schule wurde sehr stark bewacht.

Das Thema des Vortrags war »Intuition – human higher intelligence« (Intuition – höhere Intelligenz). Der Saal war gefüllt mit Schülern, Lehrern und einigen Journalisten. Meine Übersetzer waren zwei meiner Begleiter, ein Lehrer und Kareen. Alle waren sehr zufrieden mit meinem Vortrag. Anschließend war es für mich interessant, durch die Stadt zu fahren. Sie glich einer großen Festung. Überall gab es Checkpoints, Militär- und Polizeikonvois rasten vorbei. Militärhelikopter ratterten, großen Insekten gleich, am Himmel, Panzer und Pick-ups mit schweren Geschützen standen überall am Straßenrand und passten auf, dass nichts passiert.

Als ich sagte, dass ich mich dank der unzähligen uniformierten Männer sehr sicher fühlen würde, wurde das schnell relativiert. Viele Soldaten seien sehr korrupt oder gehörten irgendeiner der unzähligen Milizen an. Sie würden nicht selten Leute entführen, bestechen, bedrohen oder gar Anschläge unterstützen. Die Lage im Land sei trotz der momentanen Ruhe sehr fragil.

Zu Abend aßen wir in einem wunderbaren Fischrestaurant am Tigris, der 1.900 Kilometer lang ist, in der Türkei entspringt und durch Syrien und den Irak fließt. Hier vereinigt er sich mit dem Euphrat und fließt schließlich in den Persischen Golf. Dank Tigris und Euphrat nennt man die Gegend im Irak auch Zweistromland. Einige der ersten

Hochkulturen entwickelten sich hier. Leider sieht man heute davon nichts mehr.

Ich sah auf den Fluss, blickte in den Sternenhimmel und grüßte den Mond. Es schien mir wie in einem Traum. Ich war im Land Aladins, dem Ursprung von Tausendundeiner Nacht, der Wiege unserer Kulturen.

Würden politische Realitäten den magischen Traum nicht immer wieder zerreißen, so könnte man hier verzaubert werden. Und trotzdem ist es der sensitiven Spürnase möglich, mitten in diesem Chaos, dem täglichen Überlebenskampf, die Quellen dieses Wissens noch zu erschnuppern. So richtig wahrnehmen konnte ich dies leider erst am vierten und letzten Tag meiner Irakreise. Geplant waren ein Vortrag in Babylon und ein Besuch der alten Ruinenstätte.

Mit einem Konvoi, bestehend aus vier Fahrzeugen, fuhren wir durch das berüchtigte Dreieck des Todes. Hier lieferten sich während des Krieges Milizen, die irakischen und ausländischen Armeen erbitterte Schlachten. Wie üblich bezahlte die Zivilbevölkerung den höchsten Preis. Meine Mitfahrer erzählten mir von den Gefechten, die hier stattfanden und durch die es unmöglich gewesen war, das Gebiet zu durchfahren. Die Straße von Bagdad nach Babylon ist durch Militär gesichert. Mehrmals überholten wir Konvois mit weißen Söldnern. Obwohl deren Ruf nicht der beste ist, verlieh mir ihre Anwesenheit ein Gefühl der Sicherheit. Zu Beginn des Irakkrieges lebte ich noch in Bolivien. Drei Freunde von mir begaben sich damals als sogenannte Contractors (Söldner) für eine private Firma in den Irak. Als sie wieder zurück waren, zeigten sie mir Fotos ihrer Abenteuer und erzählten mir von ihrer Arbeit. Ich wusste daher, wie solche Männer arbeiten und wie sie sich benehmen. Dennoch war ich froh zu wissen, dass im schlimmsten Fall Söldnertruppen in der Nähe unseres Konvois fuhren.

Die Fahrt nach Babylon war sehr interessant. Die Landschaft, die ich bisher nur aus den Nachrichten kannte, zog an mir vorüber. Fuhren wir an Siedlungen vorbei, so hatte ich Mitleid mit den Bewohnern. Ich wollte mir nicht vorstellen, was diese Menschen in all den Jahren alles erleben mussten. Die Landschaft, die einfache Architektur und vorbeiziehende Kamelkarawanen faszinierten mich.

In der Universität angekommen, wurden wir zum Rektor geführt, danach in den Vortragssaal gebracht. Mein Thema war »Intuition, Aura und die Kraft der Intuition im Sport«.

Nach dem Vortrag fuhren wir in ein Restaurant. Unsere Gruppe von etwa fünfzehn Personen wuchs auf etwa dreißig Personen an. In einem für mich erstaunlich modernen Restaurant mitten in Babylon nahmen wir ein gutes Essen zu uns. Gesättigt fuhren wir dann zu den berühmten Ruinen von Babylon am Euphrat. Die Ruinen wurden Anfang des 20. Jahrhunderts teilweise freigelegt. Wie üblich geht man auch hier davon aus, dass die freigelegten Ruinen nur ein Bruchteil der gesamten Anlage waren. Babylon war die Hauptstadt des gleichnamigen Stadtstaates. Verschiedene Hochkulturen nutzten Babylon als Hauptstadt. Es gäbe konkret drei wichtige Ruinenstädte, eine über der anderen. Alexander der Große eroberte die Stadt, zog als Befreier ein und verstarb hier 323 vor Christi.

Die Umgebung strahlte eine unglaubliche Kraft aus! Leider waren die Überreste sehr vernachlässigt. Tourismus gab es so gut wie keinen, Geld fehlte überall. Hinter den Ruinen auf einem Hügel ragte ein ehemaliger Palast von

Saddam Hussein. Wir besuchten den Palast. Der Reichtum, in dem Saddam und seine Familie lebten, konnte erahnt werden. Amerikanische Soldaten hätten, so wurde mir erzählt, den Palast wie so vieles andere geplündert.

Heute sprechen nur noch wenige Menschen gut von den Amerikanern. Jene, die von der Besatzung profitierten, würden natürlich nie reklamieren. Der normale Bürger aber sieht sich betrogen und bestohlen. Ein Lehrer erzählte mir resigniert, dass sie immer nur vom Reichtum ihres Landes in der internationalen Presse lesen würden. Davon etwas sehen oder abbekommen würden sie nicht.

Tatsächlich habe ich mich gefragt, wohin die Milliarden von Dollars für den Erdölverkauf gehen würden. Bagdad war schmutzig, die Infrastruktur funktionierte nur sehr schlecht, die Straßen waren unter jeder Würde, und moderne Gebäude sah man so gut wie keine. Ein wunderbares Beispiel für diese Umstände war das Gebäude des Erdölministeriums. Der Komplex thronte, umgeben von elenden und ärmlichen Gebäuden, wie ein Palast mitten in der Stadt. Zurück in Bagdad, fuhren wir in die Universität. Ich packte und verbrachte meine letzte Nacht im Irak. Das Land, seine Leute, die Kultur und die Gastronomie haben mich begeistert.

Die Reaktionen auf meine Vorträge waren sehr gut. Obwohl es mit der Übersetzung nicht immer so einfach war, konnte ich mich sehr gut ausdrücken und wurde, so glaube ich zumindest, auch gut verstanden. Meine Befürchtung, dass mein Publikum dem Thema Intuition gegenüber verschlossen sein würde, zerstreute sich bereits am ersten Tag. Selten habe ich so offene Menschen erlebt, konnte ich mich von Beginn an so uneingeschränkt und frei ausdrücken. Im

Gegensatz zur kopfgesteuerten Kultur Mitteleuropas wirkte es befreiend, mich mit »normalen« und emotional offenen Menschen unterhalten zu können. Schweren Herzens verabschiedeten wir uns voneinander. In nur fünf Tagen hatte ich viele neue Menschen kennen- und lieben gelernt. Vollgepackt mit einzigartigen Erinnerungen und vielen Geschenken, wurde ich zum Flughafen gebracht. Gepäck und Menschen wurden mehrmals kontrolliert, Fotos zu machen von Flughafen und Umgebung war aus Sicherheitsgründen strengstens verboten. Über Abu Dhabi flog ich in die Schweiz zurück. Im Flugzeug genoss ich einen Whisky, den ersten seit meiner Ankunft im Irak.

3

Intuition und Spiritualität

Spiritualität und Religion

Als Religion (lat: religio, wörtlich: *die Rückbindung*. Auch zurückgeführt auf religere, *immer wieder lesen*, oder religare, *zurückbinden*; frei übersetzt: *wieder verbinden* [mit Gott]) bezeichnet man eine Vielzahl unterschiedlicher kultureller Phänomene, die menschliches Verhalten, Handeln, Denken und Fühlen prägen und Wertvorstellungen normativ beeinflussen. Es gibt keine wissenschaftlich allgemein anerkannte Definition des Begriffs Religion.

Religiöse Weltanschauungen und Sinngebungssysteme stehen oft in langen Traditionen und beziehen sich zumeist auf übernatürliche Vorstellungen. So gehen viele, aber nicht alle Religionen von der Existenz eines oder mehrerer persönlicher oder unpersönlicher überweltlicher Wesen (z. B. einer oder mehrerer Gottheiten oder von Geistern) oder Prinzipien (z. B. Dao, Dhamma) aus und machen Aussagen über die Herkunft und Zukunft des Menschen, etwa über das Nirvana oder das Jenseits. Viele Religionen weisen gemeinsame Elemente auf, wie die Kommunikation mit transzendenten Wesen im Rahmen von Heilslehren, Symbolsystemen, Kulten und Ritualen oder bauen aufeinander auf, wie beispielsweise Judentum und Christentum. (vgl. Wikipedia)

»Spiritualität (von lat. spiritus *Geist, Hauch* bzw. spiro *ich atme* – wie altgr. ψύχω bzw. ψυχή, siehe Psyche) bedeutet im weitesten Sinne Geistigkeit und kann eine auf Geistiges aller Art oder im engeren Sinn auf Geistliches in spezifisch religiösem Sinn ausgerichtete Haltung meinen. Spiritualität im spezifisch religiösen Sinn steht dann auch immer für die Vorstellung einer geistigen Verbindung zum Transzendenten, dem Jenseits oder der Unendlichkeit.

Nicht nur die konkreten Ausprägungen der Spiritualität unterscheiden sich, sondern auch das grundsätzliche Verständnis. Erschwerend kommt hinzu, dass die Begriffe Religiosität und Spiritualität insbesondere im englischsprachigen Schrifttum oft synonym gebraucht werden, obwohl ihnen unterschiedliche Vorstellungen zugrunde liegen. Das 1936 erschienene *Oestergaards Lexikon* beschreibt spirituell als *geistig, geistreich, auch geistlich, kirchlich* und den Begriff Spiritualität als *Geistigkeit, geistiges Wesen,* die im Gegensatz zur Materialität steht. Das dtv-Brockhaus Lexikon von 1962 sieht Spiritualität anscheinend als Domäne der katholischen Konfession an: *kath. Kirche: die christliche Frömmigkeit, insofern sie als Werk des Geistes Gottes unter Mitwirkung des Menschen verstanden wird; auch personale Aneignung der Heilsbotschaft.*

Aktuelle Nachschlagewerke setzen Spiritualität mit Frömmigkeit gleich (*heute weitgehend gleichbedeutend mit Frömmigkeit* {Brockhaus Religionen, 2004}); *Frömmigkeit, eine vom Glauben getragene geistige Orientierung und Lebensform* (Lexikon der Psychologie, 2000–2002), während der Duden (1999–2004) die alten Definitionen beibehalten hat: *Geistigkeit; inneres Leben, geistiges Wesen.*« (Wikipedia)

Es wäre eigentlich ironisch, ist leider aber sehr traurig, wie egoistisch und engstirnig Menschen oft sind. Gerade in sogenannten aufgeklärten Kreisen finden sich überhebliche Weltansichten, dass man ernsthaft an der logischen Intelligenz solcher Menschen zweifeln muss. Dass Intelligenz nichts mit Bildung zu tun hat, wurde mir auf meinen Reisen schon sehr bald klar.

Ich komme immer wieder mit Gruppen zusammen, die – unabhängig davon, was sie zusammenhält – aus den verschiedensten Gesellschaftsschichten zusammengewürfelt sind. Diese Kreise können politische (Parteien), wirtschaftliche (Zünfte) oder religiöse/spirituelle (Religionen, spirituelle Glaubensrichtungen) Ziele haben. Sie bestehen aus studierten Akademikern, einfachen Handwerkern und mittelständischen Unternehmern. Einblick in diese Gruppen habe ich, weil ich gefragt wurde, für sie zu arbeiten, oder weil ich aus persönlichem Interesse einen begrenzten Zeitraum in einer dieser Gruppen verbracht habe. Leider musste ich auch dort sehr bald feststellen, dass Dogmen oder feste Vorstellungen sehr schnell zu geistiger Einschränkung führen.

Während jede dieser Gruppen von sich das Gefühl hat, der Wahrheit am nächsten zu stehen, wird über die anderen geurteilt und gelästert. Religiös und kulturell ist das zum Beispiel im Nahen Osten sehr schön erkennbar. Arbeite und spreche ich mit einem Sunniten in Dubai, so ist für ihn eindeutig klar, dass er auf jeden Fall der Wahrheit näher ist als ein Christ oder ein Jude und sogar näher als ein Schiit. Ein Schiit in Beirut hat von sich dieselbe Überzeugung.

Das Vorrecht der Auserwähltheit gibt sich ein Jude in Tel Aviv ebenso wie ein Moslem in Ägypten oder ein Christ in Frankreich. Ich könnte innerhalb von achtundvierzig Stunden mit einem Christen in Beirut, einem Juden in Jerusalem und einem Moslem in Amman sprechen und jedes Mal würde ich hören, dass die eigene Religion die beste sei und der Wahrheit am nächsten stehe.

Eigentlich hätte ich solche Gespräche immer aufnehmen und im Internet veröffentlichen sollen. Sie würden auf wunderbare Weise zeigen, wie engstirnig und beschränkt solche Behauptungen sind. Übrigens gehen diese Aussagen quer durch die verschiedensten Gesellschafts- und Bildungsschichten. Zur Verdeutlichung hier zwei Anekdoten, die zeigen, was ich damit meine.

In Quito, der Hauptstadt Ecuadors, sprach ich mit einer Frau über die verschiedenen Religionen im Nahen Osten. Wir kamen auf das Judentum zu sprechen, als sie mich fragte, ob Juden jene wären, die nicht an Gott glauben würden. Verdutzt schaute ich sie an und überlegte mir die Bedeutung dieser Frage. Ob sie denn nicht wisse, dass Jesus ursprünglich Jude war, war meine Antwort auf diese Frage. Etwas ungläubig sah mich die Frau an, worauf ich ihr erklärte, woher die christliche Bibel käme und wo die Wurzeln des Christentums lägen.

Die zweite Geschichte trug sich in Israel zu. Nicht nur eine Person, sondern viele, gerade jüngere Menschen, waren sehr überrascht, als sie von mir erfuhren, dass in Beirut (im Nachbarland Israels), anders als in Kabul oder dem Süden Teherans, Frauen nicht in Burkas herumlaufen müssen und dass Partys in Beirut zu den besten überhaupt gehören.

Es ist erschreckend, wie viel Macht und Einfluss Religion auf die Allgemeinbildung der Völker hat und wie eingeschränkt Menschen im sogenannten Zeitalter der Aufklärung erzogen werden. Viele haben erstaunlich wenig Wissen über die Kulturen und Religionen anderer Völker. Der Krieg gegen den Terrorismus ist ein sehr gutes Beispiel dafür. Westlich geprägte Menschen urteilen, ohne auch nur die geringste Ahnung zu haben, wie der Böse (Moslem) lebt, fühlt und denkt.

Ich hatte während meiner Arbeit viele Möglichkeiten, die »Achse des Bösen« zu besuchen, mit »Terroristen« zu sprechen und auch zu arbeiten. Durch die vielen Reisen, die unendlichen Gespräche und Eindrücke war ich mir irgendwann plötzlich nicht mehr sicher, wer genau der Terrorist war. Ich wurde indirekt und direkt immer wieder damit konfrontiert, nicht nur mit dem islamischen Terrorismus, sondern auch mit dem jüdischen und christlichen Terrorismus. Schlaflose Nächte, langes Grübeln und Hinterfragen waren die Folgen dieser Erlebnisse. Irgendwann in dem Labyrinth meiner Gedanken kam ich zu dem Schluss, dass Terrorismus nichts mit Religion oder Kultur zu tun hat, sondern mit den Individuen, die sich terroristisch benehmen.

Wer nun glaubt, dass die Loslösung von Religion das Heilmittel allen Übels ist, hat sich leider getäuscht. In meiner dreißigjährigen Wanderzeit als medialer Berater rund um den Globus bin ich nicht nur mit sämtlichen Weltreligionen in Kontakt getreten, sondern auch mit den unterschiedlichsten spirituellen Gruppen. Etliche Menschen lösen sich enttäuscht aus der Herkunftsreligion, finden neue Philosophien, lesen darüber, besuchen Zentren, um die neue Lebensanschauung zu vertiefen, und integrieren sich schließlich in die neue Gemeinschaft.

Falsch ist daran nichts, ganz im Gegenteil, der Mensch ist ein Herdentier und benötigt zumindest in den meisten Fällen die Gemeinschaft. Nur sehr wenige wählen den Weg des einsamen Eremiten. Der auf keinen Fall, das sei angemerkt, der bessere sein muss als jener der Gemeinschaft. Es ist ganz einfach ein anderer Weg. Manche dieser Gruppen nehmen sehr skurrile Formen an und übertreffen bereits bestehende Religionen bei Weitem an Starrsinn und Verblendung. In solchen Fällen wäre es, so denke ich mir, für den Betroffenen besser gewesen, er hätte seine ursprüngliche Glaubensrichtung nicht verlassen.

Der philosophischen Vorstellung und der damit verbundenen Dogmatisierung sind oft keine Grenze gesetzt. Da man sich an keine kulturelle/religiöse Wurzel binden muss, kann man das Universum sozusagen neu erfinden. Dass sich viele der so entstehenden Ideologien widersprechen, ist eigentlich kein Problem. Traurig und ein Zeichen geistiger Armut ist es, wenn man in Fanatismus und Überheblichkeit zurückfällt. Plötzlich verfallen diese Menschen wieder in archaische Grundzüge menschlichen Seins. Als ob nichts gelernt wurde aus der Vergangenheit, werden fanatische religiöse Züge erkennbar. Man verurteilt die anderen Gruppen, hält sich für besser, weiser und intelligenter. Eigentlich müsste man doch davon ausgehen, dass Menschen, die sich aus einer Religion gelöst haben, weil sie der alten Machtstruktur müde waren, etwas Besseres erschaffen. Leider ist dem überhaupt nicht so, wie sich immer wieder zeigt.

Ein Beispiel dazu, welches ich vor einigen Jahren erlebt habe. Der Produzent einer spirituell sehr offenen Produktionsfirma drehte mit mir ein Dokumentarfilmchen über Remote Viewing/Medialität. Nach Fertigstellung des Vorfilmes lud er diesen auf YouTube hoch.

Normalerweise arbeitete dieser Produzent viel über das Thema Außerirdische und untersucht dieses Phänomen. Mich erstaunte nicht, dass verschiedene Kommentare zum

Trailer negativ waren. Kritiker und Gegner von Medialität gibt es viele. Was mich hingegen erstaunte, war, dass viele der negativen Kommentare von Lesern kamen, die sich stark mit dem Thema Außerirdische beschäftigten. Es wurde kritisiert, dass die Auseinandersetzung mit dem Thema Medialität und Remote Viewing der Seriosität dieser Plattform betreffend Außerirdischen schaden könnte!

Diese Menschen haben vermutlich nicht begriffen, dass sie sich, wie ich, ebenfalls im Bereich der Grenzwissenschaft Parapsychologie befinden. Außerirdische, Engel, Geister, Auren, Chakras gehören doch schlussendlich alle einer ähnlichen Grundidee an – nämlich der Existenz von Jenseits- und Parallelwelten. Leider zeigt diese Erfahrung, wie engstirnig Menschen sind, egal an was sie glauben, woher sie kommen und was sie schon alles erlebt haben.

Die Kraft der Intuition, ausgedrückt in Hellsichtigkeit oder Magie, kommt in sämtlichen mir bekannten Religionen vor. In vielen Kulturen integrierte die modernere und kolonialisierende Religion eine bereits existierende archaische und stark magisch ausgerichtete Religion. In Europa übernahm das Christentum alte keltische Rituale oder Feiertage, »modernisierte« sie mit christlichen Riten. In Südamerika findet man in Kirchen viele Symbole und Rituale, die aus der Zeit vor der Kolonialisierung stammen. Schamanen führen im Namen des Christentums magische Rituale durch, die überhaupt nichts mit der Kirche zu tun haben. In Zentralasien finden wir in Ländern wie Afghanistan Schamanen, die archaisch medial arbeiten und gleichzeitig den Islam praktizieren.

Die Kraft der Intuition steckt dem Menschen in den Knochen und in der Seele wie die Kunst, die Sexualität oder die Musik. Die Intuition liegt tiefer als alle Religionen oder die Spiritualität. Es ist ihr egal, was wir glauben oder ob wir glauben. Es bleibt dem Individuum überlassen, welche Farben und Formen es seiner Intuition geben möchte.

Religionen und Philosophien sind bloße Hilfsmittel, die Kraft und die Macht der Intuition zu verstehen. Sie helfen der doch oft schwierig zu verstehenden Technik und zeigen Möglichkeiten, der Intuition eine Form zu geben.

Dank der Erfahrung entsteht Vertrauen, und die Stützen können wegfallen. Gleichzeitig kann die so gewonnene Freiheit zur Gefahr werden. Viele Menschen brauchen Grenzen zum Eigenschutz oder zum Schutz für andere. Es liegt ganz im Ermessen des Praktizierenden, wie er sein Potenzial einsetzen möchte. Ethische oder moralische Grundsätze setzen keine Grenzen. Grenzen setzen vielmehr das eigene Potenzial und die damit verbundenen Möglichkeiten. Das Motto der Harvard Universität *Veritas* lässt sich ohne Weiteres auf die Kraft der Intuition übertragen. Wie jedoch diese Wahrheit aussieht und was mit ihr gemacht wird, liegt ganz in den Händen der medial talentierten Personen.

Engel und andere Lichtwesen

Die meisten Menschen glauben, fühlen oder spüren die Existenz unsichtbarer Lichtwesen. Mediale Menschen sehen sie! Bestimmt ein schönes Geschenk. Nichtsdestotrotz kann es manchmal auch zu viel sein. Welch ein Durcheinander auf einem vollen Bahnhof! Schon ohne Lichtwesen zu sehen fühlt sich jeder überrannt von der Menschenmasse. Sieht man Lichtwesen, so füllt sich der Raum oder besser gesagt: die Räume, noch unendlich mehr. Wesen aus unserer und anderen Dimensionen rennen, laufen, schweben oder fliegen dort umher.

Nie allein sein – ein Traum vieler Menschen in unserer modernen Gesellschaft. Der intuitive Seher hat diese Möglichkeit, egal wo er sich befindet, überall kann er seine Geistführer oder Schutzengel rufen. Er kann mit Verstorbenen Kontakt aufnehmen und ein Schwätzchen halten.

In meiner Arbeit treffe ich fast täglich Wesen aus anderen Dimensionen. In den meisten Fällen sind sie in Begleitung meiner Kunden. Manchmal komme ich an einen Ort, an dem die Seele eines Verstorbenen herumgeistert. In Wäldern oder an Kraftorten kommt es vor, dass Elementarwesen über den Ort wachen oder dass Wesen aus anderen Welten zu Besuch bei uns sind und sich bemerkbar machen. Ich habe schon erlebt, dass die Seele eines Verstorbenen gleichzeitig mit einem Schutzengel bei einem meiner Kunden war. Zwei verschiedene Wesen mit gänzlich anderem Hintergrund. Oder Verstorbene aus verschiedenen Jahrhunderten können nebeneinander existieren und miteinander kommunizieren.

An einem Kraftort, zum Beispiel Machu Picchu in Peru, sah ich Verstorbene, die den Ort bewachen (➛ Seite 270 ff.). Gleichzeitig geisterten dort Elementarwesen umher. Ohne Zweifel befinden sich, zusammen mit den vielen Touristen, auch jede Menge Schutzengel vor Ort. Ein Jahrmarkt der Lichtwesen aus sämtlichen Sphären und Welten. Diese Wesen können sich untereinander alle sehen und zumeist telepathisch miteinander kommunizieren. Nur wir Menschen humpeln mit unserer Intuition etwas hinterher.

Kommt ein Klient zu mir, so konzentriere ich mich zuerst auf seine Aurafarben. Ich beschreibe die verschiedenen Farben, so kann er sich eine Vorstellung von seiner Aura machen. Als Nächstes erzähle ich, was ich sehen kann. Spätestens jetzt erkenne ich die ersten Wesen. In den meisten Fällen ist das ein Verstorbener oder ein Schutzengel. Nicht immer liegen Nachrichten vor, die ich weitergeben soll, dann frage ich das Wesen, ob es eine Mitteilung hat. Oder ich beschreibe meinem Klienten das Wesen, woraufhin er wissen möchte, ob das Wesen etwas mitteilen möchte. Frage ich das Wesen nach einer Nachricht, schaut es mich manchmal nur stumm an. Aber in den meisten Fällen hat das Wesen mir etwas mitzuteilen. Unabhängig davon, ob das Wesen etwas sagen möchte oder nicht, identifiziere und beschreibe ich es. Praktisch ohne Ausnahme gelingt mir das auch. Handelt es sich um verstorbene Menschen, so sind sie meistens aus der Familie: Väter, Geschwister, Urgroßväter, nicht selten ungeborene Kinder. Letztere bereiten sich darauf vor, geboren zu werden.

Die Wesen übernehmen die Rolle eines Beschützers oder möchten unbedingt eine Nachricht weitergeben. In anderen Fällen können sich die Wesen emotional nicht lösen und hängen fest. Sie wollen befreit werden, um ihren Weg weiterzugehen. In einem telepathischen Gespräch kann ich versuchen, dem Wesen zu helfen. Gelingt es, so kann es gehen.

Jeder Mensch hat einen Schutzengel. Engel sind keine Seelen Verstorbener, sie werden nicht auf der Erde geboren. Schutzengel existieren in anderen Dimensionen und sind omnipräsent. In verschiedenen Kulturen haben sie unterschiedliche Namen, bemerkbar machen sie sich aber überall. Sie beschützen uns Menschen Tag und Nacht. Nicht jeder Engel bleibt das ganze Leben bei uns. Sie können sich abwechseln. Im Laufe meines Lebens habe ich mehrere Engelwesen mit verschiedenen Kräften und Aufgaben um mich gespürt. Wir ziehen Wesen an, deren Kraft uns ergänzt. Ändern wir, aus welchem Grund auch immer, unseren Aufgabenbereich, so kann es sehr gut sein, dass wir dadurch einen neuen Engel anziehen.

In der Natur gibt es viele Orte mit starken Energien, sogenannte Kraftorte. Bereits in den ältesten Kulturen wurden diese Plätze als Versammlungsorte benutzt, später baute man dort oft Tempel oder Kirchen. An nicht wenigen dieser Stellen geschehen immer wieder Wunderheilungen, interessanterweise gibt es an vielen eine Wasserquelle.

Kraftorte werden von Elementarwesen beschützt. Sie gehören zur Natur und stehen in Verbindung mit einem der vier Elemente (Feuer, Wasser, Luft und Erde). Besuche ich einen dieser heiligen Orte, so kann ich diese Wesen ausmachen. Ihre Aufgabe ist es, den Ort zu reinigen. Viele

Menschen besuchen solche Plätze, um ihren emotionalen und spirituellen *Abfall* dort abzulegen, und dieser will beseitigt werden. Die Elementarwesen können Unterstützung bekommen von einem Verstorbenen, der in seinem vergangenen Leben vielleicht dort lebte und es sich nun zur Aufgabe gemacht hat, über den Platz zu wachen.

Kurz vor der Jahrtausendwende übernachtete ich bei einem Transitstopp von Bolivien nach Indonesien bei der Kusine meiner damaligen Lebenspartnerin. Kurz vor dem Einschlafen musste ich plötzlich die Augen öffnen. Ein mulmiges Gefühl im Magen ließ mich hochschrecken. Vor mir standen unzählige Kinder jeden Alters, ihre Gesichter waren verstört. Ich schloss die Augen, um kurz zu meditieren und erschauderte, als ich erkannte, wer diese Kinder waren. Es waren verwirrte, noch nicht gelöste Seelen aus der Zeit des Zweiten Weltkriegs. Sie seien, so sagten sie mir, in einem KZ in der Nähe umgekommen. Im Gegensatz zum Hüter eines Kraftorts, verweilten diese armen Seelen nicht freiwillig an diesem Platz. Sie konnten sich nicht aus dem Trauma ihres Schicksals lösen. Am nächsten Morgen wurde uns bestätigt, dass in der Nähe des Ortes ein KZ gestanden hatte.

Dieses intuitive Sehen ist nicht immer einfach, aber oft spannend. In Berlin sah ich Erhängte an den Straßenlaternen, in Bunkern im Elsass die Seelen getöteter Soldaten, in Kellergeschossen alter Schlösser gefolterte Sträflinge, in Ruinen alter Festungen die Herrschaften der damaligen Zeit. Auf einsamen Landstraßen kamen mir Wandersleute aus dem Mittelalter, Kutschen aus der Römerzeit entgegen. In Beirut sah ich verstorbene Milizen aus dem Bürgerkrieg oder in Jerusalem Kreuzritter in ihren Rüstungen. Im Louvre sprach ich mit dem Geist eines Stallburschen, in den Bergen Perus mit den Geistern ehemaliger Inkabauern oder in Bolivien mit in Straßenschlachten getöteten Indianern.

Interessieren würden mich die Schlachtfelder von Verdun. Gleichzeitig habe ich auch ziemlichen Respekt vor einem Besuch. Ich kann mir nur zu gut vorstellen, wie viele Seelen dort noch umherirren. In den meisten Fällen sind Lichtwesen guter Natur, sie helfen und beschützen. Man könnte sie eventuell mit unseren Entwicklungshelfern vergleichen. Sie besuchen unseren Planeten aus ihren für uns fernen Realitäten und versuchen, uns zu helfen. Der aufmerksame und intuitiv offene Weltenbürger kann sie ohne größere Probleme wahrnehmen.

Ein wenig aufpassen sollte man bei dämonischen Wesen. Ob und wie stark man anfällig ist, hängt sehr stark vom eigenen Verhalten ab. Schützt man sich immer wieder und provoziert Verstorbene nicht unnötig, so kann nicht viel passieren. Nur sollte man beim Praktizieren magischer Rituale sehr vorsichtig sein mit den Wesen, die man ruft. Man denke an den Zauberlehrling. Setzt man sich mit Medialität auseinander, so ist es gut, auch etwas über mögliche dunkle Schattenwesen zu wissen.

Es ist überall dasselbe: Verlässt man nie sein Haus und bewegt sich nur in der sicheren Gesellschaft, muss man keine Angst vor Löwen oder großen Tieren haben. Geht man jedoch in den Dschungel oder in die Steppe, sollte man Grundwissen über die möglichen Gefahren haben. Vorbeugen ist auch hier besser als Nachsicht.

In meinen Kursen ist die Verbindung mit Lichtwesen ein sehr wichtiges Thema. Es gibt viele Meditationen, Bücher, CDs und DVDs, um mit Lichtwesen in Verbindung zu treten.

Die Unterhaltung mit ihnen ist meistens telepathisch. Im Kopf hört oder fühlt man eine Sprache oder Worte. Es ist fast so, als würde man in Gedanken ein Gespräch führen, nur dass es keine eigenen Gedanken sind. Die Informationen werden aus der geistigen Welt weitergegeben, und der Empfänger übersetzt sie im Kopf.

Manche Empfänger setzen die Informationen in Bilder oder Farben um. Ich kenne andere Personen, für die ist es am einfachsten, die Informationen niederzuschreiben. Man nennt das automatisches Schreiben. Man sollte immer verschiedene Techniken ausprobieren, um zu spüren, welche für einen selbst die einfachste Kommunikationsart ist. Steht der Kontakt erst, so kann er eigentlich nicht mehr abbrechen. Die Wesen ändern sich, aber der Kontakt bleibt. Ihn ganz abzubrechen ist sehr schwierig. Ist das Dritte Auge erst einmal offen, bleibt es auch so. Es sei denn, man verschließt es mit einer gedanklichen Augenklappe.

Im Idealfall entwickelt sich das Zusammensein mit dem Schutzengel oder Geistführer zu einer guten Teamarbeit. In den meisten Fällen sind wir Menschen die größeren Nutznießer solcher Partnerschaften. Dennoch kann es auch vorkommen, dass ein Lichtwesen einen Wunsch hat. Bis zum heutigen Tage hat es noch niemand, den ich kenne, bereut, seine Beziehung zur geistigen Welt aufgebaut zu haben, im Gegenteil.

Reise zum Mittelpunkt der Seele

Das Leben ist eine endlose Reise. Grenzen, die wir einzeln oder als Gesellschaft haben, werden ebenso schnell, wie sie entstanden sind, wieder abgerissen. Nichts bleibt ewig – Dogmen in der Religion, Verankerungen in der Politik, Wertvorstellungen in der Wirtschaft oder das Altern des Menschen. Wir unterliegen einer ewigen Wandlung, die wir als Menschen mit der Geburt und dem Tod am eigenen Körper erleben.

Menschen, besser gesagt Seelen, begegnen mir oft schon lange vor der Geburt. Die freie Seele ist im Gegensatz zum Menschen unvoreingenommen und spontan. Wie mit Menschen kann man sich als Sensitiver mit Seelen unterhalten. Lautlos und sanft kommunizieren sie über ihr Bewusstsein, ihre Pläne, Wünsche und Vorstellungen vom Leben im Körper, den sie sich ausgesucht haben. Leider widerspricht sich bei in einem Körper geborenen Seelen nicht selten der Verstand. Dieser lässt sich durch Einflüsse der Gesellschaft verblenden, ablenken und einschüchtern. Erst wenn der Verstand schweigt, kommt die Seele in Fahrt. Sie erzählt von ihren Potenzialen, Träumen und Hoffnungen. Sie kann auch enttäuscht, ernüchtert und hoffnungslos werden.

Die Seele bringt eine sehr klare Idee ihrer Möglichkeiten mit in den Körper. Kinder haben im Gegensatz zu vielen erwachsenen Erdenbürgern eine sehr gute Verbindung zur Seele. Sie spüren diese, sie wissen, was sie möchten, und würden ihr gern folgen. Erwachsene, Eltern und andere erziehungsberechtigte Personen handeln leider sehr oft gegen diese spontane Kommunikation der Kinder. Ohne schlechte Absichten reden sie den Kindern ein, dass die Seelensprache Fantasie wäre und in der Welt der Erwachsenen keinen Platz hätte.

Irgendwann müssen viele Seelen erkennen, dass das Menschlein, in dem sie sich befinden, resigniert und die Verbindung gekappt hat. Logischerweise macht das die Seele traurig. Oft hält sie dann ihre Informationen zurück und wartet in der Hoffnung, dass der Mensch irgendwann wieder auf sie hört. Findet sie den passenden Moment, so macht sie sich stark bemerkbar und wartet gespannt darauf, ob der Mensch wieder zuhört.

Gott sei Dank gibt es tatsächlich Menschen, die Bereitschaft zeigen und wieder zuhören. Diese sind bereit, ihr Leben der Seele anzupassen. Andere hören zu, erschrecken oder bekommen Angst und wenden sich wieder ab. In diesen Fällen wartet die Seele wieder geduldig. Jahrelang schlummert sie im Körper, in der Hoffnung, es gäbe eine weitere Möglichkeit der Kommunikation.

Für eine Seele ist es traurig, einen Körper verlassen zu müssen, ohne dass eine direkte Kommunikation stattgefunden hat. Dennoch bleibt ihr in vielen Fällen nichts anderes übrig, als wieder zu gehen und zu hoffen, dass sich in einer nächsten Existenz bessere Möglichkeiten der Kommunikation ergeben.

Seele und Körper sind im Idealfall ein perfektes Team. Die Seele kennt ihre Talente, hat Verbindungen zu geistigen Welten, die Möglichkeit, Vergangenheit und Zukunft aus der *Vogelperspektive* verstehen zu können, kennt Ursachen und Wirkungen, die aus menschlicher Sicht nicht wahrnehmbar sind, oder hat die Möglichkeit, Reisen hinter Raum und Zeit zu unternehmen. Reisen hinter Raum und Zeit sind Träume, Astralreisen in andere Welten oder Reisen in Vergangenheits- und Zukunftsaspekte, um diese erkennen zu können.

Der Menschenkörper bewegt sich auf dem Planeten, kann arbeiten, Geld verdienen und Menschen kontaktieren, um so sein Talent oder seine Lebensaufgabe auszuführen. Die Seele ohne den Körper kann nur sehr begrenzt auf der Erde aktiv werden, um ihr Potenzial auszudrücken. Der Körper ohne die Seele irrt hilflos um den Globus herum und hat kaum Möglichkeiten, seine Talente wirklich kennenzulernen.

Seelen altern im Gegensatz zum physischen Körper nicht. Sie bleiben, soweit ich das überblicken kann, auf ewig kraftvoll. Es scheint Seelen zu geben, die älter sind als andere. Woher Seelen kommen und wie es sich erklären lässt, dass es immer mehr Menschen gibt und neue Seelen irgendwo entstehen müssen, kann ich leider nicht beantworten. Es gibt unzählige Theorien, die sich zum Ursprung der Seelen äußern. Vielleicht ist eine dieser Theorien sogar richtig. Mit Bestimmtheit wird es jedoch niemand wissen.

Wohin die Seele nach dem Tod wandert, das hingegen weiß ich mit Bestimmtheit. Ich habe schon unzählige Seelen verstorbener Menschen gesehen. Manche, die sich erst seit Kurzem vom Körper gelöst haben, andere, die schon sehr, sehr lange vom Körper getrennt sind.

Allerdings hatte ich bisher nur wenige Möglichkeiten, Seelen beim Verlassen des Körpers zu begleiten. Es sieht und fühlt sich ganz anders an, wenn man eine Seele, die den Körper verlässt, direkt vor sich hat oder das Ganze über das Fernsehen begleitet.

In den meisten Fällen ist die Trennung von Körper und Seele schwierig. Selbst Menschen, die während des Lebens großzügig vom Sterben gesprochen haben und davon überzeugt waren, keine Angst vor dem Tod zu haben, werden im entscheidenden Moment plötzlich wieder unsicher und ängstlich. Festklammern ist die Reaktion.

In diesen letzten Minuten, manchmal auch Stunden, versucht der Körper, die Seele an sich zu binden. Im Gegensatz zum Körper ist die Seele nicht an den Körper gebunden. Für die Seele findet mit dem Verlassen des Körpers eine Transformation in eine nächste Ebene statt. Für den Körper ist der Moment des Sterbens das definitive Ende. Wissenschaftler versuchen seit Jahren, eine Möglichkeit zu finden, den Körper unvergänglich(er) zu machen. Der Erfolg war bisher eher dürftig. Die Seele wird über diese Versuche vermutlich schmunzeln. Die Angst vor dem Alter und dem Sterben ist ein Zeichen der Distanzierung zur Seele.

Stellt sich der Mensch über Gott, glaubt er sich über sämtliche Gesetze stellen zu müssen, so kann er langfristig nicht erfolgreich werden. Noch nie war eine Gesellschaft so fanatisch davon besessen, das Altern des Körpers hinauszuzögern, wie die unsere. Noch nie war eine Gesellschaft so weit entfernt von sich und der Seele.

Meditieren, sich Zeit nehmen, die Stimme der Seele wieder zu hören, bringt Ruhe und Vertrauen ins Leben. Legenden und Märchen füllen Bände mit Helden und Heldinnen, die sich, von einer Vision getragen, führen ließen. Im Namen der göttlichen Eingebung wurden Länder geboren, Kriege gekämpft, Lieben kreiert, Intrigen geführt.

Der Verstand kann kurzfristig nie den ganzen Plan der Seele verstehen. Trotz des Vertrauens ist es wichtig, die

Stimme der Seele oder das, was wir glauben, dass es die Stimme der Seele sein könnte, manchmal zu analysieren.

Allzu leicht kann sich das menschliche Ego einschleichen und sich als Intuition ausgeben. Vorsicht ist geboten. Wie bei einer Gratwanderung über steile Klippen muss auch hier Schritt für Schritt vorsichtig gemacht werden. Um Müdigkeit rechtzeitig zu spüren, ist es wichtig, sich Pausen zu gönnen. Die innere Stimme, verliert man plötzlich die Kontrolle, kann ohne Weiteres unproduktiv und gefährlich werden. Genialität schlägt dann gnadenlos in Wahnsinn um, entfacht Kräfte, die nur sehr schwer wieder unter Kontrolle zu bringen sind. Ist man sich dieser Gefahren bewusst, gibt es verschiedene Möglichkeiten der Vorbeugung: In sich gehen, meditieren und spüren, ob sich die Qualität der Stimme noch so wie zu Beginn anfühlt, ist eine davon. Auch Reality-Check, also ein Abstimmen der inneren und äußeren Wirklichkeit miteinander ist möglich. Dazu unterhält man sich mit Menschen, denen man vertraut, um Rückmeldungen über die eigenen Handlungen zu bekommen. Man kann sich ebenfalls »out of the box« beobachten, indem man versucht, sich seine Taten aus der Vogelperspektive anzusehen. Eine gewisse Distanz kann helfen, die Umstände zumindest etwas neutraler zu sehen.

In absoluter Hingabe und der Möglichkeit, dass alles göttlich ist, wären meine Ratschläge atheistischer Natur. Viele, zu ihrer Zeit als Ausgestoßene, Verdammte, Verrückte oder sogar Bösartige deklariert, wurden später als Helden, Heilige, begnadete Künstler oder große Staatsmänner gepriesen. Diese Worte möchten keine moralische Lehre sein, sondern ein Ansporn, der Seelenstimme mehr zu vertrauen. Finden sich Seele und Intellekt in Harmonie und Einklang, ist die Möglichkeit der stimmigen Führung eine gute Voraussetzung.

Die Moral der Geschichte …

Im Alten Testament bestrafte Gott die Menschen wegen ihrer Selbstüberhebung beim Turmbau zu Babel mit Sprachverwirrungen und zerstreute sie über die ganze Erde. Noch wilder trieben es die Götter und Halbgötter auf dem Olymp. Sie bestraften die Sterblichen nicht nur, sie griffen sogar direkt in Kampfhandlungen ein und veränderten den Lauf der Geschichte.

In den Jahrhunderten und Jahrtausenden danach versuchten Philosophen oder Religionsführer, dem Göttlichen einen Anstrich der Perfektion zu geben. Humanisten oder ewige Romantiker hofften und hoffen immer noch auf eine Besserung der Menschheit. Spätestens seit den Gräueln des 20. Jahrhunderts dürften wir erkannt haben, dass weder Gott noch wir Menschen uns auch nur im Geringsten gebessert haben. Gerade in spirituellen oder religiös fanatischen Kreisen leben die Menschen gern nach extremen moralischen Vorstellungen. In indischen Ashrams, Wochenendseminaren oder bei Gruppentreffen wird immer wieder definiert, wie wichtig es sei, ein guter Mensch zu sein. Menschen lösen sich aus ihrer kulturellen Glaubensstruktur, um sich neuen Strukturen zu unterwerfen. Subjektive Regeln werden so schnell zu einer universellen Wirklichkeit.

Egal in welchen Religionen wir uns umsehen – bei Christen, Juden, Moslems, Buddhisten oder anderen Glaubensrichtungen – überall herrscht in den obersten Riegen eine Dekadenz und Verlogenheit. Moral (oder Ethik) wird zum Instrument für das Fußvolk, genauso wie gesellschaftliche Regeln dazu dienen, den einfachen Bürger unter Kontrolle zu halten.

Die moralische Freiheit ist eine der ersten erstaunlichen Erkenntnisse, die ein Suchender macht. Je tiefer man in die Tiefen der Seele eintaucht, umso mehr Freiheit findet sich.

Es erstaunt auf den ersten Blick, dass weder Geistführer noch Schutzengel uns Ketten anlegen möchten. Analysieren wir aber ein wenig die Geschichte, so erkennen wir sehr schnell, wie viele Propheten Visionen mit blutigen Ausgängen hatten. Erst viel später konnte man Sinn und Zweck solcher Handlungen erkennen.

Nicht selten kann die eigene Intuition nur schwer vorstellbare Handlungen fordern. Manchmal wirken diese egoistisch, moralisch nicht direkt nachvollziehbar oder den gesellschaftlichen Gesetzen nicht immer entsprechend. Welcher Prophet oder Weise aber wurde zu seiner Zeit verstanden und akzeptiert? Was wäre die Welt ohne Revolutionäre wie Jesus, Buddha oder Gandhi? Wie viele der Apostel waren Verfolgte in ihrer Gesellschaft? Unzählige Beispiele bekannter und weniger bekannter Helden, die irgendwann im Gefängnis waren, finden sich in Politik, Kunst oder Wissenschaft.

Wer bei jedem Schritt auf äußere Werte achtet und Angst hat vor wirklichen Konfrontationen zwischen der gesellschaftlichen und seelischen Wirklichkeit, sollte den Weg der Intuition besser gar nicht erst gehen.

Meditationen sind wunderbare Landkarten, um sich auf den unendlichen Pfaden der Seele zurechtzufinden. Im vorliegenden Buch habe ich zwei Meditationen beschrieben, die dabei helfen, das *Dritte Auge* der Intuition zu öffnen (➤ Seiten 93, 101, 146 ff., 211, 213, 296, 325).

Der Intuition zu folgen ist mit einem Märchen zu vergleichen. Das Leben wird zu einem neuen Abenteuer. In Märchen gibt es immer einen Helden, der einen Schatz oder eine holde Dame sucht. Auf dem Weg zum Ziel gibt es verschiedene Hindernisse, es gibt böse und gute Menschen.

Der wirkliche Held ist jener, der sich vom Weg nicht abbringen lässt und ohne Selbstzweifel an den Weg glaubt. Dennoch kommt keiner dieser Helden darum herum, die eine oder andere Schlacht zu schlagen. Natürlich kommt dabei auch Feind oder Freund um, oder der Held wird verletzt. Ein Held, der nicht bereit ist, der Gefahr ins Auge zu sehen, hat den Kampf bereits verloren. Ein Held, der nicht bereit ist zu kämpfen und auch mal richtig böse zu werden, hat ebenfalls keine Chance im Abenteuer.

Die Moral der Geschichte ist, dass es keine Moral gibt!

4

Intuition und Kriminalistik

Das Pro und Contra übersinnlicher Fähigkeiten in der Kriminalistik

»Es sei daher gestattet, an die Fachgenossen die Mahnung anzuknüpfen, in fremden Gebieten nach für uns Wichtigem zu spüren und das Gefundene den anderen mitzuteilen« (Fritz Gross, Herausgeber des *Archives für Kriminalanthropologie*, 1899).

Die deutsche Fachzeitschrift Kriminalistik (Hrsg.: Kriminalistik-Verlag, Heidelberg) hat sich in mehreren Ausgaben mit dem Thema Intuition und Polizeiarbeit auseinandergesetzt. Befürworter und Gegner haben ihre Argumente wiedergegeben.

Dr. Wolf Wimmer, früherer Vorsitzender Richter am Landgericht Mannheim, vertrat in der Kriminalistik, Ausgabe 3/1978, eine sehr kritische und radikale Einstellung. Seine Ansicht dürfte allerdings, wie auch das Ausgabedatum der Zeitschrift zeigt, veraltet sein. Die Zusammenfassung seines Artikels liest sich folgendermaßen:

»Die seit einiger Zeit zu beobachtende Neu-Verbreitung alt-abergläubischer Vorstellungen durch sogenannte Parapsychologen verführt wohl Uniformierte immer wieder dazu, in schwierigen Kriminalfällen Aufklärung auch durch den Einsatz von ›Hellsehern‹ zu versuchen. Dabei ist seit gut fünfzig Jahren bekannt, dass dies ein Irrweg ist, auf dem schwere Gefahren für unsere Rechtssicherheit lauern.«

Im Artikel zeigt er anhand verschiedener Beispiele, dass ASW (Außergewöhnliche Wahrnehmung) bislang völlig erfolglos war bei der Verbrechensbekämpfung, noch kein einziges Verbrechen sei durch ASW geklärt worden. Hätte Dr. Wimmer sich einmal die Zeit genommen und inzwischen meine Webseite gelesen, so wäre er zumindest etwas offener gegenüber dem Thema gewesen. Ich erwähne immer wieder, dass mediale Hinweise nie als einziges Hilfsmittel zur Verbrechensaufklärung eingesetzt werden dürfen. Zumindest in diesem Punkt gebe ich ihm recht. Als Ergänzung zu traditionellen Aufklärungsmethoden hingegen können sie sehr hilfreich sein.

Zum Schluss seines Artikels verrennt sich meiner Meinung nach Dr. Wimmer in seinem beinahe blinden Fanatismus gegen Hellseher. So schreibt er, dass die geistigen Vorfahren der ASW-Denunzianten die berüchtigten Hexenfinder waren. Diese hätten dazu gedient, »hellsichtig« Hexen im Ort aufzuspüren, und hätten sich dann dafür aus dem Vermögen der Hingerichteten reich belohnen lassen. Diese Aussage ist sicher nicht ganz falsch. Der Autor dieses Artikels vergaß nur zu erwähnen, dass viele der verbrannten »Hexen« Heiler oder intuitiv talentierte Menschen waren, die von der Kirche für ihre Kräfte verurteilt wurden. Dr. Wimmer denunziert medial veranlagte Menschen der »Hexenfinderei« und erhebt sich mit seinen Aussagen zu einer Art modernem Großinquisitor, indem er über andere urteilt und diese verteufelt.

In der Ausgabe 4/2011 der Zeitschrift schreibt Oberrat Magister Dr. Ernst Vitek, Leiter der psychologischen Mitarbeiterbetreuung für Beratung, Coaching und Supervision der Bundespolizeidirektion Wien, in seinem Artikel »Die Kraft der Intuition« unter anderem Folgendes: »Sich auf sein Gespür zu verlassen, in den jeweiligen Situationen richtig zu handeln, neue Herausforderungen zu meistern, machen es erforderlich, diese Fähigkeit (die Intuition, Anm. d. Autors) unbewusst in Anspruch zu nehmen. Sehr oft geschieht das, ohne richtig darüber nachzudenken und sich bewusst mit der betreffenden Lage auseinanderzusetzen. Rational ist das jeweilige Handeln, die stattfindende Reaktion, schwer oder gar nicht zu erklären (...) Mittlerweile hat die Wissenschaft zahlreiche Forschungen angestellt, die belegen, dass intuitives Vorgehen in vielen Fällen komplizierten Entscheidungsverfahren überlegen ist.«

Dr. Vitek setzt sich in seinem Artikel seriös und sachlich mit der Intuition in polizeilichen Untersuchungen auseinander. Er sieht die Intuition als Teilaspekt des menschlichen Wesens.

»Im Polizeiberuf«, schreibt er, »regieren nach außen hin scheinbar fast ausschließlich Gesetze, Vorschriften und Richtlinien. Für Intuition und eine Rücksichtnahme auf die Gefühlswelt ist auf den ersten Blick nicht sehr viel Platz. Dabei handelt es sich aber sicherlich um einen fatalen Irrtum. Wer sich genauer mit dem Thema beschäftigt, wird bemerken, dass Intuition, das Bauchgefühl, der sogenannte sechste Sinn, gerade in der Polizeiarbeit einen wichtigen Platz einnehmen. Welcher Polizist hat im Zuge von polizeilichen Ermittlungen oder Aktionen nicht schon einmal den richtigen ‚Riecher' gehabt, sich auf eine Spur geheftet, obwohl fast alle Fakten dagegen sprachen? Wenn sich dann diese Vermutungen oder Gefühle als richtig herausstellen, ist die Freude über den Erfolg groß.

Anderseits fragt man sich oft, wie es zu diesen Ideen und Gedanken gekommen ist und wie sich diese verifizieren lassen. Die Wissenschaft, so auch jene, die sich mit Polizeiarbeit beschäftigt, steht hier sichtlich noch am Anfang und nähert sich diesem Thema nur mit großer Skepsis an.«

Weiter schreibt er, dass langjährige Berufserfahrung dazu beitrage, die richtigen Entscheidungen zu fällen. Sachlich beschreibt er, wie die Wissenschaft Begriffe wie *Präkognition* als Vorauswissen definiert. Es sei die Fähigkeit eines »zweiten Gesichts«, wenn jemand zukünftige Ereignisse vorausahnen oder voraussehen kann.

Ein sehr interessanter Versuch medialer Zusammenarbeit mit der Polizei wird auch in der Kriminalistik, Ausgabe 10/2011, beschrieben. Mark Benecke, International Forensic & Consulting, Autor und Sachverständiger für kriminalistische Sicherung in Köln, veröffentlichte sein Experiment unter dem Titel »Einsatz von übersinnlichen Fähigkeiten – Test eines ‚Mediums' bei Tötungsdelikten«.

Der Autor ließ ein weibliches Medium fünf völlig unbekannte Fälle beschreiben. Das Medium hatte außer einer Fotografie des Tatortes, des Opfers und eines Gegenstandes, der am Tatort zu finden war, nichts in der Hand. Sachlich beschreibt der Autor die Grundsituation des Verbrechens, stellt diese den Aussagen des Mediums gegenüber und vergleicht zum Schluss die Fakten des Falles mit den Aussagen des Mediums.

Interessanterweise war einer der Fälle gar kein Verbrechen, dennoch beschrieb das Medium ein solches. Er kam daher zu dem Schluss, dass mediale Hinweise für die polizeiliche Arbeit nicht hilfreich seien.

Zusammenfassend beschreibt er, warum Außenstehende bei medialen Hinweisen einen nutzbaren Zusammenhang sehen können, den die Polizei aber nicht verwenden kann. Weil sich vorab nicht feststellen lässt, welche der medialen Hinweise korrekt und welche es nicht sind beziehungsweise welche noch ausgelegt werden müssen, werden die Ermittlungen dadurch nicht erleichtert, sondern erschwert. Blindes Vertrauen in mediale Hinweise ist, wie der Artikel von Mark Benecke zeigt, nicht empfehlenswert. Zum Schutz der medialen Arbeit sei noch gesagt, dass das für sämtliche Aspekte des Lebens oder Berufsgattungen gilt.

Kurz nach den Anschlägen vom 11. September 2001 war ich in New York eingeladen, um Vorträge vor UNO-Angestellten und Diplomaten der UNO zu halten. Die Räumarbeiten am *Ground Zero* waren noch weit davon entfernt, abgeschlossen zu sein. Ich hatte damals die Gelegenheit, den Ort des Unglücks zu besuchen, und war schockiert vom Ausmaß der Zerstörung. Bei dieser Gelegenheit lernte ich einen Polizisten, Nick, aus Miami kennen. Er war freiwillig nach New York gekommen, um bei den Aufräumarbeiten zu helfen. Er erzählte mir, dass er mehrere Kurse besucht hatte, die dazu dienten, den Polizisten das Verständnis der Intuition näherzubringen. Die Beamten lernten, wie die Intuition funktioniert und wie sie effektiv eingesetzt werden kann.

Er zeigte uns das am Beispiel einer Verfolgung. Fährt oder rennt ein Beamter einem Verbrecher hinterher und verliert dessen Spur, kann die Intuition den richtigen Weg zeigen. Er selbst, so gab er uns zu verstehen, vertraue zu hundert Prozent seiner Intuition. Schon öfter hätte sie ihm den richtigen Weg gewiesen oder geholfen, eine Entscheidung zu treffen – erfolgreich!

In meinen zwanzig Jahren medialer Arbeit habe ich unzählige Beamte und Agenten getroffen, die auf die Kraft der Intuition vertrauen. Egal was Kritiker meinen oder wie oft

Medialität verpönt wird, ich kenne ihre Möglichkeiten und Vorteile. Zum Glück gibt es überall Menschen, die ein offenes Ohr und das richtige Gefühl für Intuition haben. Jeden Tag gibt es mehr von ihnen, und vielleicht wird es in Zukunft möglich sein, über Intuition und die Kraft der Medialität so offen und frei zu sprechen wie über die Kunst oder das Wetter.

Hellsehen und Polizei

Interview

Im Herbst 2011 traf ich mich das erste Mal mit Frau R. W. in Basel zu einem Gespräch. Frau W. hatte von meiner Arbeit gehört und ein Buch von mir gelesen und wollte mehr über meine Erfahrungen mit Vermisstenfällen wissen. Wir trafen uns in einem Café in der Nähe des Bahnhofs in Basel zu einem Interview. Kurz nach diesem Gespräch hatte ich die Idee, Frau W. ebenfalls zu interviewen, und zwar für mein neues Buch.

Im Frühling 2012 traf ich Frau W. zum zweiten Mal, auch wieder in Basel. Dieses Mal hatte ich den Fragebogen in der Hand und den Zeigefinger am Mikrofon.

MZ: Frau W., vielen Dank, dass Sie sich für dieses Interview zur Verfügung stellen. Sie sind seit einigen Jahren Bundesangestellte bei fedpol (Bundesamt für Polizei) und persönlich sehr am Thema Medialität und Intuition interessiert. Sind Sie intuitiv?

RW: Ja, ich denke jeder Mensch hat diese Fähigkeit.

MZ: Machen Sie täglich Meditationen, und hören Sie bewusst auf Ihre Intuition?

RW: Situativ bedingt. Meditation ist ein weiter Begriff. Ich denke, dass ich unbewusst viel auf meine Intuition höre. Ich lasse viel in meinen Alltag einfließen, egal ob beruflich oder privat.

MZ: Haben Sie sich bereits vor Ihrer polizeilichen Tätigkeit für Hellsichtigkeit und Medialität interessiert?

RW: Ich denke, unbewusst schon. In meiner jetzigen beruflichen Tätigkeit wurde das Interesse durch einen Arbeitskollegen verstärkt. Ganz früher habe ich mich mit Astrologie beschäftigt, hatte also bereits Interesse an spirituellen Methoden. Ich würde dies als Vorstufe ansehen, dank dem Arbeitskollegen konnte ich die Themen dann vertiefen. Ich fing an, mir Fragen zu stellen, wie zum Beispiel, was passiert nach dem Tod, und öffnete mich überhaupt erst für Spiritualität, sicher auch bedingt durch einen Todesfall in meinem näheren Umfeld.

MZ: Kam das Thema Intuition in Ihrer Ausbildung zur Sprache?

RW: Nein, gar nicht!

MZ: Überhaupt nicht?

RW: Nein!

MZ: Ein guter Bekannter in den USA war bei einem SWAT (Special Weapons and Tactics Team) in Florida. Seit Kurzem ist er bei einer Spezialeinheit in Washington DC. Kurz nach dem 11. September 2001 war ich in New York. Dort erzählte er mir, dass seine Einheit speziell in Kursen trainiert wurde, um die Intuition zu schulen. Kennen Sie solche Übungen aus Ihrer Ausbildung oder Arbeit?

RW: Gar nicht.

MZ: Können Sie mit Ihren Vorgesetzten über die Kraft der Intuition sprechen?

RW: Ja, ich denke schon. Ich »verkaufe« das Thema jedoch anders. Ich passe es an. Ich würde Begriffe benutzen, wie: »Ich habe das Gefühl« oder: »Ich vermute, dass …«

Sätze wie: »Ich habe darüber meditiert« oder: »Ich hatte eine Vision« könnte ich nicht bringen. Ich muss es *codieren*, um es alltagstauglich zu machen.

MZ: Codieren, der Ausdruck gefällt mir sehr!

(Wir lachen beide)

MZ: Wie verhalten sich Ihre Kollegen, wenn Sie mit ihnen über Hellsichtigkeit sprechen?

RW: Sehr unterschiedlich! Grundsätzlich sind sie offen und am Thema interessiert. Oft wissen die meisten nicht wirklich, um was es dabei geht oder was es beinhaltet. Auf der anderen Seite haben viele eine Vormeinung oder falsche Vorstellungen. Vieles ist unklar. Im Grunde offen, man kann darüber diskutieren, verschiedene Meinungen werden ausgetauscht. Meine Erfahrung zeigte mir, dass es zwei Lager gibt. Entweder man ist dem Thema gegenüber offen eingestellt und nimmt es an oder nicht. Zum Glück sind nur sehr wenige wirklich total verschlossen und wehren von Anfang an ab. Der Polizist an sich ist sehr kopflastig, alles muss beweisbar sein. Auf der anderen Seite spricht man von einer Spürnase oder Kommissar *Zufall*. Wie schon erwähnt, wird es einfach anders formuliert. Zum Schluss jedoch werden sämtliche Erfahrungen oder Eingebungen der Intelligenz und nicht der Intuition oder gar einer höheren Kraft zugeschrieben.

MZ: Haben Sie sich schon über das Thema mit Kollegen aus anderen Ländern unterhalten?

RW: Nein, über dieses Thema noch nie.

MZ: Warum möchten Sie untersuchen, wie stark die Medialität bei der Polizei eingesetzt wird?

RW: Ich möchte herausfinden, ob es ein taugliches Mittel für die Polizeiarbeit ist, ob es weiterhelfen kann. Man liest beispielsweise viel über Medialität in den in- und ausländischen Medien im Zusammenhang mit der Polizei, viele Leute sind daran interessiert. Ich möchte erfahren, ob dank der Kraft der Intuition ein nutzbarer Mehrwert vorhanden ist. Es interessiert mich, ob es die Möglichkeit geben könnte, die zwei Aspekte, Medium und Polizei, zusammenzubringen. Polizisten sind schlussendlich auch nur Menschen und können wie jedermann Unterstützung gebrauchen. Der Polizist ist Profi in seiner Arbeit, und dann gibt es Menschen wie Sie, der Profi fürs Mediale ist. Es würde mich interessieren, ob es da eine sinnvolle Zusammenarbeit geben könnte.

MZ: Was passiert, wenn sich jemand bei der Polizei meldet und mediale Hinweise geben möchte? Wird solchen Informationen nachgegangen?

RW: Grundsätzlich nicht. Das Problem ist, dass sich extrem viele Menschen immer wieder melden. Die meisten Menschen haben das Bedürfnis zu helfen. Speziell bei Fällen, die stark in der Presse behandelt werden, oder wenn es sich um Kinder handelt. Für die Polizei ist es dann nicht mehr möglich, mit der Flut der Informationen umzugehen. Es fehlen Qualitätsmerkmale. Was ist seriös und was nicht? Vergleichbar einer Nadel im Heuhaufen. Es gibt nicht die Möglichkeit, sämtlichen Informationen nachzugehen. Es hängt meistens auch von der Person ab, die diese Art von Informationen entgegennimmt. Manche sind offen dafür, andere überhaupt nicht. Die Chance ist also sehr gering, dass einem solchen Hinweis effektiv auch nachgegangen wird.

MZ: Ich persönlich habe in der Schweiz schon öfter versucht, der Polizei Informationen zukommen zu lassen. In den meisten Fällen stieß ich auf verschlossene Ohren. Kann es sein, dass die Schweizer Polizei in Zusammenarbeit mit medialen Profilern etwas zu konservativ eingestellt ist?

RW: Auf keinen Fall sind alle Polizisten gegenüber medialen Informationen verschlossen. Die Polizei arbeitet mit Fakten, nur wenige Beamte möchten sich zu weit aus dem Fenster lehnen, sie haben Angst, unseriöser Arbeit nachzugehen. Auf der anderen Seite gibt es in Ländern wie der USA auf jeden Fall mehr Offenheit. Der Schweizer ist hier bestimmt etwas zu verschlossen.

MZ: Denken Sie, dass die Polizeistellen heute mit medialen Hinweisen ernster umgehen als – sagen wir – noch vor zehn oder fünfzehn Jahren?

RW: Diese Frage kann ich so nicht direkt beantworten. Ich denke aber, dass die Polizei heute dank der technischen Entwicklungen weniger auf mediale Hinweise angewiesen ist. Zum Beispiel im Bereich der Spurensuche haben wir heute Möglichkeiten, die wir vor zwanzig oder dreißig Jahren noch nicht hatten. Vielleicht war man daher noch mehr auf mediale Hinweise angewiesen oder stand diesen auch offener gegenüber.

MZ: Aus verschiedenen Ländern weiß ich aus persönlicher Erfahrung, dass nicht nur die Polizei, sondern auch Geheimdienste aktiv mit medialen Informationen arbeiten. Was können Sie uns darüber die Schweiz betreffend erzählen?

RW: Ich kann diese Frage leider nicht beantworten, weil mir die Informationen dazu fehlen. Ich kann mir aber gut vorstellen, dass die zuständigen Stellen in der

Schweiz sich auch im Ausland informieren, um zu sehen, wie wertvoll solche Informationen sein können.

MZ: Kennen Sie *Remote Viewing*, und was halten Sie davon?

RW: Ich habe mich schon mit Remote Viewing auseinandergesetzt. Ich denke, es ist ein gutes Hilfsmittel und kann, seriös angewendet, erfolgreich eingesetzt werden.

MZ: Würden Sie persönlich Remote Viewing anwenden, um bei polizeilichen Untersuchungen zusätzliche Informationen zu bekommen?

RW: In meiner Funktion ist das im Moment nicht möglich. Gäbe es zu einem späteren Zeitpunkt Möglichkeiten dazu, würde ich es bestimmt einsetzen.

MZ: Wissen Sie von einem Fall, der in der Schweiz dank medialer Hinweise gelöst werden konnte?

RW: Bis jetzt leider nicht. Noch habe ich meine Untersuchungen dazu nicht abgeschlossen und hoffe, auf interessante Fälle zu stoßen. Ich kenne einen Fall aus Holland. Dort soll ein Fall direkt mit medialen Informationen gelöst worden sein.

MZ: In meinen Büchern schreibe ich immer wieder, dass mediale Hinweise, egal wo, als ergänzende Quellenbeschaffung sehr hilfreich sein können. Was halten Sie von dieser Aussage?

RW: Ich finde sie richtig und finde es falsch, sich nur auf eine Technik zu verlassen. Eine Kombination ist meiner Ansicht nach das Beste. Nichts spricht dagegen, verschiedene Techniken auszuprobieren, um zu sehen, wie diese zusammen funktionieren könnten.

MZ: Was könnte man tun, damit Hellseher in Ihrem Fach ernster genommen werden?

RW: Für einen Laien ist es schwierig, zu unterscheiden, welcher Hellseher seriös ist und welcher nicht. Im esoterischen Bereich besteht eine Überflutung. Dort einen Überblick zu behalten ist nahezu unmöglich. Im Fernsehen gibt es einzelne Persönlichkeiten, die sehr bekannt sind und meiner Meinung nach dem Ruf des seriösen Hellsehers eher schaden. Es fehlt ein konkretes Qualitätsmerkmal, und es setzt voraus, dass man sich mit dem Thema auseinandersetzt.

MZ: Gibt es bei fedpol so etwas wie eine Liste vertrauenswürdiger Hellseher, die bei Bedarf angefragt werden können?

RW: Nein, dafür haben wir eine sehr lange Dolmetscherliste von etwa 300 Personen, die sehr viele Sprachen und Dialekte abdecken.

MZ: Könnten Sie sich vorstellen, dass man eines Tages Polizeiaspiranten im Bereich der Intuition ausbildet?

RW: Es würde bestimmt nicht schaden, wenn sich Auszubildende mit dem Thema auseinandersetzen würden. Intuition ist eine menschliche Fähigkeit, und sich dieser Fähigkeit bewusst zu werden kann überall sehr hilfreich sein. Gerade wenn es um die *Spürnase* des Polizisten geht, der den richtigen Riecher haben soll und in seiner Arbeit auch ein Stück weit darauf angewiesen ist.

MZ: Frau W., ich danke Ihnen für das interessante Gespräch und wünsche Ihnen viel Erfolg in Ihrer Arbeit.

Verschwunden – Ein Medium sucht Spuren

In den ersten Februartagen des Jahres 2010 erhielt ich eine E-Mail, über die ich mich freute. Eine Produzentin von Sony Pictures in Köln fragte bei mir an, ob ich interessiert wäre, eine mediale TV-Show zu produzieren. Die Idee der Produktion wäre, so erzählte mir die Dame, Vermisstenfälle medial zu analysieren. Ähnliche Konzepte gab es bereits. In den USA versuchte man schon länger, mithilfe medial begabter Menschen neue Hinweise zu Vermisstenfällen zu erhalten. In Neuseeland gibt es bereits etwas länger die Sendereihe *Sensing Murder*. Mehrere Medien analysieren einen Fall und geben ihre Eindrücke wieder. Diese werden dann miteinander verglichen. Im Gegensatz zu *Sensing Murder*, die mit mehreren Hellsehern arbeitet, wollte Sony nur mich vor die Kamera stellen. Meine Informationen sollten von Psychologen oder Polizisten analysiert werden. Man hoffte natürlich, dass verschiedene Fälle gelöst werden könnten. Die Idee gefiel mir sehr gut. In Südamerika hatten wir ähnlich und sehr erfolgreich gearbeitet (➛ Seiten 84, 279 ff.). Das Budget in Europa, so stellte ich mir vor, lässt sicherlich viel Freiraum, um ein spannendes Programm zu entwickeln.

Mehrere Wochen der Verhandlungen und Projektentwicklung standen an. Nach Abschluss der Gespräche und der Einigung entschied sich Sony, zuerst eine Miniserie zu drehen. Der Titel meiner Sendung hieß vielversprechend: »Verschwunden – Ein Medium sucht Spuren.«

Sony schickte mir etliche Fälle, und ich sollte spüren, welche Erfolg versprechend sein könnten. Der Produktionsaufbau zu den einzelnen Fällen war sehr gut gemacht. Ich hatte Fotos der Vermissten und eine Beschreibung des Falls. Einblick in Polizeiakten oder Kontakt mit der Familie der Vermissten wurde mir nicht erlaubt. Die Analysen der Fälle schickte ich an Sony. Die Produzenten besuchten dann die Familienangehörigen der Vermissten und teilten ihnen meine Informationen mit. Jetzt wurde verglichen. Meine Informationen wurden, wenn dies möglich war, mit den Polizeiakten verglichen. Die Familienangehörigen gaben ihrerseits Rückmeldungen. Der Ablauf bei den Fällen war immer identisch, nur Fotos, Namen und Ortschaften änderten sich. Im Gegensatz zur Sendung in Südamerika oder zu anderen Fällen, die ich analysierte, wurde ich hier sehr lange im Dunkeln gelassen. Ich hatte keine Ahnung, wie treffsicher meine Analysen waren.

Erfreulich für mich, die Produzenten und natürlich auch für die Familienangehörigen war, dass sich während der Dreharbeiten einer der Fälle so auflöste, wie ich es vorhergesehen hatte. Einzelheiten aber erfuhr ich auch hier nur sehr vage.

Die Produzenten wollten verhindern, dass es später heißen könnte, ich hätte bereits alles im Vorfeld wissen können. Die Abschirmung von den Fällen war somit gerechtfertigt.

Den ersten Dämpfer bekam ich nach einigen Monaten. Ich erfuhr, dass niemand mit meinen Informationen direkt arbeiten würde. Im Gegensatz dazu gab es in Südamerika immer Polizisten oder sogar Soldaten, die mit meinen Informationen weiterarbeiteten.

Ich kann bei Vermisstenfällen die Regionen eingrenzen oder ein Stadtquartier sehen. Manchmal konnte ich auch genaue Hinweise geben, um eine vermisste Person zu finden. Ich habe bereits beschrieben, wie ich mithilfe des Geistes der verstorbenen Frau vierzehn Jahre nach ihrem Tod ihre Knochen finden konnte.

In einem anderen Fall ging es um ein vermisstes Flugzeug in Bolivien. Das Flugzeug konnte erst Wochen später gefunden werden. Es lag in einem Tal, das ich auf einer Karte angegeben und beschrieben hatte. Leider war die Landschaft so wild und vom Dschungel überwachsen, dass man mit Suchhelikoptern das Flugzeug aus der Luft nicht sehen konnte. Erst ging man davon aus, dass ich mich getäuscht hätte. Später, nachdem das Flugzeug gefunden wurde, stellte sich heraus, dass ich richtig gelegen habe.

Schnell wurde mir nun klar, dass es sehr schwierig sein würde, die Fälle wirklich zu lösen. Sehe ich eine verschwundene Person in einem Wald und kann den Wald auch eingrenzen, heißt das noch nicht, dass man die Person einfach so finden kann. Je nachdem, wie lange die Person verschwunden ist, kann sie auch unter der Erde liegen. Oder wilde Tiere haben die vermisste Person bereits angefressen, und die Knochen sind verteilt. Ich kann nur Hinweise geben und mögliche Gegenden eingrenzen. Um die Person aber zu finden, müsste man Suchhunde haben und Beamte, die bereit sind, stundenlang zu suchen und vielleicht sogar zu graben.

Die Knochen, die ich in Bolivien fand, waren mehr als zwei Meter tief in der Erde vergraben gewesen. Drei Totengräber vom Friedhof gruben stundenlang, um die Knochen zu finden und sie dann freizulegen.

Ich war daher etwas enttäuscht, hoffte aber trotz allem auf einen guten Ausgang.

Lange war meine Arbeit sehr trocken. Ich saß zu Hause, sah mir Fotos und Landkarten an, meditierte und schrieb meine Reporte. Erst nach vielen Monaten flog ich zum ersten Mal nach Deutschland zum Drehen. Wir starteten in Köln. Pro Sendung sollten immer zwei Fälle analysiert werden. Die Miniserie bestand aus drei Sendungen, also insgesamt sechs Fällen. Pro Dreh arbeiteten wir immer an einer Sendung.

Die Fälle waren über fast ganz Deutschland verteilt. Mit meistens demselben Team fuhren wir an die verschiedenen Orte, an denen die Fälle spielten. Einige Personen sah ich noch lebend. Ich konnte Orte ausfindig machen, weiß aber bis heute nicht, ob ein betroffenes Familienmitglied mit meinen Hinweisen Recherchen anstellte. Sah ich die vermisste Person tot, so fuhren wir in die Gegend, in der ich die Leiche vermutete. Mehr als vor laufender Kamera meine Eindrücke wiederzugeben, konnte ich leider nicht machen. Es blieb nichts anderes übrig, als unverrichteter Dinge wieder abzuziehen.

Ich weiß, dass meine Informationen auch an die Polizei weitergegeben wurden. Ich weiß aber auch, dass die Polizei nicht viel von meiner Arbeit hielt und, soweit ich informiert bin, diese auch gar nicht weiter verfolgte.

Die Sendung wurde im April und Mai 2011 auf *RTL 2* ausgestrahlt. Die Einschaltquoten waren bei der ersten Sendung durchschnittlich. Bei den folgenden Sendungen stiegen die Quoten kontinuierlich an. Das war wohl auch der Grund, warum Sony nach dem Ende der ersten Staffel mit dem Kanal weiter in Verhandlungen blieb. Eine zweite

Staffel wurde aber leider nie in Angriff genommen. So endete ein eigentlich sehr spannendes Unternehmen sehr schnell wieder.

Im Vorfeld der Ausstrahlungen gab es eine größere und gut organisierte Pressekampagne. Die Reaktion nach den Sendungen war eher bescheiden. Für mich aber war die Erfahrung mit »Verschwunden – Ein Medium sucht Spuren« sehr lehrreich.

Wir sind im 21. Jahrhundert. Das Internet-Fernsehen wird immer stärker. Heute habe ich mehrere sehr interessante Projekte vor laufender Kamera im Internet-Fernsehen. Ich möchte mich auf jeden Fall verstärkt mit diesem Medium auseinandersetzen. Meine Erfahrungen in Deutschland für RTL 2 sind mir dabei sehr hilfreich.

Der tote General

Sämtliche in meinen bisherigen Büchern beschriebenen Beispiele waren abgeschlossene Fälle. In diesem Abschnitt möchte ich nun von einem Fall berichten, der während des Schreibens dieses Buches neu aufgetaucht ist, sich weiter entwickelte und je nach Verlauf irgendwann abgeschlossen wird oder auch nicht.

Der Libanonkonflikt im Mai 2008

Medialität ist wie einige andere Mittel eine gute Unterstützung im täglichen Leben. Aber auch mediale Menschen sind nicht perfekt. Fehler kommen genauso vor wie in anderen Berufen auch. Bisher ging es darum, wie sich Visionen, Bilder und bewegte Sequenzen vor meinem geistigen Auge darstellen. Sie sind eine wichtige Grundlage für die mediale Arbeit. Analyse und Interpretation dieser Sequenzen aber sind eine Kunst, die Feingefühl und Erfahrung verlangt. Am sichersten ist es, Visionen so wiederzugeben, wie sie empfangen wurden. Meist wird jedoch vom Kunden eine Interpretation verlangt. Aber Vorsicht: die Interpretation kann durch subjektive Eindrücke wie persönliche Erfahrungen, Unsicherheiten und Erwartungen beeinflusst sein. Im Folgenden geht es um die Kunst der Analyse und mögliche Fehlerquellen.

Israel griff im Sommer 2006 den Libanon an. Damals lebte ich in New York und war dem unangenehm feuchtheißen Sommer ausgesetzt. An dem politischen Konflikt interessiert, versuchte ich, nach Israel oder in den Libanon zu reisen, da ich den Krieg vor Ort für Presse, Politiker oder Militär analysieren wollte. Ich kontaktierte verschiedene Pressestellen, versuchte, mit Botschaften in Verbindung zu treten und über Einzelpersonen eine Möglichkeit zu bekommen, in den Nahen Osten zu reisen. Da das aber alles nicht klappte, musste ich mich mit einer Kriegsprognose für Univision, dem bekanntesten spanischsprachigen Fernsehsender der USA, begnügen. Meine Prognosen waren, wie praktisch immer in solchen Fällen, richtig.

Ein Jahr später, im Oktober 2007, zog es mich nach einer medialen Inspiration unerwartet in den Nahen Osten. Beirut öffnete sich mir jetzt auf natürliche und spontane Weise, und ich zog in den Libanon. Nach fünfzehn Jahren in Südamerika empfand ich dies als eine persönliche und beruflich spannende Herausforderung.

Bei meiner Ankunft glich der Libanon einem Pulverfass. Es kam immer wieder zu gezielten Morden an Politikern. Eines dieser Attentate inspirierte mich, ein Buch zu schreiben. Ich hatte erste Ideen und entwickelte ein Konzept. Leider aber fehlte mir immer wieder die nötige Inspiration zum Schreiben, ich setzte mich immer wieder vergeblich vor meinen Laptop.

Am 12. Dezember 2007 lag ich lesend auf dem Bett, als eine heftige Explosion zu spüren war. Meine Haushälterin teilte mir mit, eine Bombe sei explodiert. Wir schalteten den Fernseher an und sahen nach wenigen Minuten Bilder vom Anschlag. François el-Hajj, ein hoher Militär mit starker antisyrischer Einstellung, war mit drei weiteren Personen getötet worden. Viele andere unschuldige Passanten wurden verletzt. Während die dramatischen Bilder des Anschlags im Fernsehen liefen, spürte ich in mir den über Monate gesuchten kreativen Samen aufgehen und begann am selben Tag zu schreiben.

Basel/Schweiz, 23. Februar 2012

Am frühen Nachmittag erreichte mich eine E-Mail aus Beirut. Eine Dame bat mich um Hilfe. Eine sehr gute Freundin von ihr stand einem General, der bei einem Anschlag umgekommen sei, sehr nahe. Der hohe Militär sei dabei getötet worden. Der Name des Generals war François el-Hajj! Die Freundin und andere Leute bäten um meine Analyse, um zu sehen, wer in das Attentat involviert gewesen sein könnte.

Der Name kam mir bekannt vor. Ich war fasziniert. Es handelte sich um niemand anderen als um jenen General, der am 12. Dezember 2007 ermordet wurde und der mich indirekt zum Schreiben eines Buches angeregt hatte.

Noch am Abend schrieb ich der Dame, um ihr meine Bereitschaft mitzuteilen, dass ich den Fall übernehmen würde. Ich teilte ihr mit, dass in Basel vom 26. bis 29. März Fasnacht (Fasching) sei. Meine Frau und ich würden daran teilnehmen. Ich schrieb ihr, dass es mir erst nach Fastnacht möglich sei, mich um den Fall zu kümmern.

Basel, 1. März

Fasnacht war vorbei, ich war wieder einsatzbereit. Ich schrieb der Dame, dass mir der Fall vertraut sei. Ich erklärte ihr auch wieso und schickte ihr einen Auszug aus dem Buch, der meine Erlebnisse um das Attentat beschreibt. Natürlich übersetzte ich ihr den Text, da sie ja nicht Deutsch sprach.

Nach einer gemütlichen Fahrradfahrt durch den Wald hinter unserem Haus öffnete ich meine E-Mails, um zu sehen, ob Neuigkeiten aus Beirut eingetroffen seien. Tatsächlich! Zwei E-Mails sogar. Die eine von der Dame, die mich kontaktierte hatte, und die zweite von ihrer Freundin. Diese war sehr froh, dass ich den Fall übernehmen wollte, und bat mich, vorsichtig zu sein. Schließlich handle es sich um ein delikates Thema.

Am 2., 3. und 4. März gab ich Seminare in Basel und Zürich. Ich versprach den Damen, mich am Montag oder spätestens Dienstag, um den Fall zu kümmern. Ich war selbst sehr gespannt auf meine Analysen. Genau drei Wochen später würde ich wieder in Beirut sein. Natürlich würde ich die Damen treffen, um den Fall zu besprechen.

Basel, 7. März (1)

Im Internet suchte ich nach Fotos vom General. Für meine Analysen reicht es, wenn ich eine Fotografie vor mir habe. Auf Google gab ich den Namen ein. Dort tauchten viele Fotos auf. Das Foto eingehend betrachtend, überlegte ich mir, was mir zu dem Fall einfällt. Während meiner Zeit in Beirut hatte ich mich viel mit dem Attentat auseinandergesetzt. Der General war sehr antisyrisch und anti-Hisbollah. Ich erinnerte mich, dass in der Presse spekuliert worden war, dass er von syrischen Agenten oder Kollaborateuren umgebracht worden sei. Ich sah mir das Foto an und lehnte mich zurück. Bilder zogen vor meinem inneren Auge vorüber, die ich mir aufschrieb. Später schickte ich meiner Kundin folgende E-Mail: *People involved in the killing where close to him. He knew them very well. It was about revenge. It was not a Syria against Lebanon issue but an internal power issue and it was revenge people took on him.*

I feel a man. He was very very close to him and helped to kill him. The murders don't have to be searched behind the political enemy lines but on his side. It was about power inside the military. His enemies wanted it to appear like a political assassination from the enemy (Syria, Hiz) but it is not.

If it is about resolving the case then people very close to him have to be investigated. Don't look too far if what you are searching is just in front of you.

(Die in den Mord involvierten Personen standen ihm sehr nahe. Er hat sie sehr gut gekannt. Es handelte sich um Rache. Es ging nicht um den Machtkampf zwischen Syrien und Libanon. Es war ein interner Machtkampf, Rache, die ausgeübt wurde. Ich fühle einen Mann. Dieser stand dem General sehr nahe und hat geholfen, ihn zu töten. Die Mörder müssen nicht hinter der feindlichen Linie gesucht werden. Seine Gegner wollten es nach einem rein politisch motivierten Mord aussehen lassen. Will man den Fall lösen, so sollten Personen aus seinem Umfeld untersucht werden. Sucht nicht in der Ferne, ihr findet, was gesucht wird, vor euch.)

Dann wartete ich sehr gespannt auf die Antwort.

Basel, 7. März (2)

Die Antwort ließ nicht lange auf sich warten. Mein Kontakt dankte mir für die Analyse. Meine Hinweise würden internen Vermutungen entsprechen. Ich wurde gebeten, den Fall zu vertiefen und über weitere Einzelheiten zu informieren.

Basel, 8. März

Ich schrieb, dass ich die Familie in Sicherheit sehe. Außerdem schrieb ich ihr, was ich über sie sehen würde und welches ihre nächsten wichtigen Schritte seien. Noch am selben Abend erhielt ich eine Antwort, mit der ich um zusätzliche Hinweise zu den Personen gebeten wurde, die ihm nahestanden und ihn verraten haben.

Basel, 10. März

Das Risiko, per E-Mail involvierte Militärs zu nennen, war mir zu riskant. Ich bot meiner Kontaktperson in Beirut an, bei einem persönlichen Treffen im Libanon das Thema zu vertiefen. Ab dem 29. März würde ich für fünf Tage in Beirut sein und Zeit für ein Treffen haben. Nach weniger als einer Stunde erhielt ich bereits eine Antwort auf meine letzte E-Mail. Wir waren beide der Ansicht, dass dies der sicherste Weg sei, um den Fall voranzutreiben.

Istanbul, 25. März

Die Nacht kehrte ein über dem Bosporus. Die Einzigartigkeit der weltweit einzigen Stadt, die auf zwei Kontinenten steht, hatte mich in ihren Bann gezogen. Unter anderem war ich hier, um ein weiteres Kapitel über Kraftorte zu schreiben. Istanbul ist, wie leider nur wenige Menschen wissen, einer der kräftigsten in Europa.

Ich teilte den Bekannten in Beirut mit, dass ich schon bald in der Stadt sein würde, und schlug vor, ein konkretes Treffen zu vereinbaren. Auf jeden Fall wollte ich genügend Zeit haben, mich um diesen spannenden Fall kümmern zu können. Nach weniger als zwei Stunden erhielt ich eine Antwort. Es wäre besser, so meinte die Person in Beirut, dass wir uns allein und nicht an einem öffentlichen Ort treffen würden. Wir machten ein erstes Treffen für den 30. März aus, beim Frühstück in einem Restaurant in Hamra, dem moslemischen Stadtteil Beiruts. Dort könnten wir dann ein zweites Treffen vereinbaren, das an einem sicheren Ort sein sollte, an dem wir ungestört sprechen können.

Beirut, 30. März

Ich traf meine Kontaktperson zum Frühstück. Wir sprachen über Gott und die Welt, Arbeit, Beirut, Spiritualität und meine Seminare in Beirut. Auf dem Rückweg fuhr sie mich ins Hotel. Im Auto sprachen wir über den Fall. Ich erfuhr weitere Einzelheiten, die für mich wichtig waren und sich exakt mit dem von mir Gesehenen deckten. Ich wurde gebeten, weitere Punkte zu analysieren. Unter anderem interessierte die Person, wer die internen Gegner sein könnten, die den General umgebracht hatten. Wir einigten uns darauf, uns am 3. April, um 16 Uhr, bei mir im Hotel zu treffen. In meinem Zimmer könnten wir ungestört die noch offenen Punkte besprechen.

Beirut, 3. April

Fast pünktlich zur abgemachten Zeit klopfte es an meiner Hoteltür. Ich bat meinen erwarteten Gast herein. Wir setzen uns an den Tisch und tauschten wenige Worte zum vergangenen Wochenende aus. Sonntag war Palmsonntag gewesen, für die Christen im Libanon ein wichtiger Tag. An den Kirchen hingen Palmblätter, die den meist sehr rustikalen Gebäuden einen frischen Anstrich gaben.

Ich wollte von meiner Kontaktperson erfahren, was sie genau wissen möchte. Etwas nervös erzählte sie mir, dass sie vor wenigen Tagen einen Bekannten getroffen habe, der ebenfalls in den Fall verwickelt sei. Die Kontaktperson hatte diesem meine medialen Eindrücke mitgeteilt, ohne preiszugeben, woher die Informationen kamen. Der andere Herr muss sehr beeindruckt gewesen sein, wollte unbedingt wissen, wer die Quelle dieser Einzelheiten sei. Mein Gast wollte jedoch noch nichts Genaueres sagen. Ich soll weitere Einzelheiten zum Fall von ihm erhalten und wurde gebeten, die Situation jetzt zu analysieren. Interessanterweise hatte ich die Richtung der neuen Informationen bereits erahnt und war darauf vorbereitet.

In den folgenden dreißig Minuten vertiefte sich unser Gespräch. Ich gab meine medialen Eindrücke wieder, konzentrierte mich auf Personen, deren Namen genannt wurden und die mir teilweise bekannt waren.

Zum Schluss des Gespräches einigten wir uns darauf, via E-Mail weiterhin in Kontakt zu bleiben. Mein Gegenüber wollte im richtigen Moment mit meinen Informationen auf den Bekannten zugehen, der ebenfalls involviert war. Wir analysierten die nächsten Schritte und mahnten beide zur Vorsicht.

Mein Kontakt war beim Abschied beeindruckt. Meine Hinweise sprachen gegen die öffentliche Meinung des Anschlags, deckten sich jedoch mit den Erkenntnissen, die hinter verschlossenen Türen schon gehandelt wurden. Prekär am Fall war, dass zu dem Zeitpunkt noch aktive Politiker in den Fall verwickelt waren. Zunächst musste man abwarten, um zu sehen, wann Handeln angesagt war. Vielleicht, so hofften wir, würden noch neue Einzelheiten von allein ans Tageslicht kommen.

Mediale Sherlock Holmes

Die Kraft der Intuition ist heute weitverbreitet und wird in praktisch sämtlichen Lebenssituationen eingesetzt. In der Kunst, aber auch bei alltäglichen Situationen kann die Intuition nicht mehr weggedacht werden. Medialität hat ohne Zweifel viel mehr Möglichkeiten, als dem Großteil der Bevölkerung bewusst ist und von ihr akzeptiert wird. Die Intuition zeigt einem Schnüffelhund gleich dem menschlichen Auge unsichtbare Spuren. Nicht selten logischen Analysen entgegenstehend, zeigt sich nachträglich die Richtigkeit intuitiver Hinweise.

Bei meiner Arbeit gehe ich von einer Richtigkeit von ungefähr achtzig Prozent aus. Lege ich meine intuitiven Fakten auf den Tisch, so bin ich immer davon überzeugt, dass zumindest ein großer Teil meiner Analysen richtig ist. Es wäre allerdings übertrieben, ja überheblich, zu glauben, meine Hinweise seien unfehlbar.

Möchte ein Interessent sein intuitives Talent zur Spurensuche einsetzen, sollte man zuerst erkennen, welche Themen ihn am meisten ansprechen. Persönliche Interessen lassen sich mit der intuitiven Nase bestens verbinden. Fehlt das Interesse an einem bestimmten Thema, sind meistens die Resultate auch nicht so überzeugend. Auch hier gilt wie überall im Leben: Nur wer mit Leib, Seele und Herz bei einer Sache dabei ist, kann auch erfolgreich sein.

In meinen Seminaren und bei mir selbst sehe ich immer wieder, wie wichtig persönliches Engagement für die mediale Arbeit ist. Fehlt der persönliche Draht zu einem Thema oder einem Gebiet, fehlt oft auch das Herz. Fühle ich, dass ich bei einem Auftrag nicht persönlich daran interessiert bin, so gebe ich den Fall lieber ab.

Leider bewegen sich viele unseriöse »Sherlock Holmes« auf dem Parkett der Medialität und machen es dem Profi schwer, sich durchzusetzen. Taucht zum Beispiel ein Vermisstenfall in der Presse auf, bekomme ich viele E-Mails. Die Verfasser teilen mir oft mit, dass sie von der vermissten Person träumen und um Hilfe gebeten wurden. Andere sprachen mit der toten Großmutter der verschwundenen Person und geben an, notwendige Informationen zur Lösung des Falles beitragen zu können.

Ich verweise die Absender der E-Mails immer an die Polizei und teile ihnen mit, dass nicht in meiner Verantwortung liege, ein Sammelbecken für sogenannte mediale Informationen zu sein. Öfter muss ich schmunzeln, wenn ich mir die zuständigen Beamten vorstelle, die diese Fälle bearbeiten und die vermutlich unzählige solcher E-Mails erhalten.

Ich wende mich nur Fällen zu, bei denen ich direkt um Mithilfe gebeten werde. Es ist aus meiner Sicht Zeitverschwendung, sich um Fälle zu kümmern, die nicht offen sind für mediale Hinweise. Bei sehr populären Fällen gehen Hunderte von Briefen ein. Da gehen die Spuren eines Hellsehers bestimmt sehr schnell unter.

Auch aus dem oben erwähnten Grund der persönlichen Identifikation mit einem Fall ist es für mich wichtig, um Hilfe gefragt zu werden. Bei mir auf dem Schreibtisch stapeln sich fast täglich neue Anfragen zu unterschiedlichsten

Fällen. Es ist daher nur zu verständlich, dass ich mich erst um diese kümmern muss. Daher bleibt mir keine Zeit für Fälle, zu denen ich nicht angefragt werde.

Der interessierte *Psychic Detective* muss hohe Ansprüche haben, nicht moralisch mit dem Gedanken zu spielen, die Welt retten zu wollen. Er muss seine Technik kennen, erfahren und getestet haben. Er muss seine Analysen mit Fakten vergleichen, um die Informationen, die er hat, passend weitergeben zu können. Es kommt sehr oft vor, dass intuitive Hinweise richtig sind, ihre Sprache oder Bilder aber nicht der Realität angepasst wurden und somit von den zuständigen Personen nicht verstanden werden konnten. Ein Traum allein reicht normalerweise nicht, um einen Fall lösen zu können.

Je klarer die Verbindungen zwischen medialer Information und bekannten Tatsachen gezeigt werden können, desto effektiver können die Hinweise verarbeitet werden.

Emotionale Involvierung in einen Fall ist normalerweise kein guter Zug. Möchte man sich um einen Fall kümmern, weil man so sehr mitleidet, lässt man besser die Finger davon. Emotionen verfälschen die Bilder und führen zu unüberlegtem Handeln. Je neutraler und distanzierter ein Fall angegangen werden kann, umso besser. Unter Umständen ist es sogar hilfreich, sich vor einer Analyse bewusst emotional zurückzuziehen. Vielleicht kann man die Person(en), um die es geht, als Objekt visualisieren.

Ein Fall kann nun sachlich angegangen werden. Die Tragik, die meistens hinter solchen Fällen steckt, kann so in den Hintergrund gedrängt werden. Nach Abschluss der Analyse darf oder muss man den Fall wieder »vermenschlichen« und kann die Informationen mitteilen.

Es empfiehlt sich, immer wieder Pausen einzulegen. Täglich einen Fall immer wieder und wieder zu untersuchen ist kontraproduktiv. Erstens fehlt die nötige Distanz und zweitens wird es schwieriger, die verschiedenen Bilder einzuordnen. Zudem können einem dadurch Veränderungen entgehen. Handelt es sich bei dem »Objekt« zum Beispiel um eine vermisste Person, so ist es sehr gut möglich, dass diese von Ort zu Ort gebracht wird, um die Suche zu erschweren. Ist der *mediale* Sherlock Holmes zu nahe am Fall, so können ihm solche Veränderungen entgehen, da er zu stark an den Bildern des alten Ortes hängt. Umso mehr darf der Analytiker auch nicht erstaunt sein, wenn seine Bilder sich plötzlich verändern. Umgebungsbeschreibungen können sich von einem Tag auf den anderen verändern, wird eine Person verlegt.

Ich habe immer wieder Fälle, in denen sich die Bilder für mich nicht einordnen lassen. Oft, weil sie sehr gegensätzlich sind und sich nicht zusammenführen lassen. Erst später, wenn der Fall überblickt und rückschlüssig analysiert werden kann, ergeben die Bilder plötzlich einen Sinn.

Oberstes Gebot ist Vertrauen in die Bilder, die man gesehen hat, aber nicht, weil sie unfehlbar sind. Vertrauen in die Bilder ist wichtig, weil sie Situationen oder Umgebungen darstellen können, die logisch nicht nachvollziehbar sind. Ich teile meinen Kunden immer mit, dass meine Bilder, wie alles andere auch, nicht ganz fehlerfrei sein müssen. Gebe ich Bilder weiter, so sage ich dem Kunden, dass meine Bilder dem entsprechen, was ich medial sehe. Manchmal sagt der Kunde dann, dass diese Bilder nicht zur bekannten Situation passen. In dem Fall erwidere ich, dass dies meine Bilder seien und meine Arbeit ja auch dazu dienen solle, unbekannte mögliche Faktoren aufzuspüren.

Ich lege meine Analysen wie eine Landkarte auf den Tisch. Dem Kunden bleibt es überlassen, wie er mit dieser Karte umgehen möchte. Eindrücklich für den Kunden sind jene Fälle, die nachträglich zeigen, dass meine »unlogischen« Bilder letztendlich richtig waren. Sehr oft ist es der zunächst ungläubige Kunde, der dank seiner gemachten Erfahrung erkennt, dass Medialität funktionieren kann. Viele meiner heute treuesten Kunden waren bei Beginn unserer Zusammenarbeit sehr skeptisch.

Lost in Leipzig

Funktioniert Hellsehen wirklich? Wir machen den Test (Robert Fleischer, Journalist, Koordinator Exopolitik Deutschland). Einleitung zum Remote-Viewing-Kurzfilm mit Martin Zoller, produziert vom ExoMagazin Deutschland.

Obwohl meine Miniserie auf RTL 2 nur kurz war und keine zweite Staffel gedreht wurde, lösten die Sendungen viele Reaktionen aus. Zu meinem eigenen Erstaunen waren diese fast ausnahmslos positiv. Viele sehr interessante Menschen kamen danach auf mich zu.

Robert Fleischer von Exopolitik Deutschland kontaktierte mich bereits vor der RTL-2-Sendung. Er hatte über mich in der Schweizer Zeitschrift Mysteries gelesen und war an meiner Arbeit interessiert. Robert zeigte großes Interesse, meine Arbeit in seiner Heimatstadt Leipzig in Deutschland vorzustellen. Er schlug vor, einen Vortrag zu organisieren und gleichzeitig ein Remote Viewing-/Hellsehen-Experiment durchzuführen. Sein Vorschlag war, dass sich eine Person aus seinem Team irgendwo in der Stadt »verstecken« würde, und ich müsste den Ort, an dem sich die Person befindet, beschreiben und versuchen, ihn zu lokalisieren.

Ich war begeistert von seiner Idee. Für mich war dieses Projekt eine Weiterführung des RTL-2-Fernsehprojektes. Im Gegensatz zum Projekt im deutschen Fernsehen hatten wir hier vor Ort die Möglichkeit, den Fall zu lösen – oder auch nicht.

Am 11. Oktober 2011 kam ich in Leipzig an. Ich war noch nie so tief im Osten Deutschlands gewesen und war auf Leute und Kultur sehr gespannt. Ich freute mich auf die kommenden Tage.

Am ersten Abend hielt ich den Vortrag in Leipzig. Am Tag darauf fingen wir früh mit den Dreharbeiten an. Robert holte mich in meinem Hotel ab und fuhr mich ins Studio. Wir trafen die Kamerateams, Filmmaterial wurde ins Auto geladen, und wir fuhren zu einem der Parks in der Stadt. Dort trafen wir Anja Lehmann, Roberts Co-Präsentatorin. Sie war es, die ich suchen sollte. Anja hatte ich am Abend zuvor nach meinem Vortrag bereits kennengelernt. Wir stellten uns nun offiziell vor und besprachen das Experiment. Vor laufender Kamera erklärten wir die Idee des Unternehmens. Anja gab mir einen Stadtplan und wünschte mir viel Erfolg bei der Suche. Wir verabschiedeten uns. Anja fuhr mit einem zweiten Kamerateam zu ihrem Versteck, und ich ging mit Robert und dem Kameramann etwas essen. Zurück im Studio zog ich mich mit dem Stadtplan in einen Raum zurück. Entspannt setzte ich mich auf ein Sofa und meditierte. Vor mir auf dem kleinen Tisch lagen die Karte, mehrere DIN-A4-Seiten für meine Notizen und ein Stift.

Es dauerte nicht lange und die ersten Bilder tauchten auf. Ich sah den Himmel, große Gebäude und viel Beton. Anja musste sich also draußen befinden und nicht in einem Gebäude.

Fahrzeuge, die sich nicht bewegten, und Bäume tauchten auf. Die Bäume waren aber nicht in einer großen, leeren Grünfläche. Das schloss einen Park für mich aus. Stehende

Fahrzeuge deuteten auf eine Parklandschaft hin. Sie befand sich also auch nicht mehr im Auto oder in einem großen Park. Ein riesiges Fenster war erkennbar. Es war mir nicht klar, ob ich außerhalb oder hinter dem Fenster stand, besser gesagt Anja. Während meine Bilder entstanden, schrieb ich die Eindrücke auf. Ein weiteres Bild erinnerte mich an ein Einkaufszentrum. Ich konnte viele Personen um mich spüren. Ich entspannte mich und legte den Schreibstift zur Seite. Jetzt wollte ich mit dem Stadtplan spüren, ob ich einen Ort ausmachen könnte.

Ich schüttelte meine linke Hand. Sie würde mir bei der Suche entscheidende Hinweise geben müssen. Ich schloss meine Augen kurz, beugte mich über die Karte, sah sie mir an und fing mit der Hand langsam an, über die Karte zu fahren. Von ganz links oben bis ganz rechts unten wollte ich mit meiner Hand über die Karte fahren. Meine Augen waren geschlossen. Ich wartete auf eine Reaktion in meiner Hand. Das Zeichen ist normalerweise ein Kribbeln. Plötzlich spürte ich ein leichtes Säuseln in meiner Handfläche. Ich öffnete die Augen. Der von mir gespürte Ort war in der Nähe des Zoos. Mit dem Stift machte ich einen Kreis.

Ich schloss erneut die Augen, um weiter zu suchen. Obwohl ich bereits einen Ort erspürt hatte, wollte ich weitermachen. Die Stelle befand sich im oberen Drittel der Karte.

Es kann vorkommen, dass ich mehr als nur einen Ort finde. In dem Fall mache ich zwei oder mehrere Durchgänge, um zu sehen, bei welchem der beiden Orte ich stärker hängen bleibe.

Es kann zum Beispiel sein, dass der eine Ort ein für die Person wichtiger Platz ist, an dem sie sich viel aufhält, aber nicht der Ort, an dem sie sich im Moment befindet.

Ganz wichtig bei dieser Arbeit ist die genaue Definition der Frage: »Wo befindet sich die Person zum momentanen Zeitpunkt?« Sie kann ein anderes Resultat bringen als: »Wo befindet sich die Person?« Ohne das »momentan« kann ohne Weiteres auch der Arbeitsort oder die Wohnung von der suchenden Person erspürt werden. Ich suchte weiter und fand tatsächlich einen zweiten Ort. Dieser war das alte Messegelände. Meine visuellen Eindrücke mit den beiden von mir gespürten Stellen vergleichend, kam ich zu dem Schluss, dass die Bilder besser zum Messegelände passten.

Erneut schloss ich die Augen, drehte die Karte vor mir und suchte. Wieder spürte ich beide Orte, stärker aber die Gegend um das Messegelände.

Entspannen war notwendig. Die Karte zur Seite schiebend, setzte ich mich auf das Sofa zurück. Ich entspannte mich, meditierte und löste mich so von Anja. Dann stand ich auf, um ein paar Schritte im Raum zu gehen. Ich wollte mich etwas ablenken, bevor ich versuchen würde, neue Bilder der Umgebung zu visualisieren. Als ich mich wieder hinsetzte, dauerte es nicht lange, bis die ersten Bilder wieder erschienen. Beton, viel Beton spürte ich. Große, schwere Säulen tauchten vor meinem geistigen Auge auf.

Wieder die stehenden Autos. Plötzlich spürte ich eine S- oder U-Bahn-Station. Aufschreiben. Befand sich Anja in der S- oder U-Bahn Station? Nein! Wieder die Bäume. Kein großer, weiter Park. Ich stockte. Mein inneres Auge sah einen großen, schweren Raum. Mächtig groß fühlte sich der Raum an. Das Bild verwirrte mich. Es passte überhaupt nicht zu den bis dahin gesehenen Bildern. Sämtliche Bilder waren unter freiem Himmel, fühlten sich leicht und frisch an. Egal, ich schrieb es auf.

Die größte Gefahr bei medialen Arbeiten ist der Intellekt! Versucht man, Remote-Viewing-Bilder, die man sieht, rational zu verstehen, läuft man Gefahr, in die falsche Richtung zu geraten. Bei medialen Arbeiten muss man das Gehirn abstellen können.

Ohne das Bild weiter analysieren zu wollen, schrieb ich die Eindrücke auf.

Als ich spürte, dass keine weiteren Bilder mehr kamen, stand ich auf und ging zu Robert ins Studio zurück. Er bat mich, mich an einen kleinen Tisch zu setzen, um zu zeigen, wie ich mit der Hand über die Karte fuhr. Ich zeigte ihm, wie es funktioniert, während der Kameramann filmte.

Im zweiten Schritt gab ich meine Eindrücke wieder. Robert fragte mich, wie man jetzt weitermachen müsste. Ich erwiderte, dass ich jetzt an die zwei von mir gesehenen Orte gehen würde, um Anja zu suchen. Der erste Ort wäre die Gegend rund um das alte Messegelände, da ich Anja dort stärker spürte. Robert sagte nichts. Ich war gespannt. Natürlich wusste ich, dass er wusste, wo Anja sich befand. Ich sah ihn an und wartete auf seine Reaktion. Erst sollte ich, so sagte er jetzt, mit Anja telefonieren. Er wollte, dass ich ihr meine Eindrücke vorlas. Während ich mit ihr sprach, wurde ich gefilmt. Ich ging davon aus, dass das zweite Team bei Anja jetzt ebenfalls filmen würde. Noch wusste ich nicht, wie genau meine Beschreibung und Ortsangabe waren. Während des Gespräches gab Anja mir einige Rückmeldungen zu meinen Bildern. Diese waren positiv und bestätigten meine Angaben. Robert grinste. Mein Kreis um das alte Messegelände war sehr gut, meinte er. Wir würden dorthin fahren, um Anja und das restliche Team zu treffen.

Robert hielt auf einem Parkplatz. Die stehenden Autos. Wir spazierten über eine kleine Grünfläche, die von Bäumen gesäumt war. Die Bäume, die ich sehen konnte. Wir befanden uns vor dem Völkerschlachtdenkmal, ganz in der Nähe des alten Messegeländes. Vom Völkerschlachtdenkmal aus sieht man das Messegelände – genauer gesagt, sind beide Orte durch eine breite Allee als Sichtachse miteinander verbunden, die an der Frontseite des Denkmals beginnt und am Messegelände endet. Unterhalb des Denkmals gibt es eine Straßenbahnhaltestelle. Das Denkmal hat vier riesige Fenster. Das Denkmal ist aus festem Beton.

Vor dem Denkmal liegt eine kleine Wasserfläche, die ich nicht gesehen hatte. Der Ort wird von vielen Touristen besucht. Als wir vor Ort standen, spazierten immer wieder Personen um uns herum. Auch diese habe ich gespürt.

Anja befand sich nicht direkt auf dem Gelände, dennoch war ich mit dem Ergebnis zufrieden. Das Messegelände liegt in freier Sicht vor dem Denkmal, ungefähr zehn Minuten zu Fuß. Die visuellen Beschreibungen passten ebenfalls gut zur Umgebung.

Einzig den dunklen, schweren Raum konnte ich nicht ausmachen. Während wir mit Anja vor laufender Kamera meine Bilder mit der Umgebung verglichen, erwähnte ich mein Erstaunen wegen des schweren Raums.

Anja lachte. Sie zeigte auf das Denkmal und erzählte, dass sie während des Besuches auch im Inneren des Denkmals war. Dort befinde sich, so erzählte sie, wohl einer der schwersten Räume, den sie kennen würde. Sie führte mich in das Denkmal hinein, und dort war er. Als ich mich im Raum befand, konnte ich das Gefühl wiedererkennen. Ich spürte die Schwere und Dunkelheit, der Erkennungswert deckte sich. Ich war zufrieden. Meine visuellen Wahrnehmungen waren zutreffend. Die örtliche Angabe war nicht hundertprozentig exakt, aber dennoch genug gut, um zu zeigen, dass Intuition ein reales Hilfsmittel sein kann, um Umgebungen zu beschreiben oder zu lokalisieren.

Wir waren alle sehr zufrieden. Nach dem Dreh gingen wir miteinander zum Essen. Für den kommenden Tag hatte Robert eine dreiteilige Interviewserie mit mir geplant. Am 13. Oktober nahm ich, direkt nach der Aufnahme der Interviews, den Zug nach Koblenz.

Für die kommenden Monate wartete viel Arbeit auf Robert. Im Studio schnitt er das Filmmaterial. Seine Vision war, eine Remote-Viewing-DVD zu veröffentlichen.

Im Januar 2012 veröffentlichte Robert in seinem Exo-Magazin den Kurzfilm »Lost in L. E.« über das Remote-Viewing-Experiment und den ersten Teil der Interviews, im Mai folgte der zweite Teil im ExoMagazin 2/2012. Der dritte Teil sollte im ExoMagazin 3/2012 erscheinen.

Im April bekam ich dann das Design für die DVD zugesendet. Sie trägt den Titel *Hellsichtigkeit* und war auch online unter www.nuovisoshop.de zu erhalten.

Im Folgenden die Einleitung von Robert zu unserem Remote-Viewing-Film auf seiner Webseite: »Funktioniert Hellsehen wirklich? Wir machen den Test!« (Robert Fleischer, Journalist, Koordinator Exopolitik Deutschland)

»Der Schweizer Hellseher Martin Zoller (www.martinzoller.com) hat einen internationalen Kundenstamm, zu dem neben Unternehmen auch staatliche Behörden und sogar Präsidentschaftskandidaten zählen. Bekannt wurde er in der internationalen Presse, als er mithilfe seiner Medialität ein im bolivianischen Dschungel abgestürztes Privatflugzeug ortete und die Insassen gerettet werden konnten.

Unzählige Presseberichte zeugen von seinem medialen Engagement rings um den Erdball. Doch wie verlässlich sind die Vorhersagen des Hellsehers? Lassen sich seine Fähigkeiten objektiv überprüfen – und inwieweit stimmen sie mit der Realität überein? Um dies herauszufinden, haben wir gehörigen Aufwand betrieben.

Gemeinsam mit dem Filmemacher Frank Höfer von NuoViso.tv und zwei Drehteams testeten wir die von Martin Zoller behauptete Fähigkeit, eine Person nur mithilfe seiner Medialität und einer Landkarte aufspüren zu können. Dazu gaben wir ihm eine Stunde Zeit. Das erstaunliche Ergebnis stellen wir nun in unserem Kurzfilm *Lost in L. E.* vor.

Eines sei vorweg gesagt: Hardcore-Skeptiker wird dieser Film auch dann nicht von der Existenz medialer Fähigkeiten überzeugen, wenn wir versichern, dass beim Dreh alles mit rechten Dingen zuging, dass wir nichts manipuliert haben. Freigeistern jedoch könnte *Lost in L. E.* den Anstoß liefern, ihren eigenen, bislang verborgenen Fähigkeiten ernsthaft auf den Grund zu gehen.

Die Bedeutung solcher Fähigkeiten für die Menschheit kann kaum überschätzt werden. Darum steht *Lost in L. E.* nicht nur unseren Aktivisten zum Anschauen zur Verfügung, sondern auch allen kostenlos registrierten Mitgliedern der ExoCommunity.«

Ich bedankte mich bei Robert und seinem Team für ihr Vertrauen! Die Zusammenarbeit hatte viel Spaß gemacht, und das Video hat viele Menschen inspiriert. Unser Ziel mit der DVD war es, den Menschen aufzuzeigen, wie Remote Viewing funktionieren und hilfreich im Leben eingesetzt werden kann. Neben der professionellen Arbeit habe ich in Robert einen sehr guten Freund gefunden. Auch dafür bin ich dankbar.

Quellenverzeichnis

Benecke, Mark: *Einsatz von übersinnlichen Fähigkeiten. Test eines ›Mediums‹*, in: »Kriminalistik«, 10/2011, S. 628.

Vitek, Ernst: *Die Kraft der Intuition*, in: »Kriminalistik«, 4/2011, S. 252.

Wimmer, Wolf: *Das Pro und Contra übersinnlicher Fähigkeiten in der Kriminalistik*, in: »Kriminalistik«, 3/1978, S. 109–110.

Zoller, Martin: *Hellsichtigkeit*. DVD. Mit einleitenden Worten von Robert Fleischer, herausgegeben von Nuovo Film.

EXO-POLITIK: »ExoMagazin« 1/2012, 2/2012, 3/2012

Dank

An erster Stelle möchte ich dir, liebe Leserin, lieber Leser, danken! Du regst mich immer wieder dazu an, neue Bücher zu schreiben. Deine Rückmeldungen zu meinen Texten und Videos, unabhängig davon ob in Büchern oder in Form von Artikeln oder online, geben mir immer wieder den Ruck, mich in neue literarische Abenteuer zu stürzen, um neue Bücher zu schreiben.

Ebenfalls ein Dank gebührt all jenen Menschen, die mich in den letzten dreißig Jahren in meinen unendlich vielen medialen Projekten unterstützten, begleiteten und führten. Einige von ihnen werden dieses Buch nie lesen können, da sie nicht mehr leben oder keinen Zugang zu Büchern haben.

Meiner Ursprungsfamilie gebührt ein unendlicher Dank! Ich war mir ihrer Unterstützung und Liebe immer uneingeschränkt sicher. Dies ist für mich wichtiger, als sie sich dessen bewusst sind!

Sabine Giger, der Verlegerin mehrerer meiner Bücher, gebührt ein großes Dankeschön. Ihre Freundschaft und unsere berufliche Zusammenarbeit waren immer sehr harmonisch und trugen viele schöne Früchte!

Foto: Martina Mühlstätter

Über den Autor

Martin Zoller zählt heute weltweit zu den renommiertesten medialen Beratern und Sehern. Er wurde 1999 durch Presse und TV weltbekannt, als er mit seinem sechsten Sinn ein im Dschungel Boliviens abgestürztes Passagierflugzeug orten konnte, nachdem alle anderen Suchaktionen bereits gescheitert waren. Im Deutschen Fernsehen half er in seinem eigenen TV-Programm, Vermisstenfälle zu analysieren und unterstützte dabei regelmäßig die Suche nach Vermissten. Seine aktuelleren Vorhersagen sind u.a. der Tod Muammar al Gaddafis 2011, das Ableben des Königs von Thailand, die Anschläge in Europa, das politische Erdbeben 2017 in Saudi-Arabien und Trumps Entscheidung zur Verlegung der US Botschaft in Israel.

Präzise sah er bereits 2014 den Gewinner der Präsidentenwahlen in den USA voraus und den Ausgang der Bundestagswahlen 2017.

Weltbekannt ist seine Fähigkeit, die menschliche Aura zu analysieren. Mit seinem sechsten Sinn kann er Menschen durchleuchten, erkennt ihre Persönlichkeit, analysiert ihr Potenzial und ihre Zukunft. Aus der ganzen Welt wird er kontaktiert für Beratungen zu beruflichen, privaten, zwischenmenschlichen und spirituellen Themen. Politiker, Anwälte und Wirtschaftskader sind nur einige der Berufsgruppen, die zusammen mit ihm ihre Strategien entwickeln.

Er hat neun Bücher, sechs Meditations-CDs, einen preisgekrönten Dokumentarfilm über Schamanismus und weltweit unzählige Artikel veröffentlicht und ist Protagonist in mehreren Reportagen und Dokumentarfilmen.

Homepage: www.martinzoller.com

Trailer zu Martin Zoller:

https://www.youtube.com/watch?v=XEcsGbasUXo